隰县瓦窑坡东周墓地青铜器制作技术研究

山西省考古研究院
临汾市博物馆 编
隰县文化和旅游局

南普恒 著

山西出版传媒集团

山西人民出版社

本书的研究及出版

得到国家重点文物保护专项补助资金项目

国家社会科学基金项目（14BKG011）

国家文化英才培养工程专项资助项目（2021QNYC021）

资助

序

　　商周青铜范铸技术是中国古代重要的发明创造，凝聚了中华民族的伟大智慧，特别值得进行系统深入的研究。20世纪初，随着殷墟等重要遗址的发现，商周青铜器的考古研究逐渐兴起。学者们开始关注青铜器的造型、纹饰和铸造工艺，但研究手段相对有限。美国弗利尔艺术博物馆建立了首座专门研究东方文物的实验室，通过X射线透视、化学成分检测等科技手段，研究商周青铜器的铸造工艺，证明了块范法是商周青铜器的主要铸造方式。20世纪50年代至80年代，随着科技考古的发展，X射线、金相分析等技术手段被广泛应用于青铜器研究，学者们开始关注不同地区商周青铜器的铸造技术差异，例如，对豫南鄂北地区商周青铜器的研究，揭示了地方青铜器铸造技术的特点。20世纪80年代以来，考古学、冶金学、材料科学等多学科合作成为研究主流，北京科技大学、北京大学、中国社会科学院考古研究所等单位，对商周青铜器的陶范铸造技术进行系统研究。近年来，CT扫描、铅同位素分析等先进技术手段被引入青铜器研究，进一步揭示了商周青铜器的合金配比、制作工艺及产地来源。通过实验考古和工艺复原，学者们尝试重现商周青铜器的铸造过程，验证古代铸造技术的可行性。商周青铜范铸技术的研究已取得显著进展，揭示了其从简单到复杂、从单一到多元的发展脉络。随着科技考古的不断发展，商周青铜范铸技术的研究将继续深化，特别是在铸造工艺的细节、区域技术差异以及与社会文化的互动等方面。

　　晋系青铜器在商周青铜器中占据着极为重要的地位，在商周时期的文化传承中起到了重要的桥梁作用。它继承了商代青铜器的铸造技术和艺术风格，同时在春秋中期以后不断创新变革，形成了独特的"新田风格"，成为东周时期青铜艺术的典范。这种风格以自由浪漫、灵巧秀丽为特点，融合了中原文化的浑厚与北方草原文化的活泼，展现了晋国强大的国力和多元文化交融的特色。晋系青铜器在技术和艺术上达到了极高的水平，其铸造工艺精湛，纹饰细密且富有层次，造型多变，门类繁多。同时，晋国的青铜器在春秋时期出现了大量的动物造型，这些造型不仅体现了高超的铸造技艺，还反映了当时社会的审美趣味。此外，晋系青铜器的生产高度商业化，其产品广泛流传于中原地区，甚至远至北方草原。晋系青铜器是黄河流域青铜文化的代表之一，与长江流域的楚系青铜器并称，成为当时覆盖范围最广、文化成就最高的两大青铜文化体系。它不仅在技术和艺术上达到了巅峰，还对后世的青铜铸造产生了深远影响，成为中国青铜艺术中的一颗璀璨明珠。

瓦窑坡墓地位于山西省隰县龙泉镇瓦窑坡村，2005 年进行了发掘，出土了一批重要的青铜器，填补了吕梁山南麓地区春秋时期高等级铜器墓的空白，对于认识东周时期晋文化向北发展以及春秋时期青铜器的生产流通具有重要意义。

南普恒先后毕业于西北大学文物保护技术专业和中国科学技术大学考古学及博物馆学专业，专攻青铜器文物保护和制作技术研究，毕业后至山西省考古研究所（现山西省考古研究院）工作。2013 年 9 月至 2018 年 1 月，南普恒到北京科技大学在职攻读博士学位，我成为他的导师，开始了更多的交往。经过多次讨论交流，他以颇具挑战性的春秋时期晋国青铜器制作技术研究作为学位论文选题，研究对象包括曲村北墓地、羊舌墓地、陶寺北墓地及瓦窑坡墓地出土西周晚期至春秋战国之际时期的青铜器。在这段时间，他非常勤奋，常常奔波于考古工地和实验室之间，在繁忙的工作之余撰写论文。我特别欣赏其一点，在青铜器保护修复过程中方便取样，融入科技考古的理念，运用各种科技手段对青铜器进行科学分析，对合金成分、铸造工艺、加工技术甚至产地来源等一一开展研究，直到获得问题答案。

本书是南普恒博士学位论文研究的一部分，重点针对瓦窑坡东周墓地出土青铜器进行了科学分析检测，对其制作技术进行了深入讨论，得到了一批有价值的观点和结论。其中有两处特别令人印象深刻。第一是刻纹铜斗，盖、身均满饰线刻纹，柄饰镂孔和蟠螭纹，工艺罕见，是目前所见刻纹铜器中年代最早的实物例证。这表明传统周文化体系下的铜器生产规范和生产模式已开始发生转变，多种工艺综合运用也对春秋中期之后青铜器生产中新技术的普遍出现和青铜器地域特征的形成具有深远的影响。第二，模印法制作纹饰的出现，在晋系青铜器中流行。模印法改变了以往纹饰范作或模作的技术传统，降低了难度，提高了效率，为青铜器纹饰的规范化提供了强有力的技术支撑，促使纹饰逐渐向细密化的风格转变。当然，这批青铜器与侯马铸铜遗址有多大关联，金属物料来源与流通何处，对其他周边地区青铜文化产生什么影响，尚有进一步研究的空间。

欣闻隰县瓦窑坡东周墓地考古发掘和文物保护后续的资料整理工作已接近尾声，此书出版或许能画上一个圆满的句号。然而，关于晋系青铜器制作技术的研究、关于商周青铜器制作技术的研究，还将继续下去。谨向为此工作努力的诸位前辈和同仁们致敬！

2025 年 3 月 15 日

目 录

附录 *229*

后记 *243*

第一章 瓦窑坡东周墓地

1.1 墓葬概况

瓦窑坡墓地位于山西省临汾市隰县县城西北 3 公里处的黄土塬上。2005 年，由于墓地严重被盗，临汾市文物局与隰县文物旅游局联合对该墓地进行了考古发掘，共发现墓葬 17 座，包括一批春秋中期的高等级墓葬，出土了一批重要的青铜器。这批高等级墓葬的发现，填补了山西地区春秋中期高等级铜器墓的空白，发现的青铜器对于认识春秋时期青铜器的生产和流通以及铜器风格从西周向春秋的演变都有重要意义[1]。从文化面貌来看，瓦窑坡墓地葬俗与晋系墓葬葬俗十分接近。这些墓葬材料属于广义的晋文化范畴，反映出春秋时期晋国对吕梁山地的开发，是晋文化向北方发展的直接反映[2]。

1. 陶器墓

共发现 4 座陶器墓，分别为 M24、M32、M35 及 M37。从随葬品的组合来看，M24、M32、M35 的陶器组合为鬲、豆、罐，M37 的陶器组合为鼎、豆、壶。4 座陶器墓出土的器物与晋文化完全相同，表明此时期晋文化已经进入这一地区，而部分器物和晋文化中同类器物的差别则从侧面反映出晋文化进入当地之后与土著文化因素的融合。[3]

从陶器组合上来看，4 座陶器墓可分为两个年代组，其中 M24、M32、M35 这三座墓葬的年代相近，约为春秋晚期偏早阶段，M37 年代要晚一些，约为春秋晚期偏晚阶段。[4]

---

[1] 王进、陈小三. 隰县瓦窑坡墓地发现四座陶器墓 [J]. 国家博物馆馆刊，2014（10）：6～16.
[2] 王晓毅，狄跟飞，王进. 山右吉金：隰县瓦窑坡东周墓地考古发掘报告 [M]. 太原：山西人民出版社，2023：255.
[3] 王进、陈小三. 隰县瓦窑坡墓地发现四座陶器墓 [J]. 国家博物馆馆刊，2014（10）：6～16.
[4] 王晓毅，狄跟飞，王进. 山右吉金：隰县瓦窑坡东周墓地考古发掘报告 [M]. 太原：山西人民出版社，2023：255.

2. 铜器墓

共发现 11 座铜器墓，综合分析铜容器的器物组合、形制特征及纹饰风格，可将其按时代先后不同分为四组：①春秋中期偏晚阶段，包括铜器墓 M18、M29、M30 及 M26；②春秋中晚期之际阶段，包括铜器墓 M17、M21；③春秋晚期偏早阶段，包括铜器墓 M20、M22、M23；④春秋晚期偏晚阶段，包括铜器墓 M25、M36。[1]

（1）春秋中期偏晚阶段

M29、M30，长方形土坑竖穴墓，墓口分别为长 4.65 米、宽 3.37 米、深 7.1 米和长 5.1 米、宽 3.6 米、深 7.3 米，一椁两棺，出土遗物丰富，有铜容器、乐器、车马器、兵器、装饰品等，出土遗物组合及纹饰风格均十分接近，或为夫妻异穴合葬墓。M29 出土兵器墓主推测为男性，M30 出土玉玦等玉器墓主推测为女性，其年代晚于春秋中期偏早阶段的中州路 M2415，而早于春秋中期偏晚的分水岭 M269 和 M270，也早于侯马铸铜作坊的时代，绝对年代为公元前 600 年左右。两座墓葬墓室面积均超过 15 平方米，一椁两棺，等级较高，从用鼎制度看，是目前三晋地区所见等级最高的春秋中期墓葬，对于完善春秋中期铜器的编年、探讨侯马铸铜作坊兴起之前晋国青铜器铸造工艺及与侯马铸铜作坊之间工艺的联系等具有重要意义，也为这一时期高等级墓葬的葬俗和器物制度研究提供了重要资料。[2]

M18，长方形土坑竖穴墓，长 4.85 米、宽 3.2 米、深 5.45 米，一椁一棺，随葬器物共 36 件，有铜容器、铜刀及玉玦等装饰品，其形制、纹饰与 M29、M30 都十分接近，年代相当于公元前 600 年左右或略晚。[3]

M26，长方形土坑竖穴墓，口底同大，长 2.1 米、宽 1.8 米、深 0.4 米，二次葬，未见葬具，随葬器物共 2 件，有铜鼎、陶罐各 1 件，其铜鼎足部细瘦修长，是春秋中期偏晚阶段器物的特征。[4]

（2）春秋中晚期之际阶段

M17，长方形土坑竖穴墓，口底同大，长 4 米、宽 3.2 米、深 5 米，一椁一棺，

[1] 王晓毅，狄跟飞，王进 . 山右吉金：隰县瓦窑坡东周墓地考古发掘报告 [M]. 太原：山西人民出版社，2023：255.

[2] 山西省考古研究所，山西大学历史文化学院，临汾市文物局，等 . 山西隰县瓦窑坡墓地的两座春秋时期墓葬 [J]. 考古，2017(5)：25 ~ 53+2.

[3] 山西大学历史文化学院，山西省考古研究院，临汾市博物馆，等 . 山西隰县瓦窑坡墓地的五座铜器墓 [J]. 中国国家博物馆馆刊，2020(10)：42 ~ 87.

[4] 山西省考古研究院，山西大学历史文化学院，临汾市博物馆，等 . 山西隰县瓦窑坡墓地 M25、M26 发掘简报 [J]. 文物季刊，2022(1)：60 ~ 66+87.

随葬器物共 21 件，有铜容器、车马器、陶器、玉石器、漆器及骨器等。出土的器物与临猗程村墓地 M1082、M1023 出土的部分器物极为相似，其年代相当。[1]

M21，长方形土坑竖穴墓，长 3.9 米、宽 2.95 米、深 1.95 米，一椁一棺，随葬品共 13 件，有铜容器、车马器、陶器等。铜容器均为素面，鼎均带有 3 个环形钮盖。[2]

（3）春秋晚期偏早阶段

M20、M22，均为长方形土坑竖穴墓，分别为长 4.4 米、宽 3.45 米、深 3.1 米和长 4.25 米、宽 3 米、深 2.7 米，一椁一棺。M20 随葬品共 16 件，有铜容器、工具、陶器、玉石器等。M22 随葬器物共 25 件，有铜容器、车马器、陶器、玉石器等。M20、M22 出土的铜鼎、敦等器物均与侯马上马 M1026 中同类器物接近，M20 出土的铜舟与上马 M1026 出土的铜舟几乎一致，其年代也应十分接近。[3]

M23，长方形竖穴土坑墓，随葬器物共 31 件（套），有铜容器、玉石器、陶器及骨器等，出土铜器形制与运城南相 M1、M2，临猗程村 M0021、M1001 等，上马 M1004 等出土器物接近，M23 的年代也大体相当于这一阶段。[4]

（4）春秋晚期偏晚阶段

M25，长方形土坑竖穴墓，墓口长 5.3 米、宽 4.25 米、深 5.9 米，一椁一棺，盗扰严重，随葬器物共 27 件，有铜容器、兵器、车马器、饰品、玉石器及骨器等。出土器物中的戈和矛头可以做成联装戟，与上马墓地和下寺墓地出土的部分器物相近，其口三件虎斑纹戈，以往多见于楚文化区，巴蜀地区在战国时期也有出现。[5]

M36，长方形土坑竖穴墓，长 3.5 米、宽 2.55 米、深 1.7 米，一椁一棺，随葬器物共 16 件，有铜容器、陶器、玉石器、骨器等，其中铜鼎、豆与长子羊圈沟出土的同类器物接近，出土陶器的组合为鼎、豆、壶、盘、匜。[6]

[1] 临汾市博物馆，山西省考古研究院，山西大学历史文化学院，等 . 山西隰县瓦窑坡墓地 M17 发掘简报 [J]. 江汉考古，2021（2）：30 ~ 38.

[2] 山西大学历史文化学院，山西省考古研究院，临汾市博物馆，等 . 山西隰县瓦窑坡墓地的五座铜器墓 [J]. 中国国家博物馆馆刊，2020（10）：42 ~ 87.

[3] 山西大学历史文化学院，山西省考古研究院，临汾市博物馆，等 . 山西隰县瓦窑坡墓地的五座铜器墓 [J]. 中国国家博物馆馆刊，2020（10）：42 ~ 87.

[4] 山西省考古研究所，山西大学历史文化学院，临汾市文物局，等 . 山西隰县瓦窑坡墓地春秋墓葬 M23 发掘简报 [J]. 中原文物，2019（1）：4 ~ 12+2+129.

[5] 山西省考古研究院，山西大学历史文化学院，临汾市博物馆，等 . 山西隰县瓦窑坡墓地 M25、M26 发掘简报 [J]. 文物季刊，2022（1）：60 ~ 66+87.

[6] 山西大学历史文化学院，山西省考古研究院，临汾市博物馆，等 . 山西隰县瓦窑坡墓地的五座铜器墓 [J]. 中国国家博物馆馆刊，2020（10）：42 ~ 87.

1.2 青铜器概况

瓦窑坡墓地出土的青铜器主要有铜容器、乐器、兵器、工具、车马器及其他类型。铜容器共有 87 件，类型有鼎、敦、盘、舟、镂、匜、鉴、斗、壶、甗、豆、簋、簠、盆及罍等。铜乐器共有 32 件，类型有编钟、镈钟和钮钟。铜兵器共有 59 件，类型有戈、矛、盾钖等。铜工具共有 2 件，类型有刀和斧。铜车马器及其他共有 56 件，类型有车軎、马衔、饰件、环、棺钉等。青铜器的器类、形制及纹饰与三晋地区诸多典型晋系墓葬出土遗物接近，属广义的晋文化范畴。

1.M29、M30 出土青铜器

M29 出土青铜器共 91 件，有容器 14 件、乐器 14 件、兵器 52 件、车马器 11 件。其中，铜鼎 6 件、甗 1 件、敦 1 件、盆 1 件、舟 1 件、盘 1 件、匜 1 件、鉴 2 件、镈钟 5 件、钮钟 9 件，铜戈、矛、盾钖、车軎、马衔若干。铜鼎 M29:8，器物较大，无盖，侈口，折肩，鼓腹，圜底近平，长方形附耳，蹄状足。M29:6，平盖，盖面正中有一环形钮，边缘分布有 3 个曲尺形钮，长方形附耳，蹄状足，装饰有蟠螭纹。其余 4 件形制、纹饰基本相同，大小相次。平盖，盖中间有一环形钮，边缘平均分布有 3 个曲尺形钮，腹中部有一道凸弦纹，其余为素面。铜鉴，形制接近，竖颈，弧腹，下腹斜收，平底，装饰有较细的蟠螭纹。铜镈钟，形制、纹饰基本相同，大小相次，钟体较厚，装饰有蟠螭纹。铜钮钟，形制、纹饰基本相同，大小相次，钟体较厚，装饰有蟠螭纹；M30 出土青铜器共 41 件，有铜容器 21 件、乐器 9 件、车马器及其他 11 件。其中，铜鼎 5 件、簋 2 件、簠 2 件、鬲 3 件、豆 1 件、壶 2 件、盘 2 件、匜 1 件、舟 1 件、盆 1 件、斗 1 件，钮钟 9 件，马衔、饰件、环、棺钉 11 件。铜鼎，形制、纹饰基本相同，大小相次，平盖，盖中央有一环形钮，边缘有 3 个曲尺形钮，圆腹较浅，圜底近平，直立附耳，蹄状足，装饰有蟠虺纹。铜簋，形制、纹饰相近，器盖隆起，上有喇叭形捉手，腹微鼓，平底，装饰有蟠虺纹。铜簠，形制、纹饰相近，盖、身形制相同，两者扣合，长方形，斜壁，长方形圈足，装饰有蟠螭纹。铜盆，器盖隆起，上有喇叭形捉手，器身方唇、束颈、斜腹，环形耳，装饰有宽弦纹、蟠螭纹。铜壶（图 1-1），形制、纹饰、大小相同，莲花瓣状盖，侈口，长径，溜肩，鼓腹，圈足，装饰有窃曲纹、蟠虺纹、波曲纹、垂鳞纹等。铜斗（图 1-2），平盖，立鸟盖钮（图 1-3），圆筒形器身，帮包平底，装饰有线刻纹、鱼纹及镂空蟠螭纹。M29、M30 出土了铜盆、敦、舟等春秋早期不见的器物，纹饰流行各类较细且规整的蟠螭纹，与西周晚期到春秋早期流行风格相对粗糙、宽大的窃曲纹、重环纹及波带纹等也不相同。出土遗

图 1-1

瓦窑坡墓地铜壶 M30:14

图 1-2（上）瓦窑坡墓地刻纹铜斗 M30：20、21

图 1-3（下）瓦窑坡墓地刻纹铜斗 M30：20、21 立鸟盖钮

图 1-4
瓦窑坡墓地铜鼎 M18:2

物及纹饰和春秋晚期侯马铸铜遗址兴起后流行的器类、形制及纹饰又明显不同，年代下限明显早于侯马铸铜作坊的时代，与乡宁嘉父山墓地 M4、M6 年代接近。[1]

2.M18 出土青铜器

M18 出土青铜器共 9 件，有容器 8 件、刀 1 件。其中，铜鼎 3 件、盆 1 件、舟 1 件、罍 1 件、盘 1 件、匜 1 件、刀 1 件。铜鼎（图 1-4），形制、纹饰接近，器身整体扁平，平盖，盖面正中有一环形钮，边缘分布有 3 个直立的曲尺形钮，弧腹外鼓、下腹内收、底近平，长方形附耳，蹄形足较粗，装饰有细密规则的蟠螭纹。铜罍（图 1-5），侈口方唇，下腹斜收，肩部有套接圆环的兽状环耳，装饰有细密的蟠螭纹等。M18、M29、M30 出土铜鼎的形制、纹饰都十分接近，M18 发现的铜罍见于洛阳体育场路西 M8832 和 M8836，这些铜器的纹样明显早于晋国晋景公迁都新田（公元前 585 年）之后铸铜作坊所见陶范，其墓葬年代相当于公元前 600 年左右或略晚。[2]

[1] 山西省考古研究所，山西大学历史文化学院，临汾市文物局，等. 山西隰县瓦窑坡墓地的两座春秋时期墓葬 [J]. 考古，2017(5)：25～53+2.

[2] 山西大学历史文化学院，山西省考古研究院，临汾市博物馆，等. 山西隰县瓦窑坡墓地的五座铜器墓 [J]. 中国国家博物馆馆刊，2020(10)：42～87.

3.M26 出土青铜器

M26 出土铜鼎 1 件。平盖，盖面正中有 1 个环形钮，腹部有细凸弦纹，下腹承以 3 个细长兽蹄足，上腹有一对直立附耳。该件铜鼎周身光素、足部细瘦，特征相近的鼎在临猗程村墓地 M0020 等墓葬有发现。细瘦修长的鼎足，是春秋中期偏晚阶段器物的特征。[1]

4.M17 出土青铜器

M17 出土青铜器共 9 件，有容器 7 件、兵器 2 件。其中，铜鼎 3 件，敦、盘、匜、舟各 1 件，车軎辖 1 套 2 件。铜鼎 (图 1-6) 器盖弧形略鼓，上有 3 个环形钮，腹部较深，底部近平，细高蹄形足，长方形附耳，器身装饰有较细密的蟠螭纹。铜敦器盖呈弧形，上有 3 个环形钮，下腹内收，底部近平，细高蹄形足，器身装饰有较细密的蟠螭纹。[2]

图 1-5
瓦窑坡墓地铜罍 M18:7

---

[1] 山西省考古研究院，山西大学历史文化学院，临汾市博物馆，等．山西隰县瓦窑坡墓地 M25、M26 发掘简报[J].文物季刊，2022(1)：60 ~ 66+87.

[2] 临汾市博物馆，山西省考古研究院，山西大学历史文化学院，等．山西隰县瓦窑坡墓地 M17 发掘简报[J].江汉考古，2021(2)：30 ~ 38.

图 1-6 瓦窑坡墓地铜鼎 M17:4

5.M20、M21、M22、M36 出土青铜器

M20 出土青铜器共 9 件，有容器 8 件、斧 1 件。其中，铜鼎 3 件、敦 2 件、舟 1 件、盘 1 件、匜 1 件、斧 1 件；铜鼎器盖为喇叭形捉手，弧腹下收，底近平，装饰有细密的蟠虺纹和变体蟠螭纹。铜敦器盖弧形略鼓，上有 3 个环形钮，下腹内收，平底，细长蹄形足，装饰有细密的蟠虺纹；M21 出土青铜器共 10 件，有铜容器 8 件、车马器 2 件。其中，铜鼎 3 件、敦 2 件、舟 1 件、盘 1 件、匜 1 件、軎辖 2 件；铜鼎，形制近同，平盖略鼓，上有 3 个环形钮，下腹内收，平底，长方形附耳，蹄形足，通体光素。铜敦器盖弧形略鼓，上有 3 个环形钮，下腹内收，平底，环形附耳，蹄形足，通体光素；M22 出土青铜器共 16 件，有铜容器 7 件、车马器 6 件、兵器类 3 件。其中，铜鼎 1 件、铍 1 件、敦 2 件、舟 1 件、盘 1 件、匜 1 件、镞 3 件、軎辖 2 件、衔 4 件。铜鼎器盖弧形略鼓，上有喇叭形捉手，深腹内收，底部近平，装饰有较细密的蟠螭纹。铜铍器盖弧形略鼓，上有 3 个环形钮，深腹下收，长方形绹纹附耳，喇叭形圈足，装饰有较细密的蟠虺纹。铜敦器盖弧形略鼓，上有 3 个环形钮，弧腹内收，底部近平，上腹有 2 个环形附耳，下腹承以细高的蹄足，装饰有较细密的蟠虺纹。M36 出土青铜器共 9 件，有铜容器 4 件、车马器及其他 5 件。其中，铜容器有鼎、舟、壶、豆各 1 件。铜鼎器盖弧形略鼓，上有 3 个粗环形钮，下腹内收，底部近平，圆角方形附耳，粗短蹄形足，装饰有蟠虺纹、雷纹。M20、M22 铜鼎均带有纹饰，盖上带有喇叭形捉手，出土铜鼎、敦、匜整体形制接近，而且不同器物上所见纹饰均是侯马铸铜作坊常见的方格形蟠虺纹，表明均是新田铸铜作坊的产品。[1]

6.M23 出土青铜器

M23 出土青铜器共 21 件，有容器 8 件、乐器 9 件、车马器及其他 4 件。其中，铜鼎 4 件、敦 2 件、盘 1 件、匜 1 件、钮钟 9 件、车軎 2 件、銎 1 件、环 1 件。铜鼎（图 1-7），形制、纹饰基本相同，器盖圆隆，上有喇叭形捉手，下腹圆鼓内收，底近平，长方形附耳，蹄形足装饰有较细密的蟠螭纹、蟠虺纹。铜敦，形制、纹饰基本相同，器盖弧形略鼓，弧腹内收，底部近平，环形耳，蹄形足，装饰有较细密的蟠虺纹。铜钮钟，形制、纹饰基本相同，大小相次，钟钮环形，舞面平直，两铣斜直，装饰有细密的蟠虺纹[2]。

[1]　山西大学历史文化学院，山西省考古研究院，临汾市博物馆，等．山西隰县瓦窑坡墓地的五座铜器墓 [J]．中国国家博物馆馆刊，2020(10)：42～87.

[2]　山西省考古研究所，山西大学历史文化学院，临汾市文物局，等．山西隰县瓦窑坡墓地春秋墓葬 M23 发掘简报 [J]．中原文物，2019(1)：4～12+2+129.

图 1-7 瓦窑坡墓地铜鼎 M23:22

图 1-7 瓦窑坡墓地铜鼎 M23:22

7. M25 出土青铜器

M25 出土青铜器共 31 件,有容器 1 件、兵器 7 件、车马器及其他 20 件。其中,铜甗鬲部 1 件、戈 6 件、矛头 1 件、贝币 1 件、铜片 1 件、饰件 1 件、马衔 10 件、车辖 6 件、合页 4 件。铜甗鬲部,圆肩,联裆,矮粗实心足,肩部有一对绚索纹不规则半环形耳。铜戈多为长条形援部,三角形援首,部分饰虎斑纹。矛头为双刃,柳叶形,圆形鋬,内有残留的木屑。铜戈与矛头应能组成联装戟。[1]

---

[1]　山西省考古研究院、山西大学历史文化学院、临汾市博物馆、等．山西隰县瓦窑坡墓地 M25、M26 发掘简报 [J]．文物季刊，2022(1)：60 ～ 66+87.

第二章　合金工艺

　　合金工艺是决定青铜合金性能最基本的要素，也是制作青铜器首先要考虑的问题。同时，成熟、稳定的合金工艺也是先秦青铜文化高度发达的重要表现。为揭示瓦窑坡墓地出土青铜器的合金工艺，我们从各时期铜器墓出土的铜容器、镈钟、钮钟等采集了金属基体样品 142 件，采用金相显微镜和 X 射线荧光能谱仪对其进行了金相组织观察和合金成分分析，确定了此批青铜器的合金类型和成分特征。

2.1　样品概况

　　按照瓦窑坡墓地铜器墓的年代早晚，将采集的金属基体样品简述如下：

　　第一组：春秋中期偏晚阶段，涉及铜器墓 M18、M29、M30 及 M26，共采集金属基体样品 58 件。其中，从 M18 的 5 件铜容器上取样 8 件，涉及铜鼎 2 件、盘 1 件、罍 1 件及盆 1 件；从 M26 的铜鼎取样 3 件，涉及器盖 1 件、器足 1 件及器底 1 件；从 M29 的 14 件铜器上取样 27 件，涉及铜鉴 2 件、鼎 6 件、盘 1 件、甗 1 件、编钟 1 件、盾钖 2 件及镞 1 件；从 M30 的 11 件铜器上取样 20 件，涉及铜编钟 2 件、壶 1 件、鼎 3 件、簠 1 件、盘 1 件、簋 1 件、斗 1 件及铜片 1 件。

　　第二组：春秋中晚期之际阶段，涉及铜器墓 M17、M21，共采集金属基体样品 25 件、焊料样品 2 件。其中，从 M17 的 5 件铜容器上取样 13 件，涉及铜鼎 3 件、盘 1 件及舟 1 件，基体样品 12 件，焊料样品 1 件；从 M21 的 7 件铜容器上取样 14 件，涉及铜盘 1 件、鼎 3 件及敦 3 件，基体样品 13 件，焊料样品 1 件。

　　第三组，春秋晚期偏早阶段，涉及铜器墓 M20、M22 及 M23，共采集金属基体样品 37 件，焊料样品 9 件。其中，从 M20 的 7 件铜容器上取样 16 件，涉及铜敦 2 件、鼎 3 件、盘 1 件及匜 1 件，基体样品 10 件，焊料样品 6 件；从 M22 的 6 件铜容器上取样 9 件，涉及铜鼎 1 件、敦 2 件、盘 1 件、匜 1 件及舟 1 件，基体样品 7 件，焊料样品 2 件；从 M23 的 15 件青铜器上取样 21 件，涉及铜鼎 4

件、敦 2 件、盘 1 件、匜 1 件及编钟 7 件，基体样品 20 件，焊料样品 1 件。

第四组：春秋晚期偏晚阶段，涉及铜器墓 M25、M36，共采集金属基体样品 9 件，焊料样品 2 件。其中，从 M25 的 7 件铜器上取样 8 件，涉及铜甗 1 件、戈 2 件、贝 1 件、马衔 1 件、器钮 1 件及脱落器足 1 件，基体样品 6 件、焊料样品 1 件及脱落器足样品 1 件；从 M36 的 3 件铜容器上取样 3 件，涉及铜豆 1 件、壶 1 件及舟 1 件，均为基体样品。

2.2 分析方法

1. 金相组织观察

所用仪器为 OLYMPUS BX41M 型金相显微镜。所有样品均使用金相镶嵌机沿纵截面镶样，再使用金相专用砂纸按粒度从粗到细进行磨样，最后进行抛光处理，以达到合适金相分析的程度。随后，使用 3% 三氯化铁盐酸酒精溶液对样品进行浸蚀，并在金相显微镜下观察金相组织和拍摄金相组织照片。

2. ED-XRF 成分分析

多数基体样品的合金成分使用 ED-XRF 进行成分分析，所用仪器为 EDAX Orbis Micro-EDXRF 能量色散 X 荧光能谱仪。测试条件为：铑靶，激发电压为 40 KV，电流为 300 ～ 800 μA，CPS12000 左右，有效时间为 100s，死时间为 30% 以内，测试光斑为 300μm、1mm 及 2mm，无标样基本参数法。对镶嵌样品重新抛光，使用 ED-XRF 进行无标样定量成分测定。考虑到样品腐蚀和成分偏析，在成分分析中，借助其彩色双 CCD 相机观察系统（10 倍、100 倍），在避开锈蚀区域的同时，尽可能在低倍视场下选择 2mm 或 1mm 光斑尺寸作为分析面，并在样品截面 3 个不同的部位分别进行测试分析，取平均值作为合金成分的分析结果。

3. SEM-EDS 成分分析

个别体量较小的样品及夹杂物的微区成分使用 SEM-EDS 进行成分分析，所用仪器为 FEI-Quanta650 扫描电镜（SEM）及其 OXFORD-X-MaxN50 型能谱仪（EDS）。首先，将金相分析样品重新抛光，在未浸蚀状态下进行喷碳处理，然后将其置于扫描电镜样品仓中进行无标样半定量成分分析和组织结构微区观察。同时，为尽量避免腐蚀、成分偏析等对分析结果的影响，在仪器低倍视场下选择多个较大分析面进行测试，并使用均一化处理后的平均值来代表样品的合金成分。测试条件为无标样半定量分析，加速电压 20KV，激发时间大于 50s。

4. *p*-XRF 成分分析

对瓦窑坡墓地 M30:20、21 刻纹铜斗部分无法采样的部位采用 *p*-XRF 进行表面无损成分分析，所用仪器为尼通 XL3t950 型便携式 X 荧光能谱仪。测试条件为 General Metals No AL 模式，孔径 3mm，测试时间 30s。测试时，尽量选择表面锈蚀物较少，且较为平整的区域。

2.3 分析结果

为便于对比讨论，以学界通常定义的合金元素加入标准 2% 为界，对瓦窑坡墓地出土青铜器的合金类型进行了划分。

现将合金成分分析结果简述如下：

1.M18

金相组织观察和成分分析结果显示（表 2-1，图 2-1 ～ 图 2-10），瓦窑坡墓地 M18 出土的 5 件铜容器均为铅锡青铜铸造而成，其金相组织主要为 α 固溶体枝晶，偏析明显，部分 α 固溶体枝晶偏析不明显。由于铅、锡含量及冷却速度等差异，α 固溶体、（α + δ）共析体及铅颗粒的数量、形态及分布均有所差异，呈现不同形态。（α + δ）共析体多数细小、数量较多，铅颗粒多数数量较少，个别数量较多。铜容器的锡含量均在 13% ～ 17% 之间，铅含量则多低于 10%，仅铜盆 M18:13 器盖高达 14.1%。

表 2-1 瓦窑坡墓地 M18 出土部分青铜器合金成分与材质分析结果

序号	样品编号	器物编号	器物名称	取样部位	成分（wt%）					合金材质分析结果	金相组织鉴定结果
					Cu	Sn	Pb	Fe	S		
1	X135	M18:1	铜鼎	器盖	82.1	13.4	4.0	0.2	0.2	Cu-Sn-Pb	铸造
2	X136-1	M18:1	铜鼎	器足	76.3	14.1	9.1	0.1	0.3	Cu-Sn-Pb	铸造
3	X136-2	M18:1	铜鼎	器足	74.9	16.1	8.3	0.1	0.6	Cu-Sn-Pb	铸造
4	X156	M18:2	铜鼎	器盖	76.9	13.9	8.2	0.3	0.7	Cu-Sn-Pb	铸造
5	X157	M18:5	铜盘	器底	78.0	16.8	4.9	0.2	0.2	Cu-Sn-Pb	铸造
6	X158	M18:7	铜罍	器腹	82.9	12.3	3.5	1.0	0.4	Cu-Sn-Pb	铸造
7	X86	M18:13	铜盆	口沿	78.3	17.0	4.1	0.2	0.3	Cu-Sn-Pb	铸造
8	X159	M18:13	铜盆	器盖	71.1	13.6	14.1	0.6	0.6	Cu-Sn-Pb	铸造

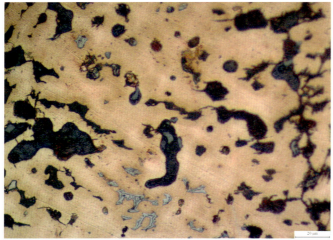

图 2-1 铜鼎 M18:1 器盖金相组织（共析体腐蚀）

图 2-2 铜鼎 M18:1 器足金相组织（共析体较少）

图 2-3 铜鼎 M18:1 器足金相组织（共析体较少）

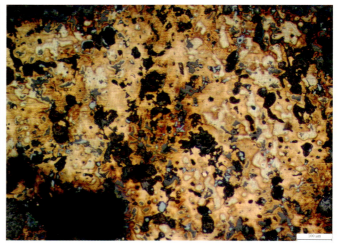

图 2-4 铜鼎 M18:2 器盖金相组织（共析体较多）

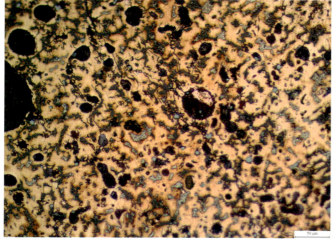

图 2-5 铜盘 M18:5 器底金相组织（共析体腐蚀）

图 2-6 铜盘 M18:5 器底金相组织（自由铜沉淀）

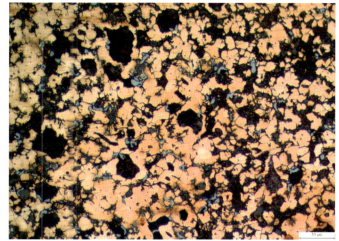

图 2-7 铜罍 M18:7 器腹金相组织（共析体较少）

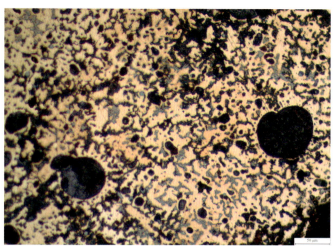

图 2-8 铜盆 M18:13 口沿金相组织（共析体较多）

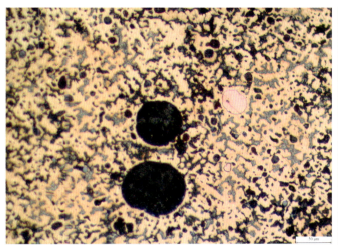

图 2-9 铜盆 M18:13 口沿金相组织（共析体较多）

图 2-10 铜盆 M18:13 器盖金相组织（共析体较多）

2.M26

金相组织观察和成分分析结果显示（表 2-2，图 2-11 ～图 2-16），瓦窑坡墓地铜鼎 M26:1 为铅锡青铜铸造而成,其金相组织主要为 α 固溶体枝晶,偏析明显。由于铅、锡含量及冷却速度等差异, α 固溶体、(α+δ) 共析体及铅颗粒的数量、形态及分布均有所差异，呈现不同形态。(α+δ) 共析体多数数量较多，铅颗粒数量也较多，夹杂物数量较少。铜鼎的锡含量主要在 13% ～ 14% 之间，仅器底部位高达 18.7%，铅含量则均低于 10%。

表 2-2 瓦窑坡墓地 M26 出土部分青铜器合金成分与材质分析结果

序号	样品编号	器物编号	器物名称	取样部位	成分（wt%）					合金材质分析结果	金相组织鉴定结果
					Cu	Sn	Pb	Fe	S		
9	X25	M26:1	铜鼎	器盖	79.4	13.3	7.0	0.1	0.1	Cu-Sn-Pb	铸造
10	X97	M26:1	铜鼎	器足	78.9	14.0	6.6	0.4	0.1	Cu-Sn-Pb	铸造
11	X123	M26:1	铜鼎	器足	71.4	18.7	8.3	0.2	1.4	Cu-Sn-Pb	铸造

图 2-11 铜鼎 M26:1 器足金相组织（共析体细小）

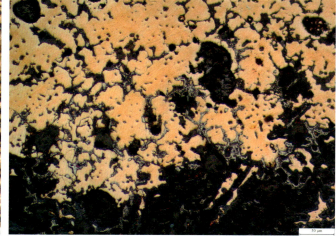

图 2-12 铜鼎 M26:1 器底金相组织（共析体粗大）

图 2-13 铜鼎 M26:1 器底金相组织（共析体优先腐蚀）

图 2-14 铜鼎 M26:1 器底金相组织（共析体优先腐蚀）

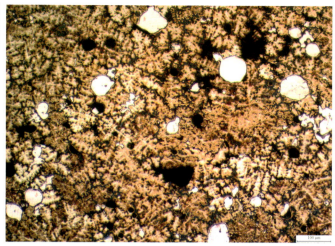

图 2-15 铜鼎 M26:1 器盖金相组织（自由铜沉淀）　　　　图 2-16 铜鼎 M26:1 器盖金相组织（自由铜沉淀）

3. M29

金相组织观察和成分分析结果显示（表 2-3，图 2-17 ～图 2-44），10 件铜容器均为铅锡青铜铸造而成，其金相组织主要为 α 固溶体枝晶，偏析明显。由于铅、锡含量及冷却速度等差异，α 固溶体、（α+δ）共析体及铅颗粒的数量、形态及分布均有所差异，呈现不同形态。（α+δ）共析体多数较多，个别较粗大，甚至互联成网状，而铅颗粒数量多数较少。铜容器的锡含量多低于 17%，仅 3 件样品高于 17%，最高可达 19.5%。铅含量多低于 10%，仅 4 件样品高于 10%，最高可达16.2%。1 件铜编钟为铅锡青铜铸造而成，其金相组织为 α 固溶体枝晶偏析明显，（α+δ）共析体细小较多，铅颗粒较少，锡、铅含量分别为 13.9% 和 5.0%，与铜容器较为相近。铜兵器中，2 件盾锡为锡青铜热锻后冷加工而成，其金相组织为α 等轴晶及孪晶，局部有滑移线，晶界弯曲，铅颗粒较少，锡含量为 12%~15% 之间。1 件铜镞为铅锡青铜铸造而成，其金相组织为 α 固溶体枝晶偏析明显，（α+δ）共析体粗大成网，铅颗粒较多，锡含量高达 23.5%，铅含量在 8%~11% 之间。

表 2-3 瓦窑坡墓地 M29 出土部分青铜器合金成分与材质分析结果

序号	样品编号	器物编号	器物名称	取样部位	成分（wt%）					合金材质分析结果	金相组织鉴定结果
					Cu	Sn	Pb	Fe	S		
12	X70	M29:1	铜鉴	底部	79.4	10.4	8.3	1.5	0.4	Cu-Sn-Pb	铸造
13	X69	M29:1	铜鉴	捉手	82.4	13.2	2.8	1.0	0.6	Cu-Sn-Pb	铸后受热
14	X163	M29:2	铜鉴	口沿	79.9	14.1	4.7	0.8	0.6	Cu-Sn-Pb	铸后受热

续表

序号	样品编号	器物编号	器物名称	取样部位	成分（wt%）					合金材质分析结果	金相组织鉴定结果
					Cu	Sn	Pb	Fe	S		
15	X65	M29:2	铜鉴	腹部	80.2	13.8	4.5	0.8	0.6	Cu-Sn-Pb	铸造
16	X14	M29:2	铜鉴	捉手	79.5	13.9	5.5	0.8	0.3	Cu-Sn-Pb	铸造
17	X71	M29:3	铜鼎	器盖	74.2	19.5	5.7	0.2	0.4	Cu-Sn-Pb	铸造
18	X72	M29:3	铜鼎	器耳	79.8	13.5	6.0	0.2	0.5	Cu-Sn-Pb	铸造
19	X29	M29:3	铜鼎	器腹	76.3	13.9	9.6	0.1	0.1	Cu-Sn-Pb	铸造
20	X50	M29:4	铜鼎	器盖	81.7	11.7	6.3	0.1	0.2	Cu-Sn-Pb	铸造
21	X75	M29:5	铜鼎	器盖	70.1	18.9	10.3	0.2	0.5	Cu-Sn-Pb	铸造
22	X37-2	M29:5	铜鼎	器底	79.0	14.0	6.3	0.1	0.7	Cu-Sn-Pb	铸造
23	X74	M29:5	铜鼎	器足	72.6	16.1	11.0	0.1	0.1	Cu-Sn-Pb	铸造
24	X77	M29:6	铜鼎	器盖	76.9	15.5	6.5	0.3	0.7	Cu-Sn-Pb	铸造
25	X37-1	M29:6	铜鼎	器腹	69.0	14.7	16.2	0.1		Cu-Sn-Pb	铸造
26	X28	M29:6	铜鼎	器足	76.5	14.9	7.0	0.4	1.2	Cu-Sn-Pb	铸造
27	X13	M29:8	铜鼎	器盖	80.0	15.3	4.2	0.1	0.4	Cu-Sn-Pb	铸造
28	X68	M29:8	铜鼎	器足	74.2	10.2	15.5	0.1		Cu-Sn-Pb	铸造
29	X73	M29:8	铜鼎	器腹	81.8	13.7	3.4	0.1	0.9	Cu-Sn-Pb	铸造
30	X55	M29:48	铜鼎	器腹	82.3	12.2	4.8	0.1	0.7	Cu-Sn-Pb	铸造
31	X20	M29:12	铜盘	器腹	79.8	13.8	5.8	0.1	0.5	Cu-Sn-Pb	铸造
32	X131	M29:12	铜盘	器耳	72.1	17.8	9.7	0.1	0.3	Cu-Sn-Pb	铸造
33	X52	M29:13	铜甗	器腹	82.7	12.2	4.2	0.1	0.8	Cu-Sn-Pb	铸造
34	X54	M29:25	编钟	钲部	80.7	13.9	5.0	0.1	0.3	Cu-Sn-Pb	铸造
35	X171	M29:33	盾钖	残片	83.6	14.3	1.5	0.1	0.4	Cu-Sn	热锻冷加工
36	X170	M29:34	盾钖	残片	86.0	12.4	1.3	0.1	0.1	Cu-Sn	热锻冷加工
37	X16	M29:28	铜镞	铤部	66.5	23.0	10.4	0.1		Cu-Sn-Pb	铸造
38	X17	M29:28	铜镞	锋部	67.9	23.5	8.5	0.1		Cu-Sn-Pb	铸造

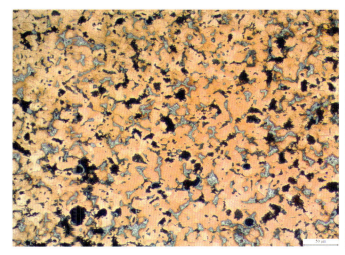

图 2-17 铜錾 M29:1 底部金相组织（共析体较多）

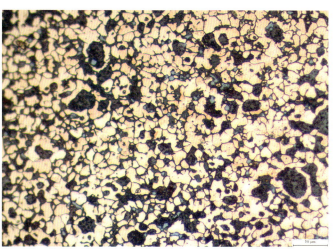

图 2-18 铜鉴 M29:1 捉手金相组织（共析体较多）

图 2-19 铜錾 M29:2 口沿金相组织（共析体较多）

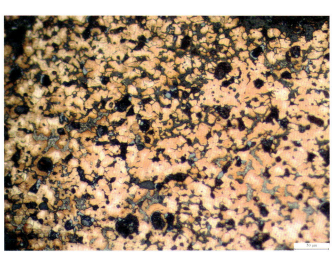

图 2-20 铜鉴 M29:2 腹部金相组织（共析体较多）

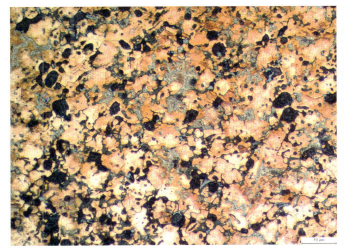

图 2-21 铜錾 M29:2 捉手金相组织（共析体较多）

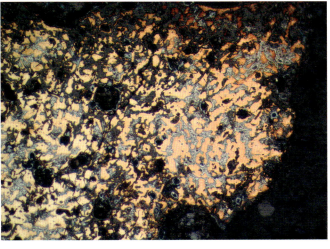

图 2-22 铜鼎 M29:3 器盖金相组织（共析体成网状）

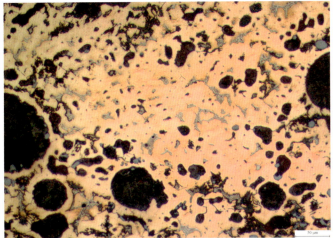

图 2-23 铜鼎 M29:3 器耳金相组织（共析体较少）

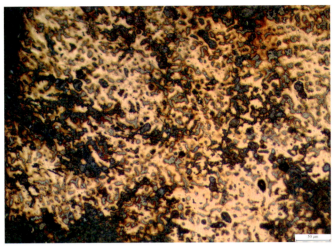

图 2-24 铜鼎 M29:3 器腹金相组织（共析体较少）

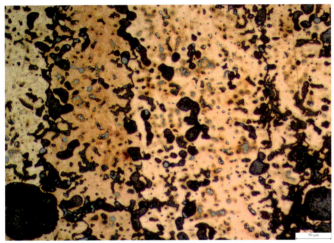

图 2-25 铜鼎 M29:4 器盖金相组织（共析体较少）

图 2-26 铜鼎 M29:5 器盖金相组织（共析体成网状）

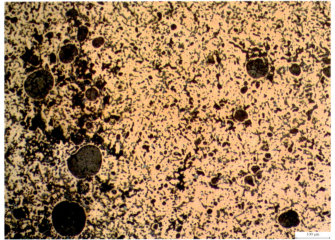

图 2-27 铜鼎 M29:5 器底金相组织（共析体较多）

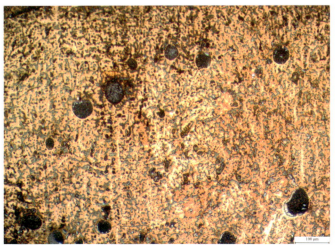

图 2-28 铜鼎 M29:5 器足金相组织（共析体成网状）

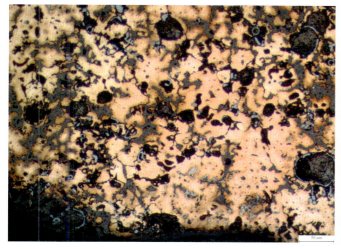

图 2-29 铜鼎 M29:6 器盖金相组织（共析体腐蚀）

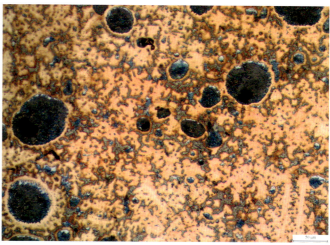

图 2-30 铜鼎 M29:6 器腹金相组织（铅颗粒较多）

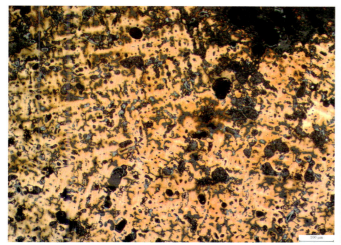

图 2-31 铜鼎 M29:6 器足金相组织（共析体腐蚀）

图 2-32 铜鼎 M29:8 器盖金相组织（共析体腐蚀）

图 2-33 铜鼎 M29:8 器足金相组织（共析体腐蚀）

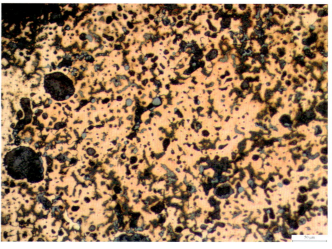

图 2-34 铜鼎 M29:8 器腹金相组织（共析体较多）

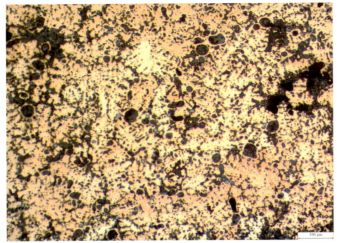

图 2-35 铜鼎 M29:48 器腹金相组织（铅颗粒较少）

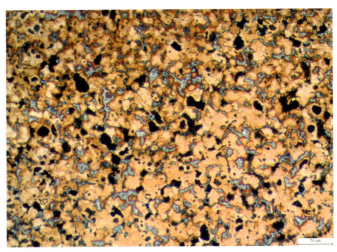

图 2-36 铜盘 M29:12 器腹金相组织（铅颗粒较少）

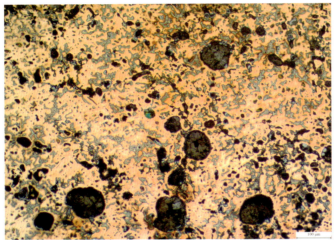

图 2-37 铜盘 M29:12 器耳金相组织（共析体较多）

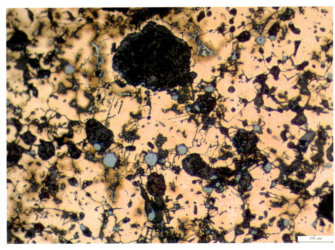

图 2-38 铜瓶 M29:13 器腹金相组织（共析体较少）

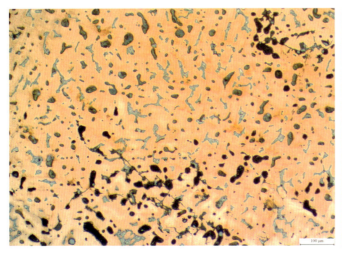

图 2-39 铜编钟 M29:25 钲部金相组织（共析体较多）

图 2-40 铜盾钖 M29:33 金相组织（等轴晶孪晶）

图 2-41 铜盾饧 M29:34 金相组织（等轴晶孪晶）

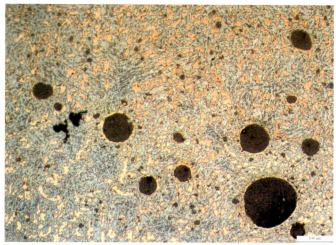

图 2-42 铜箭簇 M29:28 铤部金相组织（共析体成网状）

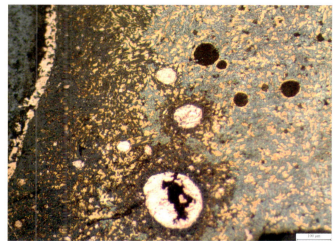

图 2-43 铜镞 M29:28 锋部金相组织（自由铜沉淀）

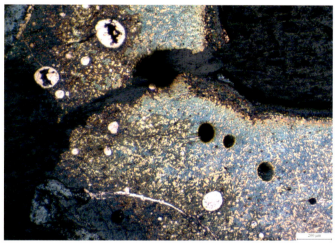

图 2-44 铜镞 M29:28 锋部金相组织（自由铜沉淀）

4.M30

金相组织观察和成分分析结果显示（表 2-4，图 2-45 ～ 图 2-64），8 件铜容器中，铜斗 M30:20、21 器盖、底及壁均为锡青铜热锻后冷加工而成，金相组织为 α 等轴晶及孪晶，两侧晶粒略小，局部晶粒内存在较多滑移带，中间晶粒略大，蓝灰色夹杂物或多或少，部分沿加工方向拉长变形排列。其余 7 件铜容器均为铅锡青铜铸造而成，金相组织主要为 α 固溶体枝晶，偏析明显。由于铅、锡含量及冷却速度等差异，α 固溶体、（α+δ）共析体及铅颗粒的数量、形态及分布均有所差异，呈现不同形态。（α+δ）共析体多数较大，个别较粗大，铅颗粒多数数量较少。M30:14 铜壶金相组织为 α 固溶体，晶粒细小均匀，多呈等轴晶，铸后曾受热。铜容器的锡含量多低于 17%，有 3 件样品高于 17%，最高可达 19.5%，铅含量多低于 8%，仅 1 件铜簠铅含量高达 12.2%。2 件编钟均为铅锡青铜铸造而成，金相组织为 α 固溶体枝晶偏析明显，（α + δ）共析体细小较多，铅颗粒较少，锡含量在 13% ～ 15% 之间，均低于 17%，铅含量均低于 7%。2 件铜片为锡青铜热锻后冷加工而成，金相组织为等轴晶及孪晶，局部有滑移线。夹杂物较少，分布于晶间，锡含量为 12% ～ 13% 之间。

表 2-4 瓦窑坡墓地 M30 出土部分青铜器合金成分与材质分析结果

序号	样品编号	器物编号	器物名称	取样部位	成分（wt%）					合金材质分析结果	金相组织鉴定结果
					Cu	Sn	Pb	Fe	S		
39	X57	M30:8	编钟	钲部	79.0	14.4	6.1	0.1	0.3	Cu-Sn-Pb	铸造
40	X58	M30:9	编钟	钲部	82.3	13.7	3.5	0.1	0.4	Cu-Sn-Pb	铸造
41	X12	M30:14	铜壶	器盖	84.7	10.4	3.7	0.9	0.3	Cu-Sn-Pb	铸后受热
42	X18	M30:16	铜鼎	器盖	75.1	16.9	7.7	0.1	0.1	Cu-Sn-Pb	铸造
43	X59	M30:17	铜鼎	器底	73.3	19.2	7.0	0.2	0.3	Cu-Sn-Pb	铸造
44	X60	M30:18	铜鼎	器底	80.7	10.9	7.7	0.1	0.6	Cu-Sn-Pb	铸后受热
45	X62	M30:30	铜簠	器盖	71.0	16.3	12.2	0.1	0.3	Cu-Sn-Pb	铸造
46	X51	M30:32	铜盘	器底	81.3	12.1	5.8	0.1	0.7	Cu-Sn-Pb	铸造
47	X63	M30:33	铜簠	器底	74.0	18.1	7.7	0.2	0.0	Cu-Sn-Pb	铸造
49	G-2	M30:20、21	铜斗	器盖	85.8	13.1	0.8	0.1	0.2	Cu-Sn	热锻冷加工
50	D-1	M30:20、21	铜斗	器底	83.4	14.7	1.3	0.1	0.6	Cu-Sn	热锻冷加工
51	D-2	M30:20、21	铜斗	器底	84.9	13.7	1.1	0.1	0.3	Cu-Sn	热锻冷加工
52	B-1	M30:20、21	铜斗	器壁	85.3	13.3	1.0	0.1	0.3	Cu-Sn	热锻冷加工
53	B-2	M30:20、21	铜斗	器壁	85.3	13.2	1.0	0.1	0.3	Cu-Sn	热锻冷加工
54	B-3	M30:20、21	铜斗	器壁	85.2	13.3	1.0	0.1	0.4	Cu-Sn	热锻冷加工
55	B-4	M30:20、21	铜斗	器壁	85.3	13.1	1.1	0.1	0.4	Cu-Sn	热锻冷加工
56	L-1	M30:20、21	铜斗	连接	76.8	19.5	3.4		0.3	Cu-Sn-Pb	铸造
57	X169-1	M30:20、21	铜斗	残片	85.1	13.1	1.7	0.1	0.1	Cu-Sn	热锻冷加工
58	X169-2	M30:20、21	铜斗	残片	86.0	12.2	1.6	0.1	0.2	Cu-Sn	热锻冷加工

注：合金成分为 SEM-EDS 测试

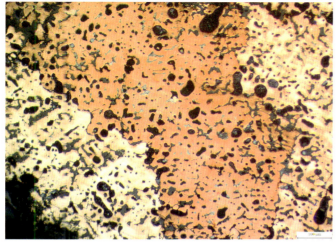

图 2-45 铜编钟 M30:8 钲部金相组织（共析体优先腐蚀）

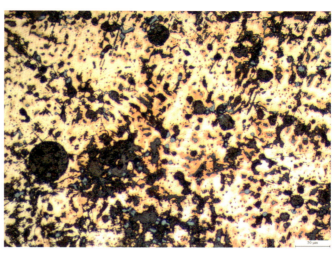

图 2-46 铜编钟 M30:9 钲部金相组织（共析体成细小块状）

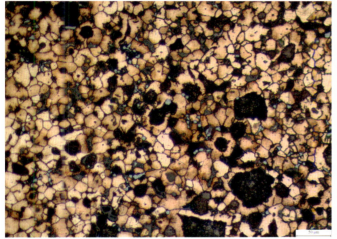

图 2-47 铜壶 M30:14 器盖金相组织（铅颗粒较少）

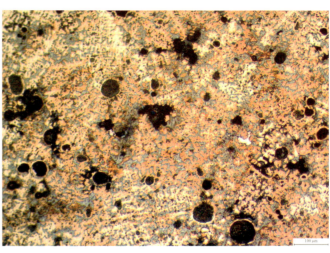

图 2-48 铜鼎 M30:16 器盖金相组织（自由铜沉淀）

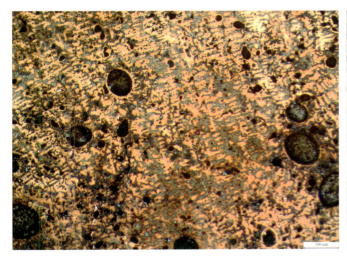

图 2-49 铜鼎 M30:17 器底金相组织（共析体成网状）

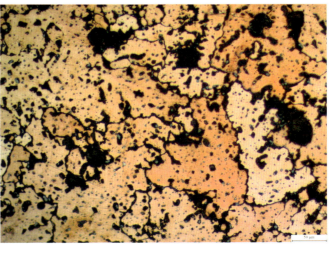

图 2-50 铜鼎 M30:18 器底金相组织（铅颗粒较多）

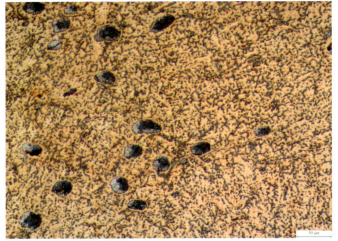

图 2-51 铜簋 M30:30 器盖金相组织（铅颗粒较多）

图 2-52 铜盘 M30:32 器底金相组织（共析体成网状）

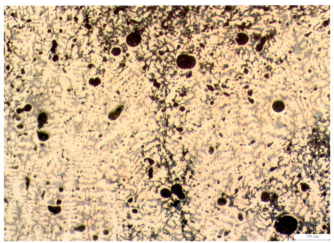

图 2-53 铜簋 M30:33 器盖金相组织（共析体细小）

图 2-54 铜斗 M30:20、21 器壁连接 L-1 金相组织（共析体较多）

图 2-55 铜斗 M30:20、21 器盖 G-1 金相组织

图 2-56 铜斗 M30:20、21 器盖 G-2 金相组织

图 2-57 铜斗 M30:20、21 器底 D-1 金相组织　　　　图 2-58 铜斗 M30:20、21 器底 D-2 金相组织

图 2-59 铜斗 M30:20、21 器壁 B-1 金相组织　　　　图 2-60 铜斗 M30:20、21 器壁 B-2 金相组织

图 2-61 铜斗 M30:20、21 器壁 B-3 金相组织　　　　图 2-62 铜斗 M30:20、21 器壁 B-4 金相组织

图 2-63 铜斗 M30:20、21 残片金相组织　　　　图 2-64 铜斗 M30:20、21 残片金相组织

5.M17

金相组织观察和成分分析结果显示（表 2-5，图 2-65 ～图 2-78），5 件铜容器均为铅锡青铜铸造而成，金相组织为 α 固溶体枝晶，偏析明显。由于铅、锡含量及冷却速度等差异，α 固溶体、（α+δ）共析体及铅颗粒的数量、形态及分布均有所差异，呈现不同形态。（α+δ）共析体多数粗大，数量较多，铅颗粒数量则多数较少。铜容器锡含量均在 13%~20% 之间，铅含量均低于 10%。焊料样品的锡、铅含量分别为 66.1%、31.6%，比例接近现代共晶铅锡焊料。

表 2-5 瓦窑坡墓地 M17 出土部分青铜器合金成分与材质分析结果

序号	样品编号	器物编号	器物名称	取样部位	成分（wt%）					合金材质分析结果	金相组织鉴定结果
					Cu	Sn	Pb	Fe	S		
59	X33	M17:2	铜鼎	器盖	80.1	15.7	4.0	0.1	0.2	Cu-Sn-Pb	铸后受热
60	X108	M17:2	铜鼎	器耳	78.1	16.7	4.7	0.1	0.4	Cu-Sn-Pb	铸后受热
61	X126-1	M17:2	铜鼎	器腹	73.9	20.0	5.5	0.1	0.4	Cu-Sn-Pb	铸造
62	X127-1	M17:2	铜鼎	器足	78.1	16.4	5.2	0.1	0.2	Cu-Sn-Pb	铸造
63	X154	M17:5	铜鼎	盖钮	2.3	66.1	31.6			Sn-Pb	镶焊焊料
64	X126-2	M17:5	铜鼎	器盖	78.6	16.1	4.7	0.1	0.4	Cu-Sn-Pb	铸造
65	X9	M17:5	铜鼎	腹部	79.1	13.1	7.2	0.2	0.4	Cu-Sn-Pb	铸造

续表

序号	样品编号	器物编号	器物名称	取样部位	成分（wt%）					合金材质分析结果	金相组织鉴定结果
					Cu	Sn	Pb	Fe	S		
67	X104	M17:7	铜盘	底部	77.8	18.0	3.2	0.1	0.8	Cu-Sn-Pb	铸造
68	X84	M17:8	铜鼎	器足	80.5	15.3	3.6	0.1	0.4	Cu-Sn-Pb	铸造
69	X103	M17:8	铜鼎	器耳	75.3	18.1	5.7	0.2	0.7	Cu-Sn-Pb	铸造
70	X161	M17:8	铜鼎	口沿	74.6	17.1	8.1	0.2	0.1	Cu-Sn-Pb	铸造
71	X79	M17:9	铜舟	器腹	72.5	17.3	9.3	0.1	0.8	Cu-Sn-Pb	铸造

图 2-65 铜鼎 M17:2 器盖金相组织（铸后受热）

图 2-66 铜鼎 M17:2 器耳金相组织（共析体较多）

图 2-67 铜鼎 M17:2 器腹金相组织（共析体腐蚀）

图 2-68 铜鼎 M17:2 器腹金相组织（共析体腐蚀）

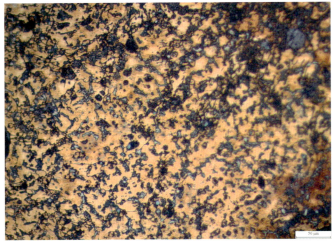

图 2-69 铜鼎 M17:2 器足金相组织（共析体较多）

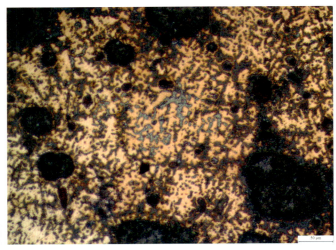

图 2-70 铜鼎 M17:5 器盖金相组织（共析体腐蚀）

图 2-71 铜鼎 M17:5 腹部金相组织（共析体较少）

图 2-72 铜鼎 M17:5 腹部金相组织（共析体腐蚀）

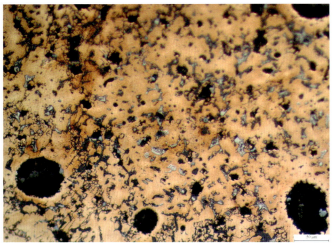

图 2-73 铜鼎 M17:5 器足金相组织（夹杂物较少）

图 2-74 铜盘 M17:7 器底金相组织（夹杂物较多）

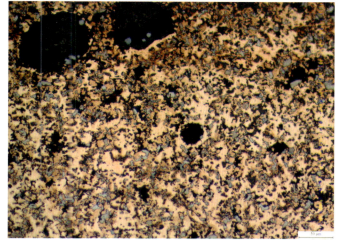

图 2-75 铜鼎 M17:8 器足金相组织（共析体较细小）

图 2-76 铜鼎 M17:8 器耳金相组织（共析体粗大）

图 2-77 铜鼎 M17:8 口沿金相组织 （共析体成网状）

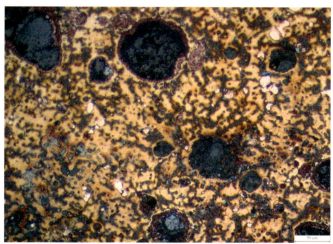

图 2-78 铜舟 M17:9 器腹金相组织（自由铜沉淀）

6.M21

金相组织观察和成分分析结果显示（表 2-6，图 2-79 ～图 2-90），7 件铜容器均为铅锡青铜铸造而成，其金相组织主要为 α 固溶体枝晶，偏析明显。由于铅、锡含量及冷却速度等差异，α 固溶体、（α＋δ）共析体及铅颗粒的数量、形态及分布均有所差异，呈现不同形态。（α＋δ）共析体多数细小，铅颗粒也较少，分布弥散，铜鼎 M21:9 器足和铜敦 M21:10、M21:12 器盖样品铅颗粒较多，呈球状、块状及岛屿状分布。铜容器锡含量均不高于 12%，铅含量有 6 件低于 10%，最高可达 24%。焊料样品为铅含量 99.6% 的铅金属。值得关注的是，M21 铜器样品中，可见较多的夹杂物，较为特殊。

表 2-6 瓦窑坡墓地 M21 出土部分青铜器合金成分与材质分析结果

序号	样品编号	器物编号	器物名称	取样部位	成分（wt%）					合金材质分析结果	金相组织鉴定结果
					Cu	Sn	Pb	Fe	S		
72	XW201	M21:1	铜盘	器耳	77.2	6.7	15.7	0.1	0.3	Cu-Sn-Pb	铸造
73	XW102	M21:5	铜鼎	器腹	84.2	8.3	5.8	0.2	1.5	Cu-Sn-Pb	铸造
74	XW6	M21:5	铜鼎	器腹	84.2	8.2	5.9	0.2	1.4	Cu-Sn-Pb	铸造
75	XW110	M21:7	铜鼎	器耳	78.3	8.4	12.4	0.3	0.5	Cu-Sn-Pb	铸后受热
76	XW111	M21:7	铜鼎	器盖	81.6	7.1	10.2	0.2	0.9	Cu-Sn-Pb	铸造
78	XW134	M21:8	铜敦	器底	83.6	8.4	6.9	0.1	1.1	Cu-Sn-Pb	铸造
79		M21:8	铜敦	器足	85.2	7.5	6.1	0.1	1.1	Cu-Sn-Pb	铸造
80	XW81	M21:9	铜鼎	器足	70.0	7.1	22.0	0.7	0.2	Cu-Sn-Pb	铸造
81	XW5	M21:9	铜鼎	器足	71.3	7.2	20.8	0.4	0.2	Cu-Sn-Pb	铸造
82	XW200	M21:9	铜鼎	器足	0.1		99.6	0.2	0.1	Pb	镶焊焊料
83	XW83	M21:10	铜敦	器盖	62.7	12.0	23.6	0.6	1.1	Cu-Sn-Pb	铸造
84	XW106	M21:12	铜敦	器盖	67.0	8.4	24.0	0.6	0.0	Cu-Sn-Pb	铸造
85	XW21	M21:12	铜敦	器底	82.0	9.6	7.0	0.2	1.3	Cu-Sn-Pb	铸造

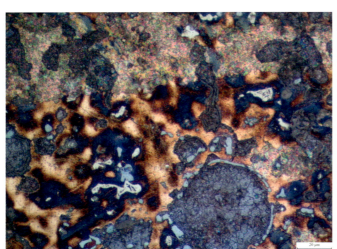

图 2-79 铜鼎 M21:5 器腹金相组织（共析体较少）

图 2-80 铜鼎 M21:5 器腹金相组织（共析体较细小）

图 2-81 铜鼎 M21:7 器耳金相组织（自由铜沉淀）

图 2-82 铜鼎 M21:17 器盖金相组织（夹杂物较多）

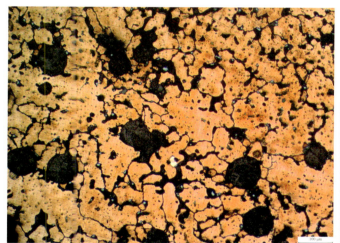

图 2-83 铜敦 M21:8 器盖金相组织（铸后受热）

图 2-84 铜敦 M21:8 器底金相组织（共析体较少）

图 2-85 铜敦 M21:8 器足金相组织（自由铜沉淀）

图 2-86 铜鼎 M21:9 器足金相组织（铅颗粒较多）

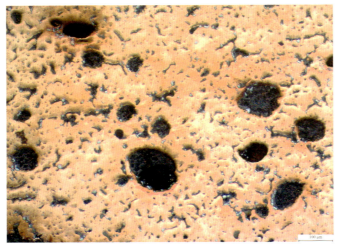

图 2-87 铜鼎 M21:9 器足金相组织（铅颗粒较多）

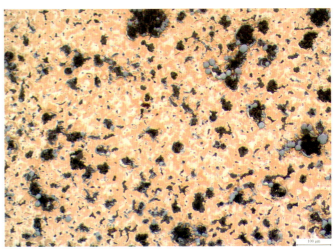

图 2-88 铜敦 M21:10 器盖金相组织（共析体较多）

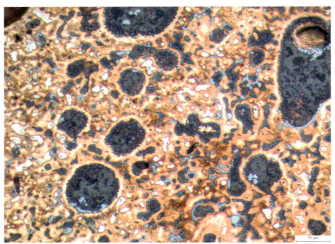

图 2-89 铜敦 M21:12 器盖金相组织（铅颗粒较多）

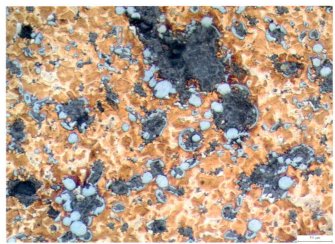

图 2-90 铜敦 M21:12 器底金相组织（夹杂物较多）

7.M20

金相组织观察和成分分析结果显示（表 2-7，图 2-91 ～ 图 2-100），7 件铜容器均为铅锡青铜铸造而成，多存在腐蚀现象，其金相组织为 α 固溶体枝晶，偏析明显。由于铅、锡含量及冷却速度等差异，α 固溶体、（α + δ）共析体及铅颗粒的数量、形态及分布均有所差异，呈现不同形态。（α + δ）共析体多数数量较多，互联成网状，铅颗粒较少，个别较多。铜容器锡含量均在 12% ～ 20% 之间，仅 1 件样品的锡含量低至 8.5%，铅含量多低于 10%，有 2 件样品高于 10%，其中 M20:7 铜敦铅含量高达 15%。6 件焊料样品均为含铅 98% 以上的铅金属。

表 2-7 瓦窑坡墓地 M20 出土部分青铜器合金成分与材质分析结果

序号	样品编号	器物编号	器物名称	取样部位	成分（wt%）					合金材质分析结果	金相组织鉴定结果
					Cu	Sn	Pb	Fe	S		
86	XW98	M20:2	铜敦	器底	1.6		98.4			Pb	镴焊焊料
87	XW128	M20:2	铜敦	器足	1.9		98.1			Pb	镴焊焊料
88	XW24	M20:2	铜敦	器盖	82.0	13.9	2.7	0.9	0.5	Cu-Sn-Pb	铸后受热
89	XW139	M20:7	铜敦	器腹	72.0	12.6	15.0	0.1	0.2	Cu-Sn-Pb	铸造
90	XW153-1	M20:7	铜敦	器足	75.9	15.4	7.7	0.5	0.5	Cu-Sn-Pb	铸造
91	XW153-2	M20:7	铜敦	器足	0.2	0.3	99.4	0.1	0.0	Pb	铸造
92	XW153-3	M20:7	铜敦	器底	0.1		99.9			Pb	镴焊焊料
93	XW32	M20:9	铜鼎	器腹	78.0	17.1	4.6	0.1	0.1	Cu-Sn-Pb	铸造
94	XW89	M20:9	铜鼎	器足	74.6	17.3	7.6	0.3	0.1	Cu-Sn-Pb	铸造
95	XW130-1	M20:9	铜鼎	器盖	71.8	17.4	10.7	0.1	0.0	Cu-Sn-Pb	铸造
96	XW130-2	M20:10	铜盘	器底	71.3	19.3	7.8	1.3	0.3	Cu-Sn-Pb	铸造
97	XW93	M20:11	铜匜	器底	86.8	8.5	4.3	0.1	0.4	Cu-Sn-Pb	铸后受热
98	XW109	M20:11	铜匜	器足	0.2		99.8			Pb	铸造
99	XW140	M20:11	铜匜	器底	1.7		98.3			Pb	镴焊焊料
100	XW26	M20:12	铜鼎	器盖	73.1	18.7	7.8	0.1	0.3	Cu-Sn-Pb	铸造
101	XW114	M20:13	铜鼎	器底	74.0	18.0	7.6	0.1	0.3	Cu-Sn-Pb	铸造

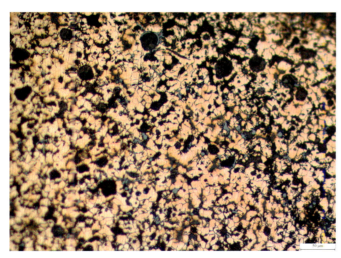

图 2-91 铜敦 M20:2 器盖金相组织（共析体细小）

图 2-92 铜敦 M20:2 器腹金相组织（共析体腐蚀）

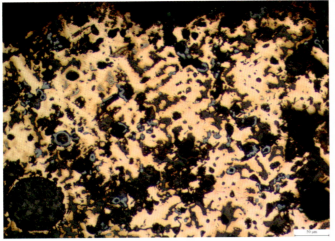

图 2-93 铜敦 M20:7 器足金相组织（夹杂物较少）

图 2-94 铜鼎 M20:9 器腹金相组织（共析体较多）

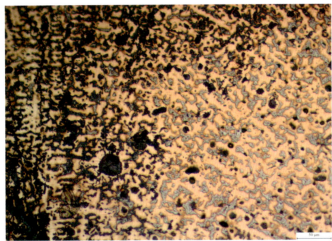

图 2-95 铜鼎 M20:9 器足金相组织（共析体腐蚀）

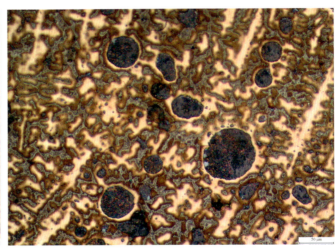

图 2-96 铜鼎 M20:9 器盖金相组织（铅颗粒较多）

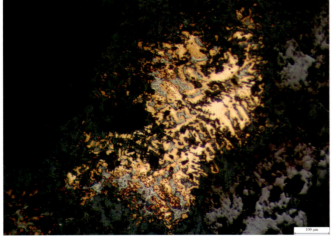

图 2-97 铜盘 M20:10 器底金相组织（共析体腐蚀）

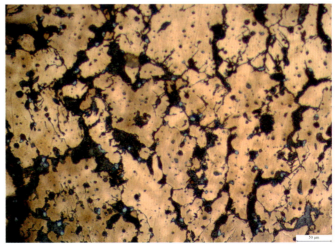

图 2-98 铜匜 M20:11 器底金相组织（铸后受热）

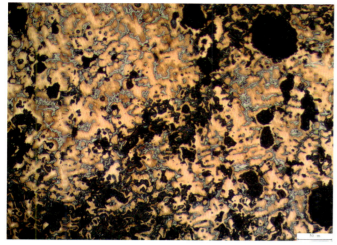

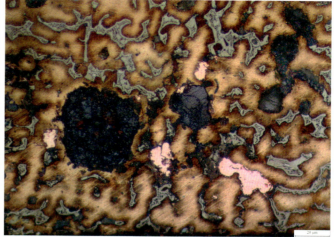

图 2-99 铜鼎 M20:12 器盖金相组织（共析体较多）　　　图 2-100 铜鼎 M20:13 器底金相组织（自由铜沉淀）

8.M22

金相组织观察和成分分析结果显示（表 2-8，图 2-101～图 2-110），6 件铜容器均为铅锡青铜铸造而成，其金相组织主要为 α 固溶体枝晶，偏析明显。由于铅、锡含量及冷却速度等差异，α 固溶体、（α+δ）共析体及铅颗粒的数量、形态及分布均有所差异，呈现不同形态。（α+δ）共析体多数细小，仅铜匜 M22:5 器腹样品（α+δ）共析体粗大成网状，铅颗粒数量较少，分布弥散。铜器的锡含量均在 13%～15% 之间，均低于 17%，铅含量则多低于 10%，仅铜盆 M22:6 腹部为 10.3%。2 件焊料样品中，一件为锡含量 87.1% 的锡铅合金，一件为铅含量高达 99.2% 的铅金属。

表 2-8 瓦窑坡墓地 M22 出土部分青铜器合金成分与材质分析结果

序号	样品编号	器物编号	器物名称	取样部位	成分（wt%）					合金材质分析结果	金相组织鉴定结果
					Cu	Sn	Pb	Fe	S		
102	XW23	M22:1	铜鼎	器盖	82.9	13.8	2.8	0.1	0.4	Cu-Sn-Pb	铸造
103	XW95	M22:2	铜敦	器足	78.2	14.1	7.3	0.2	0.2	Cu-Sn-Pb	铸后受热
104	XW08	M22:3	铜敦	口沿	79.1	13.8	6.7	0.2	0.2	Cu-Sn-Pb	铸造
105	XW22	M22:4	铜盘	器耳	82.1	11.7	5.8	0.1	0.3	Cu-Sn-Pb	铸造
106	XW94	M22:4	铜盘	器耳	83.1	11.7	5.1	0.1		Cu-Sn-Pb	铸造

续表

序号	样品编号	器物编号	器物名称	取样部位	成分（wt%）					合金材质分析结果	金相组织鉴定结果
					Cu	Sn	Pb	Fe	S		
107	XW125	M22:5	铜匜	器腹	78.3	14.9	6.2	0.6		Cu-Sn-Pb	铸造
108	XW164	M22:5	铜匜	器底	1.4	87.1	9.9	1.6		Sn-Pb	镴焊焊料
109	XW15	M22:6	铜舟	腹部	82.0	7.5	10.3	0.1		Cu-Sn-Pb	铸后受热
110	XW36	M22:6	铜舟	腹部铸补	0.5	0.2	99.2	0.1		Pb	

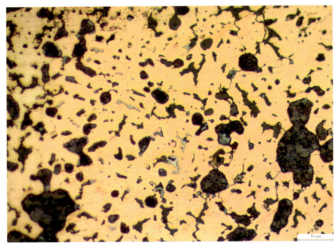

图 2-101 铜鼎 M22:1 器盖金相组织（铅颗粒较少）

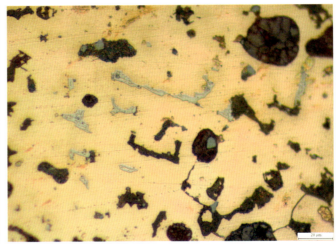

图 2-102 铜鼎 M22:1 器盖金相组织（夹杂物较少）

图 2-103 铜敦 M22:2 器足金相组织（铸后受热）

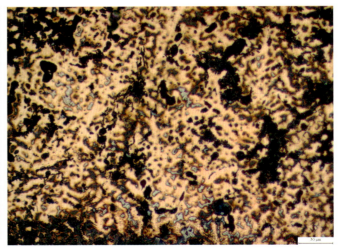

图 2-104 铜敦 M22:3 口沿金相组织（共析体较多）

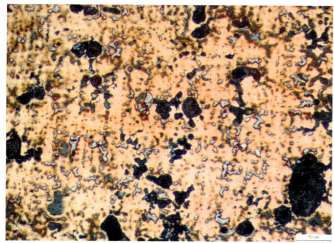

图 2-105 铜盘 M22:4 器耳金相组织（共析体较少）

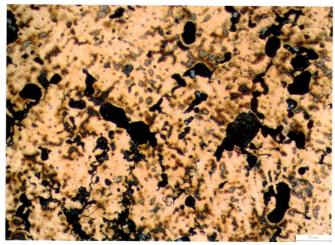

图 2-106 铜盘 M22:4 器耳金相组织（共析体细小）

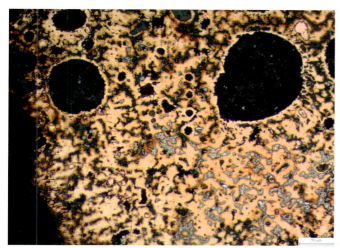

图 2-107 铜匜 M22:5 器腹金相组织（共析体腐蚀）

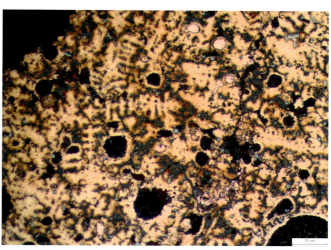

图 2-108 铜匜 M22:5 器腹金相组织（夹杂物较多）

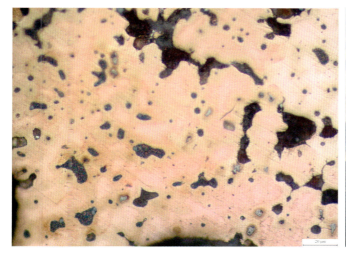

图 2-109 铜舟 M22:6 器腹金相组织（铸后受热）

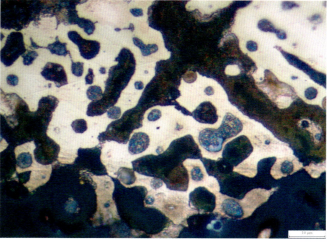

图 2-110 铜舟 M22:6 器腹金相组织（铅颗粒较多）

9.M23

金相组织观察和成分分析结果显示（表2-9，图2-111～图2-130），8件铜容器均为铅锡青铜铸造而成，其金相组织主要为 α 固溶体枝晶，偏析明显。由于铅、锡含量及冷却速度等差异，α 固溶体、（α+δ）共析体及铅颗粒的数量、形态及分布均有所差异，呈现不同形态。（α+δ）共析体多数细小，数量较多，仅铜鼎M23:15 金相组织中，（α+δ）共析体较粗大，局部连接成网，铅颗粒数量较多，个体较小。其锡含量多在 13%～17% 之间，仅有 6 件超过 17%，最高达 19.5%，而其铅含量则多低于 10%，仅有 5 件样品超过 10%，最高达 15.4%。7 件铜编钟也均为铅锡青铜铸造而成，其金相组织主要为 α 固溶体枝晶偏析明显，（α+δ）共析体多呈岛屿状分布，数量较多，铅颗粒数量均较少，分布较为弥散。铜编钟的锡含量均不超过 17%，较低于容器，其铅含量均不超过 10%，与容器大体相当；1件焊料样品为高锡铅锡合金，锡含量为 96.6%，铅含量仅为 2.9%。

表 2-9 瓦窑坡墓地 M23 出土部分青铜器合金成分与材质分析结果

序号	样品编号	器物编号	器物名称	取样部位	成分（wt%）					合金材质分析结果	金相组织鉴定结果
					Cu	Sn	Pb	Fe	S		
111	XW105	M23:13	铜鼎	器足	76.0	17.3	6.4	0.1	0.2	Cu-Sn-Pb	铸后受热
112	XW78	M23:14	铜敦	器盖	75.8	14.5	9.5	0.1	0.1	Cu-Sn-Pb	铸造
113	XW19	M23:15	铜鼎	器盖	76.4	15.8	7.6	0.2		Cu-Sn-Pb	铸造
114	XW165	M23:15	铜鼎	器耳	70.6	17.3	11.7	0.4		Cu-Sn-Pb	铸造
115	XW166	M23:15	铜鼎	器腹	75.1	14.0	10.8	0.1		Cu-Sn-Pb	铸造
116	XW100	M23:15	铜鼎	器足	73.6	16.5	9.6	0.3	0.1	Cu-Sn-Pb	铸造
117	XW91	M23:16	铜鼎	器底	69.4	19.5	11.0	0.1	0.1	Cu-Sn-Pb	铸造
118	XW11	M23:16	铜鼎	器底	70.2	19.2	10.0	0.2	0.4	Cu-Sn-Pb	铸造
119	XW124	M23:18	铜盘	器腹	79.5	15.4	4.2	0.7	0.3	Cu-Sn-Pb	铸造

续表

序号	样品编号	器物编号	器物名称	取样部位	成分（wt%）					合金材质分析结果	金相组织鉴定结果
					Cu	Sn	Pb	Fe	S		
120	XW107	M23:19	铜敦	器足	66.7	17.5	15.4	0.4		Cu-Sn-Pb	铸造
121		M23:19	铜敦	器足	0.5	2.9	96.6			Pb-Sn	镴焊焊料
123	XW10	M23:22	铜鼎	器盖	78.8	15.4	4.9	0.1	0.8	Cu-Sn-Pb	铸造
124	XW03	M23:23	铜匜	器腹	71.2	14.4	14.1	0.4		Cu-Sn-Pb	铸造
125	XW07	M23:11	编钟	钲部	82.4	13.4	3.9	0.1	0.2	Cu-Sn-Pb	铸造
126	XW31	M23:29	编钟	钲部	76.8	14.5	8.3	0.1	0.3	Cu-Sn-Pb	铸造
127	XW112	M23:30	编钟	钲部	73.8	17.0	9.0	0.3		Cu-Sn-Pb	铸造
128	XW119	M23:33	编钟	钲部	76.4	14.6	8.7	0.1	0.2	Cu-Sn-Pb	铸造
129	XW118	M23:34	编钟	钲部	82.0	13.6	3.9	0.2	0.4	Cu-Sn-Pb	铸造
130	XW118-2	M23:35	编钟	钲部	84.1	11.0	3.1	0.9	0.9	Cu-Sn-Pb	铸造
131	XW117	M23:36	编钟	钲部	75.5	14.0	10.0	0.3	0.2	Cu-Sn-Pb	铸造

图 2-111 铜鼎 M23:13 器足金相组织（决状共析体）

图 2-112 铜敦 M23:14 器盖金相组织（共析体较少）

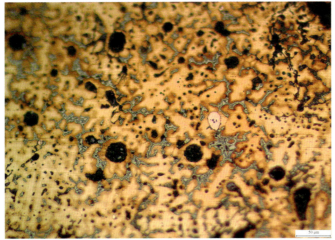

图 2-113 铜鼎 M23:15 器盖金相组织（自由铜沉淀）

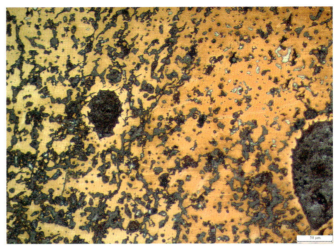

图 2-114 铜鼎 M23:15 器耳金相组织（共析体腐蚀）

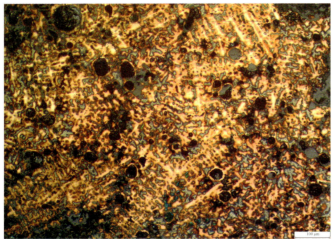

图 2-115 铜鼎 M23:15 器腹金相组织（共析体细小）

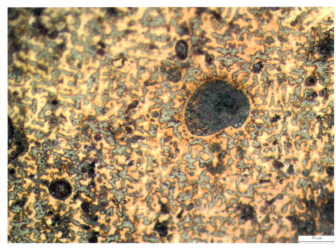

图 2-116 铜鼎 M23:15 器足金相组织（共析体成网状）

图 2-117 铜鼎 M23:16 器底金相组织（共析体较多）

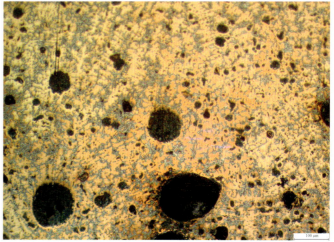

图 2-118 铜鼎 M23:16 器底金相组织（铅颗粒较少）

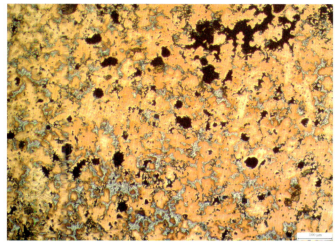

图 2-119 铜盘 M23:18 器腹金相组织（共析体粗大）

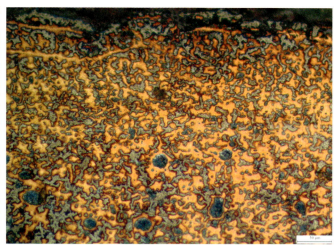

图 2-120 铜敦 M23:19 器足金相组织（共析体成网状）

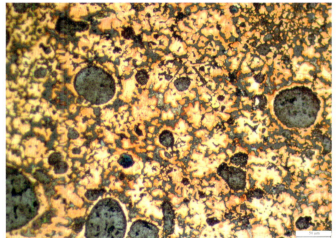

图 2-121 铜鼎 M23:22 器足金相组织（共析体腐蚀）

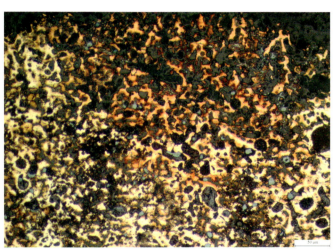

图 2-122 铜鼎 M23:22 器盖金相组织（共析体腐蚀）

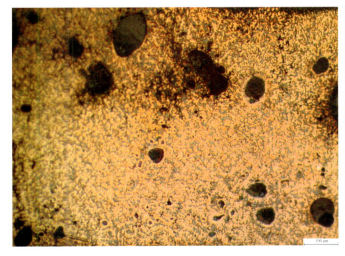

图 2-123 洞匜 M23:23 器腹金相组织（铅颗粒较多）

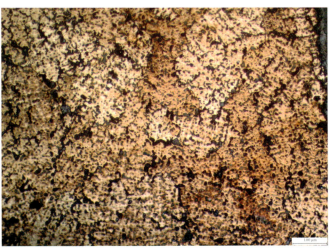

图 2-124 编钟 M23:11 钲部金相组织（共析体细小）

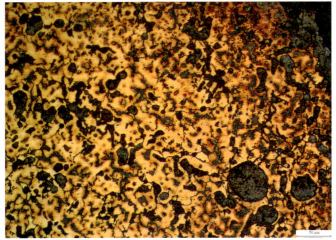

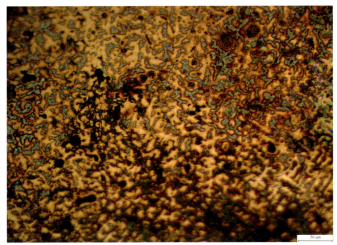

图 2-125 编钟 M23:29 铮部金相组织（共析体腐蚀）　　　　**图 2-126** 编钟 M23:30 铮部金相组织（共析体腐蚀）

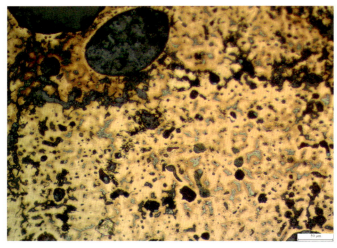

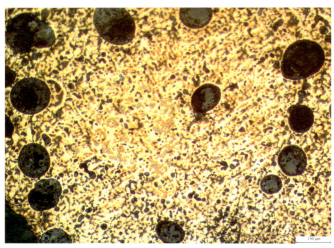

图 2-127 编钟 M23:33 铮部金相组织（铅颗粒较少）　　　　**图 2-128** 编钟 M23:34 铮部金相组织（共析体细小）

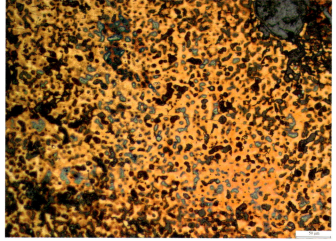

图 2-129 编钟 M23:36 铮部金相组织（共析体腐蚀）　　　　**图 2-130** 编钟 M23:36 铮部金相组织（共析体细小）

10.M25

金相组织观察和成分分析结果显示（表 2-10，图 2-131～图 2-138），7 件铜器均为铅锡青铜铸造而成，其金相组织主要为 α 固溶体枝晶，偏析明显。由于铅、锡含量及冷却速度等差异，α 固溶体、（α+δ）共析体及铅颗粒的数量、形态及分布均有所差异，呈现不同形态。（α+δ）共析体多数呈岛屿状分布，数量较多，铅颗粒数量较少，分布弥散。铜器锡含量均低于 17%，铅含量则多低于 10%，仅 M25:5 铜甗腹底样品铅含量高达 15%。脱落器足和器钮焊料样品均为铅含量 99% 以上的铅金属。

表 2-10 瓦窑坡墓地 M25 出土部分青铜器合金成分与材质分析结果

| 序号 | 样品编号 | 器物编号 | 器物名称 | 取样部位 | 成分（wt%） | | | | | 合金材质分析结果 | 金相组织鉴定结果 |
					Cu	Sn	Pb	Fe	S		
132	XW34	M25:5	铜甗	腹底	74.5	10.4	15.0	0.1		Cu-Sn-Pb	铸后受热
133	XW04	M25:23	铜戈	器刃	80.4	15.3	4.1	0.1	0.1	Cu-Sn-Pb	铸造
134	XW87	M25:23	铜戈	器援	78.3	16.9	4.6	0.1	0.1	Cu-Sn-Pb	铸造
135	XW01	M25:26	铜戈	器援	70.4	16.9	12.6	0.1		Cu-Sn-Pb	铸造
136	XW121	M25:25	铜贝	边缘	82.7	9.7	7.2	0.1	0.3	Cu-Sn-Pb	铸造
137	XW155	M25:10	马衔	连接	83.2	11.6	5.1	0.1		Cu-Sn-Pb	铸造
138	XW35	M25	器钮		1.0		99.0			Pb	镴焊焊料
139	XW133	M25	器足		0.1		99.9			Pb	镴焊焊料

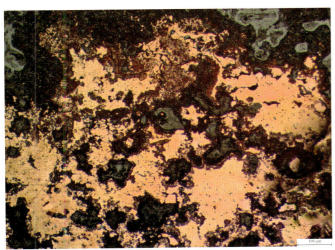

图 2-131 铜甗 M25:5 腹底金相组织（共析体较少）

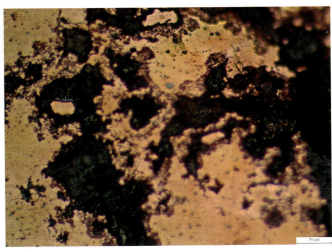

图 2-132 铜甗 M25:5 腹底金相组织（铅颗粒较少）

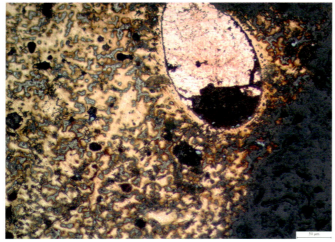

图 2-133 铜戈 M25:23 器援金相组织（共析体腐蚀）

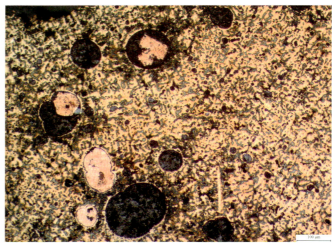

图 2-134 铜戈 M25:23 器刃金相组织（自由铜沉淀）

图 2-135 铜贝 M25:25 边缘金相组织（共析体较少）

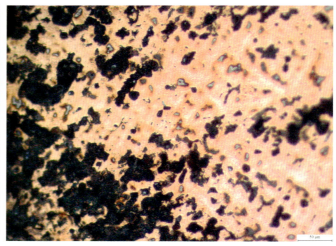

图 2-136 马衔 M25:10 连接金相组织（铅颗粒较少）

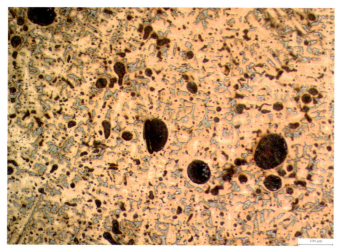

图 2-137 铜戈 M25:26 器援金相组织（共析体较多）

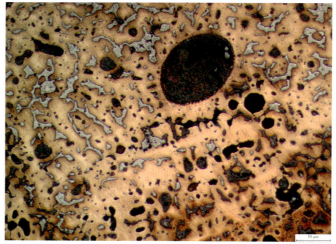

图 2-138 铜戈 M25:26 器援金相组织（铅颗粒较多）

11.M36

金相组织观察和成分分析结果显示（表2-11，图2-139～图2-142），3件铜容器均为铅锡青铜铸造而成，其金相组织均为α固溶体树枝晶，偏析明显，（α+δ）共析体分布于晶间，呈岛屿状分布，铅颗粒均较少。由于铅、锡含量及冷却速度等差异，α固溶体、（α+δ）共析体及铅颗粒的数量、形态及分布均有所差异，呈现不同形态。3件样品均腐蚀严重，其金相组织中均存在不同数量的锈蚀颗粒；铜豆M36:2样品金相组织中存在α固溶体优先腐蚀现象和少量的自由铜沉积；各样品金相组织中均含有数量不等且多与铅伴生呈蓝灰色点状、颗粒状及不规则状分布于晶间或晶内的夹杂物，说明所用铜矿多含有一定量的硫化物。铜器锡含量范围为9.2%～16.1%，均低于17%，铅含量范围为5.6%～10.2%，多低于10%。

表2-11 瓦窑坡墓地M36出土部分青铜器合金成分与材质分析结果

序号	样品编号	器物编号	器物名称	取样部位	成分（wt%）					合金材质分析结果	金相组织鉴定结果
					Cu	Sn	Pb	Fe	S		
140	XW2	M36:2	铜豆	器盖	79.1	14.6	5.9	0.1	0.3	Cu-Sn-Pb	铸造
141	XW122	M36:5	铜壶	器腹	84.5	9.2	5.6	0.1	0.5	Cu-Sn-Pb	铸造
142	XW99	M36:9	铜舟	器腹	73.5	16.1	10.2	0.3	0.0	Cu-Sn-Pb	铸造

图2-139 铜壶M36:5器腹金相组织（共析体较少）

图2-140 铜舟M36:9器腹金相组织（共析体较多）

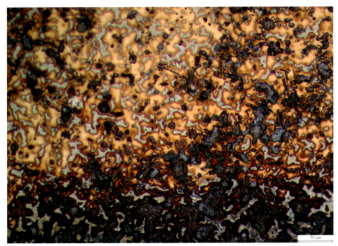

图 2-141 铜豆 M36:2 器盖金相组织（共析体较多）　　图 2-142 铜舟 M36:9 器腹金相组织（夹杂物较少）

2.4 技术特征

整体来看，瓦窑坡墓地各铜器墓中出土铜器的材质和合金成分基本一致，无较大变化。铜容器多以锡含量 7% ～ 17%、铅含量低于 10% 的铅锡青铜铸造而成，铜编钟多以锡含量 11% ～ 17%%、铅含量低于 10% 的铅锡青铜铸造而成，热锻成型的铜器则均采用锡含量 12% ～ 15% 的锡青铜，其合金材质与加工工艺的对应关系较为明显；其次，从铅、锡含量来看，铜兵器中箭镞的锡含量最高（23%左右），铜戈的锡含量也高于多数铜容器和铜编钟，铜容器和铜编钟锡含量相对较低，且多集中于 10% ～ 17%，锡含量与器物类型也有一定的对应关系；另外，铜器焊料的合金类型也较为多样，铅金属、高铅的铅锡合金、高锡的铅锡合金及铅锡比例均较高的铅锡合金焊料均有发现，且春秋晚期时已出现配比接近铅锡共晶点的铅锡焊料。

现按铜器墓的年代早晚，将其合金工艺的技术特征简述如下：

1. 春秋中期偏晚阶段

瓦窑坡墓地春秋中期偏晚阶段的铜器墓有 M18、M26、M29 及 M30 四座，共从 30 件铜器上取样 58 件，涉及铜容器 24 件、铜编钟 3 件、铜盾钖 2 件及铜镞 1 件。

金相组织观察结果显示，30 件铜器多为铸造组织，其组织特征主要为 α 固溶体树枝晶，偏析明显，枝晶间分布有数量不等的（α + δ）共析体和数量不等、形态各异的铅颗粒，表明此批铜器的材质主要为铅锡青铜。部分铜鉴、铜鼎、铜壶的金相组织为粗大的 α 固溶体或细小的等轴晶，应为铸后受热组织，表明使用过程中曾受热。刻纹铜斗 M30:20、21 较为特殊，器盖、器底、器身及残片的金相组织均为 α 等轴晶及孪晶，局部可见滑移线，局部晶界呈弯曲状，铅颗粒均极少，表明应为锡青铜热锻而成，且经过一定程度的冷加工处理。与多数铜容器的金相组织类似，铜编钟和铜镞也为铅锡青铜铸造而成，且铜镞金相组织中（α＋δ）共析体数量较多，也较粗大，表明其锡含量也应高于铜容器和铜编钟。此外，各器类样品的金相组织中均含有数量不等，且多与铅伴生，呈蓝灰色点状、颗粒状及不规则状分布于晶间或晶内的硫化物夹杂，表明铜器生产所用铜矿中多数含有一定量的硫化物。

同时，成分分析结果也显示，铜容器材质多为铅锡青铜，锡青铜仅刻纹铜斗 M30:20、21 一例，其锡含量范围为 10.2% ～ 19.5%，多集中于 10% ～ 17%，铅含量范围为 2.8% ～ 16.2%，多低于 10%，但有约 16% 的铜容器样品锡含量高于 17% 或铅含量高于 10%。3 件铜编钟材质也均为铅锡青铜，锡含量均低于 17%，铅含量均低于 10%。1 件铜镞也为铅锡青铜材质，锡含量在 23% 左右，略高于容器和编钟，而铅含量为 8.5% ～ 10.4%，与容器和编钟相近。铜盾钖和刻纹铜斗 M30:20、21 相同，均为锡青铜材质，锡含量主要为 12% ～ 15%，较为集中。此外，M18、M26、M29 及 M30 铜容器的铅锡含量差异不明显，与铜编钟的锡、铅含量也较为接近，但锡、铅含量均低于铜镞。

由以上分析可知，瓦窑坡墓地该时期铜器墓出土的铜容器和铜编钟主要为铅锡青铜铸造而成，铅、锡含量特征也较为接近，锡含量多集中于 10% ～ 17%，铅含量多低于 10%。另外，铜容器的耳、足及腹等部位合金成分差异较大，应为分铸而成。铸造而成的青铜器多为铅锡青铜材质，热锻而成的青铜器则均为锡青铜材质，材质与工艺的对应关系极为明显。值得关注的是，此时期出现了锡青铜热锻而成的铜容器，其锡含量集中于 12% ～ 15%。

2. 春秋中晚期之际阶段

瓦窑坡墓地春秋中晚期之际阶段的铜器墓有 M17 和 M21 两座，共从 12 件铜器上取样 27 件，涉及铜容器 12 件。

金相组织观察结果显示，12 件铜器均为铸造组织，其组织特征主要为 α 固溶体树枝晶，偏析明显，枝晶间分布有数量不等的（α＋δ）共析体和数量不等、形态各异的铅颗粒，表明此批铜器的材质均为铅锡青铜。部分铜鼎和铜敦的金相组织为晶粒粗大、偏析不明显的 α 固溶体，应为铸后受热组织，表明青铜器在使用过程中曾受热。此外，青铜器金相组织中均含有数量不等，且多与铅伴生，呈蓝灰色点状、颗粒状及不规则状分布于晶间或晶内的硫化物夹杂，表明铜器生产所用铜矿中多数含有一定量的硫化物。

同时，成分分析结果也显示，铜容器材质均为铅锡青铜，其锡含量范围为 6.7%～20.0%，铅含量范围为 3.2%～24.0%。较为特别的是，M17 出土铜容器的锡含量多高于 10%，在 13.1%～20.0% 之间，铅含量多低于 10%，在 3.2%～9.3% 之间，而 M21 出土铜容器的锡含量则多低于 10%，在 6.7%～12.0% 之间，铅含量则多高于 10%，在 4.5%～24.0% 之间，两者差异较为显著。M21 铜容器表面多光素无纹饰，而其他铜器墓出土铜容器多数饰有纹饰，其锡、铅含量的差异可能表明其具有不同的生产来源。

由以上分析可知，瓦窑坡墓地该时期铜器墓出土的铜容器均为铅锡青铜铸造而成，铅、锡含量特征差异较大。另外，铜容器的耳、足及腹等部位合金成分差异较大，应为分铸而成。值得关注的是，此时期铜容器的镶焊焊料仍以纯铅或高锡铅锡焊料为主，但已出现了铅锡比例（Sn66.1%，Pb31.6%）接近共晶点的铅锡焊料、铅含量高达 99.6% 的高铅的铅锡焊料。

3. 春秋晚期偏早阶段

瓦窑坡墓地春秋晚期偏早阶段的铜器墓有 M20、M22 和 M23 三座，共从 28 件铜器上取样 46 件，涉及铜容器 21 件、铜编钟 7 件。

金相组织观察结果显示，28 件铜器均为铸造组织，其组织特征主要为 α 固溶体树枝晶，偏析明显，枝晶间分布有数量不等的（α＋δ）共析体和数量不等、形态各异的铅颗粒，表明此批铜器的材质均为铅锡青铜。部分铜鼎和铜敦的金相组织为晶粒粗大、偏析不明显的 α 固溶体，应为铸后受热组织，表明青铜器在使用过程中曾受热。此外，青铜器金相组织中均含有数量不等，且多与铅伴生，呈蓝灰色点状、颗粒状及不规则状分布于晶间或晶内的硫化物夹杂，表明铜器生产所用铜矿中多数含有一定量的硫化物。

同时，成分分析结果也显示，铜容器材质均为铅锡青铜，其锡含量范围为 7.5%～19.5%，多数为 10%～17%，铅含量范围为 2.7%～15.4%，多数低于 10%，但有约 23% 的铜容器样品锡含量高于 17% 或铅含量高于 10%。7 件铜编钟材质也均为铅锡青铜，锡含量均低于 17%，铅含量均低于 10%。

由以上分析可知，瓦窑坡墓地该时期铜器墓出土的铜容器和铜编钟均为铅锡青铜铸造而成，铅、锡含量特征也较为接近。另外，铜容器的耳、足及腹等部位合金成分差异较大，应为分铸而成。值得关注的是，此时期铜容器的镶焊焊料仍以纯铅焊料为主，高铅的铅锡焊料和高锡的铅锡焊料均仅见 1 例，数量较少。

4. 春秋晚期偏晚阶段

瓦窑坡墓地春秋晚期偏晚阶段的铜器墓有 M25 和 M36 两座，共从 10 件铜器上取样 11 件，涉及铜容器 4 件、铜兵器 2 件、铜车马器等 4 件。

金相组织观察结果显示，10 件铜容器、兵器及车马器均为铸造组织，其组织特征主要为 α 固溶体树枝晶，偏析明显，枝晶间分布有数量不等的（α + δ）共析体和数量不等、形态各异的铅颗粒，表明此批铜器的材质均为铅锡青铜。铜瓿 M25:5 的金相组织为晶粒粗大、偏析不明显的 α 固溶体，应为铸后受热组织，表明青铜器在使用过程中曾受热。此外，青铜器金相组织中均含有数量不等，且多与铅伴生，呈蓝灰色点状、颗粒状及不规则状分布于晶间或晶内的硫化物夹杂，表明铜器生产所用铜矿中多数含有一定量的硫化物。

同时，合金成分分析结果也显示，铜容器材质均为铅锡青铜，其锡含量为9.2% ~ 16.1%，均低于 17%，铅含量为 5.6% ~ 15.0%，多低于 10%。铜戈材质均为铅锡青铜，其锡含量为 15.3% ~ 16.9%，铅含量为 4.1% ~ 12.6%。铜车马器等也为铅锡青铜材质，其锡含量为 9.7% ~ 11.6%，铅含量为 5.1% ~ 7.2%。

由以上分析可知，瓦窑坡墓地该时期铜器墓出土的铜容器、兵器及车马器等均为铅锡青铜铸造而成，铅、锡含量特征也较为接近。值得关注的是，此时期铜容器的镶焊焊料仍以纯铅焊料为主。

2.5 技术演进

本次合金工艺的科学分析，虽然铜编钟、兵器及车马器等数量较少，但铜容器数量较多，种类也较齐全，结合前人工作，可以显示出春秋时期晋国青铜器生产的合金工艺特征和技术演进。研究表明，较之西周时期，晋国春秋时期青铜器合金工艺的技术演进主要体现在以下三个方面：

1. 铅锡青铜材质占据绝对优势

从现有分析数据来看，西周时期晋国青铜容器均为铸造成型，其材质主要为铅锡青铜或锡青铜，铅青铜较少，纯铜极少，而兵器、工具、车马器及其他类铸造成型的青铜器材质则主要为铅锡青铜或锡青铜[1]，说明锡青铜在此时期铸造成型的青铜器中占有重要的比例。羊舌墓地两周之际青铜器的科学分析显示，承继西周时期铸造成型的青铜器以铅锡青铜或锡青铜为主的材质特征，晋国两周之际阶段铸造成型的铜容器材质多为铅锡青铜，锡青铜或铅青铜此时已较少出现，仅少量铜斝等锻造成型的青铜器为锡青铜材质[2]；而瓦窑坡墓地春秋中晚期青铜器的科学分析结果则显示，晋国春秋中晚期铸造成型的铜容器、编钟、镈钟、兵器及车马器等均为铅锡青铜材质，仅少量锻制成型的铜斗、铜盾钖等为锡青铜材质。此外，太原晋国赵卿墓 20 件春秋晚期铜容器均为铅锡青铜铸造而成，锡含量多集中于 10% ～ 17%，铅含量在 7% ～ 28%，锡含量较为稳定，铅含量则波动较大[3]。定襄中霍墓地 23 件春秋晚期铸造成型的铜容器样品也均为铅锡青铜材质，锡含量为 5.2% ～ 17.4%，铅含量为 2.8% ～ 30.3%，10 件锻制铜容器和铜片则均为锡青铜或低铅的铅锡青铜材质，铸造成型的勺为铅锡青铜材质，铸造成型的环首刀及铜环则均为锡青铜材质[4]。由此可见，春秋中晚期，晋国青铜器铸造成型者多为铅锡青铜材质，锡青铜较少，仅少量锻制成型的铜斗、铜盾钖等为锡青铜或低铅的铅锡青铜材质。较之西周时期，晋国春秋时期铸造成型的青铜器中铅锡青铜材质的比例逐渐增多，锡青铜、铅青铜及红铜材质已较少出现于铸造成型的青铜器中，而锻制成型的青铜器则多为锡青铜或低铅的铅锡青铜材质，合金材质与加工工艺的对应关系较为显著。

从合金配比来看，西周时期，晋国锡青铜或铅锡青铜材质铜容器锡含量多集中于 10% ～ 17%，少量低于 10% 或高于 17%，铅含量则波动较大，多低于 10%，但也有相当比例高于 10%。兵器工具类锡青铜材质青铜器锡含量多高于 17%，而铅锡青铜材质青铜器的锡含量多低于 17%，铅含量则多高于 10%。锡青铜或铅锡青铜材质车马器及其他类青铜器的锡含量多在 10% ～ 19%，铅含量则多低于 14%。Scott 把古代含锡青铜分为低锡和高锡两类，锡含量低于 17% 的为

[1]　Quanyu Wang, Metalworking Technology and Deterioration of Jin Bronzes from the Tianma-Qucun Site, Shanxi, China, British Archaeological Reports international series 1023, Oxford: Archaeopress, 2002；杨颖亮 . 晋侯墓地出土青铜器的合金成分、显微结构和铅同位素比值研究（硕士学位论文）[D]. 吴小红，指导 . 北京大学，2005.

[2]　南普恒，吉琨璋 . 羊舌晋侯墓地出土铜器的科学分析 // 于沃集——曲村 - 天马遗址发现 60 周年暨晋侯墓地发掘 30 周年纪念文集 . 太原：山西人民出版社，2022：245 ～ 249.

[3]　孙淑云 . 太原晋国赵卿墓青铜器的分析鉴定 [M]// 山西省考古研究所，太原市文物管理委员会 . 太原晋国赵卿墓 . 北京：文物出版社，1996：253 ～ 268.

[4]　张登毅，李延祥，郭银堂 . 山西定襄中霍墓地出土铜器的初步科学分析 [J]. 文物保护与考古科学，2016（2）：7 ～ 17.

低锡青铜，锡含量高于 17% 的为高锡青铜 [1]。从锡含量来看，西周时期，晋国铜容器、兵器工具、车马器等均多为低锡青铜，高锡青铜仅兵器工具类相对较多，其余器类均较少；羊舌墓地两周之际铜容器的锡含量多低于 10%，而铅含量则多低于 10%，但仍有部分高于 10%，最高可达 20.9%，其锡含量略低，铅含量略高，可能与其多为明器的用途有关 [2]；瓦窑坡墓地春秋中晚期铜容器科学分析显示，晋国春秋中晚期铸造铜容器的锡含量多集中于 10% ～ 17%，铅含量则多低于 10%，且铜编钟也均为铅锡青铜铸造而成，其铅、锡含量与同时期的铜容器大体相当，锡含量多为 13% ～ 17%，铅含量则均低于 10%，而兵器铜镞、戈也为铅锡青铜铸造而成，其锡含量均为 15% ～ 23%，略高于铜容器和铜编钟，但铅含量则多低于 10%。结合太原晋国赵卿墓和定襄中霍墓地青铜器的成分和金相分析结果，不难看出，晋国春秋时期青铜器的锡含量多集中于 10% ～ 17%，铅含量多低于 10%，而锻制青铜器则多采用锡含量为 10% ～ 15% 的锡青铜材质。可见，晋国春秋时期青铜器的合金配比特征与西周时期差异不大，但较之西周时期，部分铜容器和锻制青铜器的锡含量范围更加集中。

根据现代冶金理论，随着锡含量的增加，锡青铜的硬度、抗拉强度会逐渐增加，但其塑性会随之降低。当锡含量低于 11% ～ 12% 时，抗拉强度会随着锡含量的增加而逐渐增加，随后逐渐降低；当锡含量为 2% ～ 3% 时，延伸率最大，超过 5% 时则急剧下降，在锡含量达到 23% 时延伸率降至零 [3]。因此，对于锻制青铜器而言，其锡含量在 10% ～ 15% 较为适宜，其抗拉强度、硬度及塑性均较好，而对于硬度要求较高的青铜兵器及工具，其锡含量则在 15% ～ 20% 为佳。然而，随着铅含量的增加，铅锡青铜的强度、硬度及延伸率等均会大为降低。考虑合金的综合机械性能，则锡含量 5% ～ 15%、铅含量小于 10% 的铅锡青铜具有较高的硬度和抗拉强度，并具有一定的塑性 [4]。但是，铅的加入可以改善和提高液态金属的流动性，使其填充铸型的能力增强，有利于铸造纹饰繁缛复杂的青铜器 [5]。实验研究表明，

[1]　Scott. D.A. Metallography and Microstructure of Ancient and Historical Metals.Los Angeles:The Getty Conservatior. Institute,1991:25 ～ 29.

[2]　南普恒，吉琨璋 . 羊舌晋侯墓地出土铜器的科学分析 // 于沃集——曲村 - 天马遗址发现 60 周年暨晋侯墓地发掘 30 周年纪念文集 [M]. 太原：山西人民出版社，2022：245 ～ 249.

[3]　D. Hanson & W. T. Dell-Wapole. Chill-Cast Tin Bronzes. Edward Arnold & Co. London,1951, 242 ～ 243.

[4]　Chase. W. and Ziebold, T.O.Ternary Representations of Ancient Chinese Bronze Compositions. Archaeological Chemistry II. Advances in Chemistry Series 171.Washington:American Chemical Society，1978:293 ～ 294；邵安定，孙淑云，梅建军，等 . 甘肃礼县大堡子山秦公墓出土金属器的科学分析与研究 [J]. 文物，2015（10）：86 ～ 96.

[5]　苏荣誉、华觉明、李克敏、等 . 中国上古金属技术 [M]. 济南：山东科学技术出版社，1995:282.

铅含量 10% ～ 15% 的流动性最好，满流率随着铅含量的增加而增加；当铅含量超过 15% 时，满流率下降，所以 10% ～ 15% 的铜锡合金铸造性能良好[1]。

结合分析结果可以看出，春秋时期晋国采用锡青铜锻制而成的青铜器，其锡含量（12% ～ 15%）均在合理范围之内，而采用铅锡青铜铸造而成的铜容器、编钟及兵器等，其铅、锡含量也多在合理范围之内。此外，铜镞属于消耗性兵器，高含量的锡使其具有较高的强度，适合于提高穿刺和杀伤能力；同时，适量铅的加入，既可增加重量，提高飞行稳定性，增强射杀能力，又可提高熔液流动性，利于大量铸造，还比较经济[2]。

目前，经过系统科学分析的春秋时期青铜器，除了太原晋国赵卿墓和定襄中霍墓地以外，主要有三门峡虢国墓[3]、韩城梁带村芮国墓[4]、礼县大堡子山秦公墓[5]、辉县琉璃阁甲乙墓[6]及淅川下寺春秋墓[7]青铜器，其铜容器、编钟多为锡含量 5% ～ 17% 的铅锡青铜铸造而成，仅刻纹铜器、铜甲及部分车饰、棺饰等为锡含量 10% ～ 16% 的锡青铜或含铅较低的铅锡青铜热锻而成，而铜戈、刀及镞等兵器则多为锡含量超过 20% 的锡青铜或铅锡青铜铸造而成。

春秋时期，晋国青铜器的合金工艺特征符合春秋时期铜容器、编钟等主要以铅锡青铜铸造成型，仅少量兵器、饰件使用锡青铜或低铅的锡青铜热锻成型的合金成分和工艺特点。此外，春秋中晚期，晋国青铜器合金成分的稳定和集中也反映了此时期青铜器生产批量化、规模化及规范化的技术特征。

2. 锻制青铜容器数量逐渐增多

春秋中期之前，铜容器多为锡青铜或铅锡青铜铸造而成，仅少量为铅青铜或红铜铸造而成，而锻制青铜器则多为锡青铜或低铅的铅锡青铜材质的铜管、刀、

[1] 韩汝玢、孙淑云、李秀辉、等 . 中国古代铜器的显微组织 [J]. 北京科技大学学报，2002（2）:219 ～ 230.

[2] 潘春旭，廖灵敏，傅强、等 . 古代青铜器中铅的作用及其显微组织特征 [M]// 西北大学文博学院、中国化学会应化委员会考古与文物保护化学委员会、中国科技考古学会（筹）编 . 文物保护与科技考古（中国第八届科技考古学术讨论会与文物保护化学学术研讨会论文集）. 西安 : 三秦出版社，2006:46 ～ 48.

[3] 李秀辉、韩汝玢、孙建国、等 . 虢国墓出土青铜器材质分析 [M]// 河南省文物考古研究所、三门峡市文物工作站 . 三门峡虢国墓 . 北京 : 文物出版社，1999:539 ～ 551.

[4] 陈坤龙，梅建军、孙秉君 . 梁带村两周墓地出土青铜器初步检测分析 [J]. 考古与文物，2009（6）:91 ～ 95.

[5] 潜伟 . 甘肃礼县大堡子山秦公墓几件青铜器的显微分析 [J]. 考古与文物（先秦增刊），2002:371 ～ 376；邵安定、孙淑云、梅建军、等 . 甘肃礼县大堡子山秦公墓出土金属器的科学分析与研究 [J]. 文物 .2015（10）: 86 ～ 96.

[6] 陈坤龙，梅建军 . 辉县琉璃阁甲乙墓出土铜器的科学分析研究 [J]. 中原文物 .2011（6）:99 ～ 105.

[7] 李敏生 . 淅川下寺春秋楚墓部分金属成分测定 [M]// 河南省文物研究所、河南省丹江库区考古发掘队、淅川县博物馆 . 淅川下寺春秋楚墓 . 北京 : 文物出版社，1991:389 ～ 391；李仲达、王素英、华觉明、等 . 淅川下寺春秋楚墓青铜器试样分析报告 [M]// 河南省文物研究所、河南省丹江库区考古发掘队、淅川县博物馆 . 淅川下寺春秋楚墓 . 北京 : 文物出版社，1991:392 ～ 400.

锥、匕首、耳环、牌、锥及铜片等小件饰品、工具及车马器等。例如，四川金沙遗址（商晚期至春秋时期）曾出土较多的锻造铜片，其材质多为铅锡青铜，锡含量多在 11.3% ～ 15.9%，铅含量多在 1.6% ～ 7.8%[1]。甘肃崇信于家湾墓地出土的 4 件西周早期的热锻"铜盆"中，有 3 件材质为铅锡青铜，锡含量为 12.2% ～ 16.4%，铅含量为 2.4% ～ 5.8%，1 件为锡含量 15.6% 的锡青铜[2]。考之于器，此 4 件"铜盆"口沿（直径 15cm ～ 22.4cm）多分布有 3 组（每组两孔）冲击卯孔[3]，其形态与石鼓山出土的铠甲表面卯孔形态极为相似，应属盾牌表面的装饰性器物盾钖。陕西宝鸡石鼓山出土的西周早期的热锻铜铠甲均为锡含量 12.2% ～ 15.0% 的锡青铜[4]。绛县横水墓地出土的 3 件锻制铜泡、马面饰等铜车马器，其材质为锡青铜和铅锡青铜，锡含量在 4.5% ～ 15.5%，铅含量在 0.2% ～ 2.2%[5]。

至春秋中期时，承继之前锻制青铜器材质多为锡青铜或低铅的铅锡青铜的技术传统，锻制铜容器和刻纹铜器开始出现，并在战国时期大量涌现，但其合金成分特征却一直未有明显变化。瓦窑坡墓地 M30 出土的春秋中期刻纹铜斗（M30:20、21）的器盖和器壁均采用锡含量为 13.1% ～ 14.7% 的锡青铜热锻而成。定襄中霍墓地出土的 3 件春秋晚期刻纹铜盘、匜及采集铜鉴的腹、底均采用锡含量为 10.5% ～ 15.0%、铅含量为 1.7% ～ 7.0% 的锡青铜或低铅的铅锡青铜热锻而成[6]。太原晋国赵卿墓春秋晚期青铜器中也有 1 件薄壁的刻纹铜匜，推测其也应为锡青铜或低铅的铅锡青铜热锻而成。

此外，湖北郧县乔家院墓地 3 件春秋晚期的锻制铜盘和铜匜、湖北襄阳余岗墓地 1 件春秋晚期的锻制铜铺、安徽蚌埠双墩 1 号墓 1 件春秋晚期锻制铜盘、湖北襄阳余岗墓地 1 件战国早期锻制铜盒、襄阳陈坡墓地 1 件战国中期锻制铜鉴、枣阳九连墩墓地 1 件战国中晚期的锻制铜盘及荆门左冢墓地 4 件锻制铜盘也多为锡青铜或锡含量 11% ～ 17%、铅含量 7% 以下的铅锡青铜[7]。江苏淮阴

[1] 肖璘、杨军昌、韩汝玢.成都金沙遗址出土金属器的实验分析与研究[J].文物，2004（4）：78 ～ 89；魏国锋，毛振伟，秦颖，等.金沙遗址出土铜片的加工工艺研究[J].有色金属，2007（1）：117 ～ 120.

[2] 张治国、马清林.甘肃崇信于家湾西周墓葬出土青铜器的金相与成分分析[J].文物保护与考古科学，2008（1）：24 ～ 32.

[3] 甘肃省文物考古研究所.崇信于家湾周墓[M].北京：文物出版社，2009：72 ～ 73.

[4] 陈坤龙、梅建军、邵安定，等.陕西宝鸡石鼓山新出土西周铜甲的初步科学分析[J].文物，2015（4）：68 ～ 75.

[5] 宋建忠、南普恒.绛县横水西周墓地青铜器科技研究[M].北京：科学出版社，2012.

[6] 张登毅、李延祥、郭银堂.山西定襄中霍墓地出土铜器的初步科学分析[J].文物保护与考古科学，2016（2）：7 ～ 17；李有成.定襄县中霍村东周墓发掘报告[J].文物，1997（4）：4 ～ 17；郭银堂、李培林.定襄中霍村出土的一批青铜器[J].文物，2004（12）：72 ～ 73.

[7] 秦颖、李世彩、晏德付，等.湖北及安徽出土东周至秦汉时期热锻青铜容器的科学分析[J].文物，2015（7）：89 ～ 96.

高庄墓地出土的 4 件战国中期刻纹铜盘和 1 件素面铜匜均为铅锡青铜锻制成型，锡含量在 12.7% ～ 16.9%，铅含量在 3.7% ～ 10.6%，另有 2 件铜篼型器和铜勺也分别为铅锡青铜（锡含量 13.7%，铅含量 5.6%）和锡青铜（锡含量 16.4%）锻制成型[1]。四川宣汉罗家坝墓地出土的 7 件战国时期的锻制铜盆、鑑、釜中，有 3 件材质为铅锡青铜，锡含量为 12.5% ～ 17.2%，铅含量为 6.9% ～ 11.8%，其余均为锡青铜材质，锡含量为 11.4% ～ 13.7%[2]。陕西西安北郊秦墓出土的战国晚期铜盘也为铅锡青铜锻制成型，锡含量 14.2%，铅含量 9.9%[3]。

由此可见，与其他地区类似，春秋中晚期晋国铜容器中锡青铜或低铅的铅锡青铜热锻成型的数量也具有较为明显的增多趋势，且多为表面饰线刻纹饰的刻纹铜盘、匜、鉴等，但与早期青铜文化中锻制青铜器多为体量较小的工具、饰品等和商周时期多为铜片、盾钖、铠甲、铜泡、马面饰等防护性兵器和车马器等有本质的不同。但是，春秋时期出现的锻制铜容器（含刻纹铜器）的合金成分与商周时期锻制成型的车马器和防护性兵器等极为接近，且与战国时期大量出现的锻制铜容器（含刻纹铜器）的合金成分也基本一致。这说明，新出现于春秋时期的锻制铜容器和刻纹铜器的合金工艺承袭了商周时期的青铜器锻制技术传统，并至迟在春秋中期，此类青铜器制作技术业已成熟，广泛应用于战国时期的锻制青铜器。

此外，此种采用锡青铜或低铅的铅锡青铜锻制而成的薄壁铜容器的内壁或内外壁多装饰有线刻纹饰，薄壁多与刻纹相辅相成。可见，刻纹铜器的出现应与锻制铜容器具有密切的联系，其原因可能与锻制铜容器无法再使用以往传统的铸造饰纹方法进行表面装饰和青铜器逐渐日用化的转变倾向有关。

3. 鑞焊焊料铅锡比例趋于合理

从已报道的材料来看，西周和春秋早期，晋国青铜器中使用低温鑞焊连接的青铜器极少；至春秋中晚期时，瓦窑坡墓地刻纹铜斗 M30:20、21 器盖使用了铅含量 99.6% 的铅金属焊料，铜鼎 M17:5 盖钮使用了锡含量 66.1%、铅含量 31.6% 接近铅锡共晶成分的铅锡合金焊料，铜鼎 M21:9 器足使用了铅含量 99.6% 的铅

[1] 何堂坤 . 刻纹铜器科学分析 [J]. 考古，1993（5）:465 ～ 468；孙淑云、王金潮、田建花，等 . 淮阴高庄战国墓出土铜器的分析研究 [J]. 考古，2009（2）:75 ～ 86.

[2] 宋艳 . 宣汉罗家坝出土部分青铜器的合金成分和金相组织 [J]. 四川文物，2010（4）:83 ～ 93.

[3] 陈坤龙，梅建军，岳连建 . 陕西西安出土的两件薄壁铜容器的科学分析 [M]// 陕西省考古研究所 . 西安北郊秦墓 . 西安：三秦出版社，2006:378 ～ 384.

金属焊料，铜敦 M20:2 器底和器足分别使用了铅含量 98.4% 和 98.1% 的铅金属焊料，铜敦 M20:7 器足和器底分别使用了铅含量 99.4% 的铅金属铸造和铅含量99.9% 的铅金属焊料，铜匜 M20:11 器足和器底分别使用了铅含量 99.8% 的铅金属铸造和铅含量 98.3% 的铅金属焊料，铜匜 M22:5 器底使用了锡含量 87.1%、铅含量 9.9% 的高锡的铅锡合金焊料，铜舟 M22:6 器腹则使用铅含量 99.2% 的铅金属进行铸补，铜敦 M23:19 器足使用锡含量 2.9%、铅含量 96.6% 的高铅的铅锡合金焊料，M25 的脱落器钮和器足分别使用 99.0% 和 99.9% 的铅金属焊料。太原晋国赵卿墓春秋晚期青铜器中发现较多镴焊连接，其镴焊焊料多为铅锡近半的铅锡合金（Pb38.8%、Sn58.8%；Pb56.0%、Sn40.8%）[1]。浮山南霍墓地春秋晚期青铜器也发现了较多的镴焊连接，其镴焊焊料和器足均为铅含量 96% 以上的高铅的铅基金属 [2]。

不难看出，春秋晚期晋国青铜器镴焊焊料仍以高铅的铅基合金或高锡的锡基合金为主，但已出现接近铅锡共晶成分的铅锡焊料。同时，也出现了使用铅金属进行铸造器足或对铸缺部位进行铸补的现象。

目前，国内发现年代最早的低温镴焊实例应属河南三门峡虢国墓地出土的两周之际时期的凤鸟纹铜方壶，其耳部发现的镴焊焊料为铅含量 97% 和 91% 的铅基焊料 [3]。而北京延庆、洛阳中州路、淅川下寺、辉县琉璃阁、湖北曾侯乙墓等东周青铜器镴焊焊料的成分分析结果显示，春秋时期镴焊焊料的成分仍无明显规律，高铅、高锡及铅锡合金均有，直到战国时期，多数焊料合金配比逐渐围绕铅锡共晶成分在一定范围内波动，并出现了非常接近共晶成分的铅锡焊料 [4]。铅一般不与铜或铜合金互溶，在焊接时其也难以与铜或铜合金形成牢固的焊接层，而仅仅能起到物理填充或固定作用。如果焊接部位受力较大或者接榫设计过于简单，被焊附件则会易于脱落。而铅锡焊料中的锡却能与铜反应形成稳定的金属间化合物 η 相（Cu6Sn5）或 ε（Cu3Sn）[5]，进而形成较为牢固

[1] 吴坤仪. 太原晋国赵卿墓青铜器制作技术 [J]. 北京科技大学学报（增刊），2002:189～194.

[2] 南普恒，王秦岭、王金平. 山西浮山南霍东周墓出土铜容器制作工艺考察 [J]. 文物，2024（1）:89～96.

[3] 吴坤仪、苗长兴. 虢国墓出土青铜器铸造工艺分析与研究 [M]// 河南省文物考古研究所. 三门峡虢国墓（第一卷）. 北京：文物出版社，1999:556；李秀辉、韩汝玢、孙建国，等. 虢国墓出土青铜器材质分析 [M]// 河南省文物考古研究所、三门峡市文物工作站. 三门峡虢国墓. 北京：文物出版社，1999:539～551.

[4] 何堂坤，靳枫毅. 中国古代焊接技术的初步研究 [J]. 华夏考古，2000（1）:61～65；湖北省博物馆. 曾侯乙墓 [M]. 北京：文物出版社，1989:645；金普军，秦颖，胡雅丽，等. 湖北九连墩楚墓出土青铜器钎焊材料的分析 [J]. 焊接学报，2007（11）:37～40；金普军. 中国先秦钎焊技术发展规律的探讨 [J]. 自然科学史研究，2009（1）:91～98；孙淑云、王金潮、田建花，等. 淮阴高庄战国墓出土铜器的分析研究 [J]. 考古，2009（2）:75～86.

[5] Prakash K H, Sritharan T. Interface Reaction between Copper anδ Molten Tin-leaδ Solδers, Acta Mater, 2001,49（13），pp2481～2489.

的焊接层[1]。此外，锡金属在低温下容易出现白锡向灰锡转化的"锡疫"现象。因此，纯铅或纯锡均不适用于镴焊连接，而铅锡合金则由于具有较低的熔点和较高的机械强度而成为镴焊焊料的一个较好选择。相关研究显示，随着锡含量的增加，铅锡焊料的强度和硬度也随之增大，并在共晶成分时达到最大值，之后随锡含量增大而逐步降低[2]。因而，春秋晚期出现，且较多应用于战国时期的接近共晶成分的铅锡焊料应是古代工匠长期生产实践中对铅、锡金属在焊料中的作用不断认识，并对焊料配方不断改良的结果。

2.6 小结

结合以上分析，可以看出：

（1）承继西周时期晋国青铜器多以铅锡青铜或锡青铜铸造成型、铅青铜和红铜较少使用的合金工艺特点，春秋时期晋国青铜器的合金工艺主要为铅锡青铜铸造成型，锡青铜、铅青铜及红铜铸造成型均极少使用。

（2）较之西周时期，晋国青铜器的合金工艺有所发展，主要体现在铅锡青铜铸造成型数量占据绝对优势、锡青铜或低铅的铅锡青铜锻制铜容器逐渐增多、镴焊焊料由高铅或高锡的铅锡合金逐渐向接近共晶点的铅锡焊料发展等方面。此外，春秋中晚期出现了较多以锡青铜或低铅的铅锡青铜热锻成型制作薄壁刻纹铜容器的合金工艺。

（3）春秋时期，晋国青铜器的合金工艺特征符合春秋时期铜容器、编钟等主要以铅锡青铜铸造成型，仅少量兵器、饰件使用锡青铜或低铅的锡青铜热锻成型的合金成分和工艺特点。

---

[1] 孙淑云. 中国古代镀锡和焊接样品的界面特征研究[C]// 机械技术史及机械设计（7）——第七届中日机械技术史及机械设计国际学术会议论文集：2008:9～21；孙淑云，梅建军. 中国古代铅锡焊料的分析[J]. 北京科技大学学报，2009（1）:54～61.

[2] Sharif A，Chan Y C，Islam R A. Effect of Volume in Interfacial Reaction between Eutectic Sn–Pb Solδer anδ Cu Metallization in Microelectronic Packaging[J]. Materials Science anδ Engineering B，2004，106（2）:120～125.

第三章 铸造工艺

重点考察了瓦窑坡墓地 87 件铜容器、5 件铜镈钟及 27 件铜钮钟的铸造工艺，并使用便携式 X 光探伤机对青铜器的垫片、泥芯撑布设及主附件的连接方式等进行了 X 射线影像分析。考察结果显示，瓦窑坡墓地春秋中晚期青铜器具有分铸法广泛应用、镶焊和曲范浑铸逐渐增多、垫片数量逐渐增大及纹饰模印法渐趋流行四个技术特征，与西周晚期和春秋早期晋国青铜器多以浑铸法成型、分铸法使用较少的技术特征有较大不同。

3.1 考察方法

1. 肉眼观察

使用肉眼观察的方法，详细观察和记录青铜器表面的范线、浇冒口、芯撑孔、垫片、不同部位互相叠压关系、补铸痕迹等范铸特征，并对铸型分范、铸造方式、芯撑设置、浇铸位置及连接方式等进行判断。

2. X 射线影像分析

所用仪器为依科视朗国际有限公司（YXLON）的变频便携式 X 射线探伤仪和德尔（Duerr NDT）HD-CR 35 NDT 工业 CR 数字成像系统。该系统是一款非胶片射线照相技术，与传统胶片成像相比，具有影像质量高、成像速度快、曝光时间短、无需使用胶片及图片保存方便等诸多优点。

3.2 考察结果

1.M18

重点考察了 M18 出土 8 件铜容器的铸造工艺，并对其垫片布设和部分主附件的连接方式进行了 X 射线影像分析，涉及铜鼎 3 件、匜 1 件、盘 1 件、舟 1 件、罍 1 件及盆 1 件。考察分析结果简述如下：

此 8 件铜容器均为分铸而成，其曲尺形盖钮、器盖环形钮、附耳及器足等多预先铸好，待铸造器身时再与器身铸接或焊接，仅铜匜 M18:4 的 1 足和尾錾与器身浑铸成型。

先秦青铜器生产中，铸接和铸焊是两种重要的主附件连接方式。其均是通过铸造来实现各部件连接，工艺极为相似，区别仅在于实现连接的过程略有不同。铸接是在器身或附件成型过程中完成的，而铸焊则是在各部件铸造成型后，通过浇注焊料将其焊接为一体[1]。根据不同的连接结构，铸接可分为简单铸接（以下简称"铸接"）、铸销及铸铆等[2]。而铸焊则可根据所用焊料的不同，分为铜焊和镴焊，前者以铜合金为焊料，后者以低熔点的铅、锡或铅锡合金为焊料[3]。M18 的 8 件铜容器共涉及 42 处附件与主体的连接。其中，35 处使用铸接(83.3%)，为铜鼎、匜、盆及舟的曲尺形钮、附耳、足及錾，其近器身处均被器身微包裹（图 3-1 ～图 3-2），说明均为先铸而成，待浇铸器身时再将其嵌于器身铸型中与器身铸接；2 处使用铜焊（4.8%），为铜盘 M18:5 的双耳（图 3-3 ～图 3-4），其双耳近器身处被铸态铜块包裹，内壁相应处光滑，说明耳与器身先铸后，将耳与器腹相合（可能预留接榫），在器腹外装配泥范，铜液包裹住耳根和器腹局部实现两部件铸焊连接；2 处使用铸销（4.8%），为铜罍 M18:7 的双耳，其根部可见与器腹分离缝隙，外侧均可见预留的工艺孔和销钉（图 3-5），内侧局部均可见腹壁深入耳孔且与销钉相连接的铸态接榫（图 3-6），说明两耳先铸后，去除部分内芯，并在耳侧预留工艺孔。待浇铸器身时将其嵌入器身铸型，铜液通过接榫流入工艺孔内，实现与器身连接；1 处使用铸铆（2.4%），为铜盆 M18:13 的 1 耳。其根部微包裹腹壁，腹部内壁相应处可见铆头（图 3-7），说明器身为先铸，并在上腹预留工艺孔，再在外腹装配耳部铸型浇铸器耳；2 处使用普通浑铸（4.8%），为铜匜 M18:4 的 1 足和尾錾（图 3-8），其型腔均在腹范之中，与器身浑铸而成。此外，铜盆 M18:13 的双耳和铜匜 M18:4 的三足均使用铸接、铸铆或铸接、浑铸两种不同的连接工艺。

铜鼎、匜、舟及罍等青铜器的钮、耳、足及錾等多两分外范，残损处多见泥芯，其铸型推测应由 2 块外范、1 块内芯组成。器盖表面打磨光滑，多无范线，铸型

[1] 苏荣誉、华觉明、李克敏，等 . 中国上古金属技术 [M]. 济南：山东科学技术出版社，1995:321.

[2] 苏荣誉 . 商周青铜器的铸接 [C]// 北京航空航天大学，中国机械工程学会机械史分会 . 第四届中日机械技术史及机械设计国际学术会议 .2004:81 ～ 89.

[3] 苏荣誉、华觉明、李克敏，等 . 中国上古金属技术 [M]. 济南：山东科学技术出版社，1995:322.

图 3-1 铜鼎 M18:2 器足铸接

图 3-2 铜盘 M18:5 器足铸接

图 3-3 铜盘 M18:5 器耳铜焊铸焊

图 3-4 铜盘 M18:5 器耳铜焊铸焊

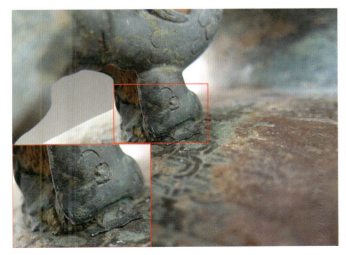

图 3-5 铜罍 M18:7 器耳铸销

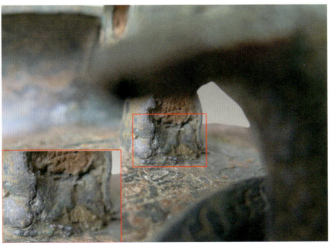

图 3-6 铜罍 M18:7 器耳铸销

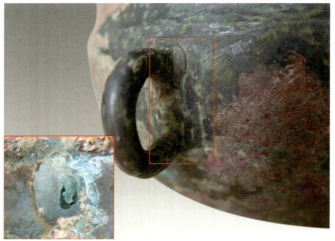

图 3-7 铜盆 M18:13 器耳铸铆

图 3-8 铜匜 M18:4 器錾浑铸

图 3-9 铜鼎 M18:2 器底范线

图 3-10 铜舟 M18:6 器底范线

图 3-11 铜盆 M18:13 口沿底部范线

图 3-12 铜鼎 M18:3 器盖浇冒口

图 3-13 铜盘 M18:5 腹部浇冒口

图 3-14 铜舟 M18:6 器底范线

分范方式不详；但青铜器器身铸型的分范方式却较为多样，其中铜鼎均三分外范（图 3-9），铸型推测应由 3 块外范、1 块内芯及 1 块圆形底范组成；铜舟两分外范（图 3-10），其铸型应由 2 块外范、1 块内芯组成；铜匜两分外范，其铸型应由 2 块腹范、1 块流部外范及 1 块内芯组成；铜盘三分外范，铸型应由 3 块外范、1 块内芯及 1 块底范组成；铜罍、铜盆器身均为四分外范（图 3-11），铸型应由 4 块外范、1 块内芯及 1 块底范组成。

部分铜鼎器盖的浇冒口在器盖沿侧（图 3-12），但器身浇冒口则均在器底圆形合范线之上，三足的浇冒口一般多在足底，两耳的浇冒口多在耳底；铜盘的浇冒口在腹侧（图 3-13）；铜舟、罍及盆的浇冒口也均在器底。其他部位因打磨光滑难以确定。

除铜舟 M18:6 外（图 3-14），其余铜容器表面均发现使用垫片，多设置在器盖、器腹及器底，多呈三角形、四边形或多边形，多数设在光素区域（图 3-15～图 3-16），器底多数为中心 1 枚，周围 4 枚均布，并多避开纹饰区域，仅铜鼎 M18:2 的器盖发现少量存在纹饰区域（图 3-17）。其中，铜鼎 M18:2（图 3-18）、铜盘 M18:5 的器底（图 3-19）和 M18:3 的器盖、器腹及器底（图 3-20）均发现大量垫片（最多 18 枚）；芯撑孔则多数见于铜鼎的器耳和器足，其中器耳较多，多数呈长方形，数量不等，分布规律。p-XRF 分析显示，铜鼎 M18:3 的器腹和铜盆 M18:13 的器盖、器底发现的垫片均为铅锡青铜材质，合金成分与器物本体略有差异。

另外，8 件铜容器中，仅 3 件铜鼎和 1 件铜罍表面饰有较粗疏的蟠螭纹，较之春秋早期略显细密，且均与铜器表面的基准面相平，应均为模作范铸而成。纹

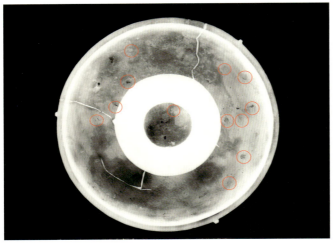

图 3-15 铜盆 M18:13 器盖垫片

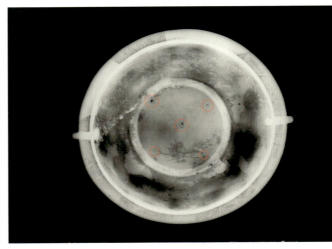

图 3-16 铜盆 M18:13 器底垫片

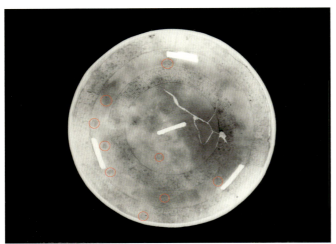

图 3-17 铜鼎 M18:2 器盖垫片

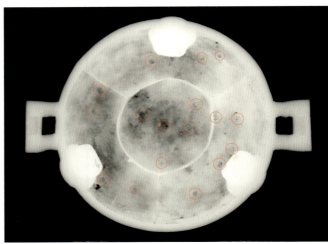

图 3-18 铜鼎 M18:2 腹底垫片

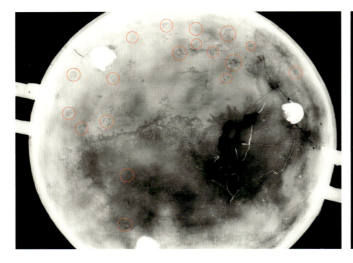

图 3-19 铜盘 M18:5 器底垫片

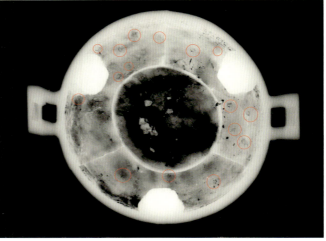

图 3-20 铜鼎 M18:3 腹底垫片

图 3-21 铜鼎 M18:2 器腹模印纹饰范线

图 3-22 铜鼎 M18:3 器腹模印纹饰范线

饰构图也均较简单，图案多数单向连续重复排列。其中，铜罍 M18:7 纹饰单元分组也与器身外范划分一致，纹饰带中的范线也是纹饰单元的分割线，各纹饰单元幅面宽度也大体相同。然而，值得关注的是，铜鼎 M18:1、M18:2 及 M18:3 的器盖和腹部纹饰带中均发现较多不规则的扇形、长方形纹饰范拼接或剪接镶嵌所形成的错位范线（图 3-21），表明其纹饰应为模印法制作而成，且纹饰单元均包括两周纹饰带（图 3-22），纹饰单元大小和幅面宽度也多不相同，差异较大。

2.M26

重点考察了 M26 出土铜鼎 M26:1 的铸造工艺，并对其垫片布设和部分主附件的连接方式进行了 X 射线影像分析。考察分析结果简述如下：

图 3-23 铜鼎 M26:1 环形钮铸接

图 3-24 铜鼎 M26:1 器足铸接

图 3-25 铜鼎 M26:1 器耳铸接

图 3-26 铜鼎 M26:1 器底范线

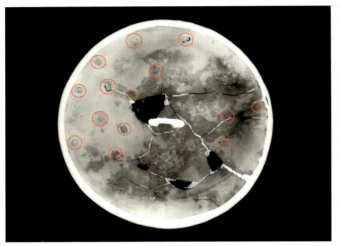

图 3-27 铜鼎 M26:1 器盖垫片

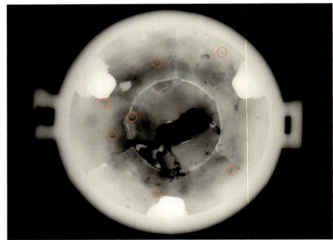

图 3-28 铜鼎 M26:1 器底垫片

铜鼎为分铸而成，其盖钮、附耳及器足均预先铸好，待铸造器身时再与器身铸接。铜鼎共涉及 6 处环形钮、耳及足等附件与器身主体的连接，附件近器身处均被器身微包裹（图 3-23～图 3-24），器耳根部可见腹壁深入耳内的接榫（图 3-25），说明均为先铸而成，待浇铸器身时再将其嵌于器身铸型与器身铸接。

铜鼎的盖钮、器耳、器足等多两分外范，其残损处或内侧多见盲芯或半盲芯，铸型由 2 块外范或 2 块外范、1 块内芯组成。器盖表面打磨光滑，未见范线，铸型分范方式不详。器身三分外范（图 3-26），其铸型应由 3 块外范、1 块内芯及 1 块圆形底范组成。

铜鼎器盖的浇冒口在器盖沿侧，器身的浇冒口在器底圆形合范线之上，三足的浇冒口在足底。另外，铜鼎表面发现垫片 24 枚，多设置在器盖（图 3-27）、器腹及器底，呈三角形、四边形或多边形（图 3-28），未发现泥芯撑。

3. M29

重点考察了 M29 出土的 28 件青铜器的铸造工艺，并对其垫片布设和部分主附件的连接方式进行了 X 射线影像分析，涉及 14 件铜容器、5 件铜镈钟及 9 件铜编钟，其中铜容器包括铜鉴 2 件、鼎 6 件、敦 1 件、盆 1 件、舟 1 件、匜 1 件、盘 1 件及瓶 1 件。考察分析结果简述如下：

此 28 件青铜器的铸造工艺可大体分为浑铸和分铸两类。其中，5 件铜镈钟和 9 件铜编钟均为浑铸而成。14 件铜容器中，仅分体瓶 M29:13、14 为浑铸法成型，

图 3-29 铜鼎 M29:5 器耳铸接

图 3-30 铜鼎 M29:6 器耳、器足铸接

图 3-31 铜鼎 M29:8 器足铸接

图 3-32 铜鼎 M29:6 器足铸接

其余 13 件铜容器均为分铸法成型，占铜容器的 92.9%。其盖钮、附耳及器足均预先铸好，待铸造器身时再与器身铸接或铸销。

14 件铜容器共涉及 88 处附件与主体的连接。其中，73 处使用铸接（83.0%），为铜鼎、敦、舟、盘及匜等的盖钮、耳、足、鋬及流等，其近器身处均被器身微包裹或可见较为明显的分离缝隙（图 3-29 ~ 图 3-32），说明均先铸而成，浇铸器身时再将其嵌于器身铸型中与器身铸接；10 处使用铸销（11.4%），为 2 件铜鉴和铜鼎 M29:8 双耳，其根部被器壁微包裹，外侧可见预留的工艺孔和较突出的销钉（图 3-33 ~ 图 3-34），内侧局部可见腹壁深入耳孔且与销钉相连接的铸态接榫，说明器耳均先铸好，去除根部的部分内芯，并在耳侧预留工艺孔。待浇铸器身时将其嵌入器身铸型，铜液通过接榫流入工艺孔内，实现与器身连接；5 处使用普通浑铸（2.6%），为铜甗 M29:13、14 的两耳（图 3-35 ~ 图 3-36）和三足，其两附耳内侧均可见两小柱与器身沿唇相接，器耳型腔均在外范之中，与器身浑铸而成；铜镈钟和编钟的钟钮均与主体浑铸连接（图 3-37 ~ 图 3-38）。此外，铜鉴 M29:1、M29:2 及铜鼎 M29:8 主附件连接均使用了两种连接方法。

铜鼎、匜、舟及甗等盖钮、耳、足及鋬等多两分外范（图 3-39），残损处多见泥芯，铸型应由 2 块外范、1 块内芯组成；器盖表面打磨光滑，多无范线，分范方式不详；器身铸型的分范方式较为多样。其中，铜鼎、盘及甗均三分外范（图 3-40），铸型应由 3 块外范、1 块内芯及 1 块圆形或三角形底范组成；铜舟两分外范（图 3-41），铸型应由 2 块外范、1 块内芯组成；铜匜两分外范（图 3-42），其铸型应由 2 块腹范、1 块流部外范及 1 块内芯组成；铜盆器身四分外范，铸型

图 3-33 铜鉴 M29:1 器耳铸销

图 3-34 铜鼎 M29:8 器耳铸销

图 3-35 铜甗 M29:13-14 器耳浑铸

图 3-36 铜甗 M29:13-14 器耳浑铸

图 3-37 镈钟 M29:17 钟钮范线

图 3-38 编钟 M29:20 钟钮浑铸

图 3-39 铜鼎 M29:48 器耳范线

图 3-40 铜鼎 M29:4 器底范线

图 3-41 铜舟 M29:10 器底范线

图 3-42 铜匜 M29:11 器底范线

图 3-43 铜鉴 M29:2 器腹范线

图 3-44 铜鼎 M29:3 器底范线

图 3-45 镈钟 M29:17 钟钮舞部浑铸

图 3-46 编钟 M29:25 钟钮浑铸

图 3-47 铜鼎 M29:48 器盖沿侧浇冒口　　　　　　　　图 3-48 铜鼎 M29:6 器底浇冒口

应由 4 块外范、1 块内芯及 1 块底范组成；铜鉴腹部范线在底层纹饰带处不连续(图 3-43)，说明铸型在下腹处水平分范，其铸型应由 1 块内芯、12 块外范（上腹 8 块、下腹 4 块）、1 块底范组成。铜鬲、豆、甗等均三分外范（图 3-44），铸型应由 3 块外范、1 块内芯及 1 块底范组成。铜镈钟、编钟均两分外范（图 3-45～图 3-46），铸型应由 2 块钲部外范、1 块内芯及 2 块舞部外范（含钟钮型腔）组成。

铜鼎仅见 M29:48 器盖的浇冒口在器盖沿侧（图 2-47），而其他铜鼎、舟器身的浇冒口则多在器底圆形合范线之上（图 3-48），三足的浇冒口多在足底。铜鉴两附耳的浇冒口在耳侧，器身的浇冒口在器底；铜镈钟、编钟均经磨砺，表面光滑，浇冒口难以判定。

铜容器表面多数发现使用垫片，设置于器盖、器腹及器底等部位光素之处，多呈三角形、四边形或多边形（图 3-49～图 3-52）。其中，铜鼎 M29:5 器腹可见垫片 16枚（图 3-53），铜鼎 M29:3（图 3-54）、铜鼎 M29:48 及铜盆 M29:7（图 3-55～图 3-56）垫片数量也较多；芯撑孔多见于铜鼎器耳、足和铜镈钟、编钟的舞、钲部，铜鼎足部多为 2 枚～5 枚，耳部多为 14 枚，铜镈钟舞部多为 4 枚（图 3-57），钲部为 1 枚，编钟钲部多为 3 枚～5 枚，舞部为 1 枚。另外，铜镈钟、编钟均未发现使用垫片(图 3-58)。

此 14 件铜容器中，仅铜鉴腹部、铜鼎 M29:6 盖腹及铜盘附耳饰有纹饰，其余均为光素。铜鉴腹部和铜鼎盖、腹处均饰有粗疏的蟠螭纹，构图较简单，图案多单向连续重复排列，纹饰单元分组也多与外范划分一致，纹饰带中范线也是纹饰单元的分割线，各纹饰单元幅面宽度也大体相同。铜镈钟、编钟的舞、鼓及篆带处也均饰有粗疏的蟠螭纹，但铜镈钟 M29:18 的舞部（图 3-59）、编钟

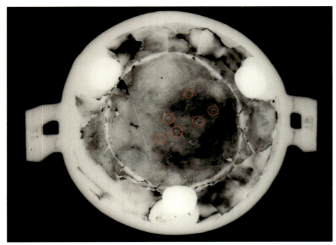

图 3-49 铜鼎 M29:6 器底垫片

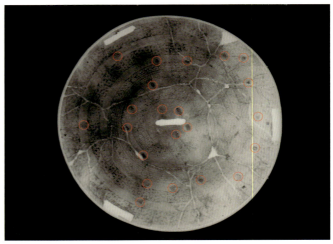

图 3-50 铜鼎 M29:6 器盖垫片

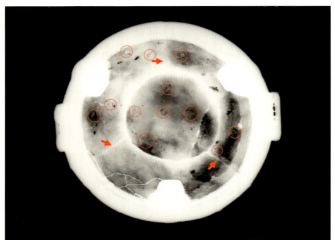

图 3-51 铜鼎 M29:48 器底垫片

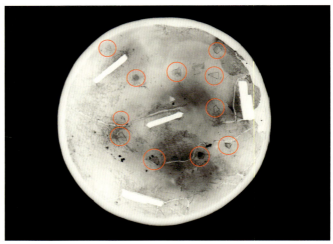

图 3-52 铜鼎 M29:48 器盖垫片

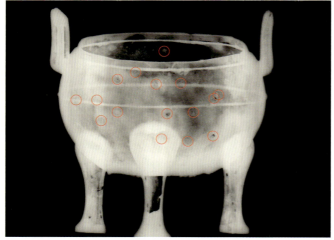

图 3-53 铜鼎 M29:5 器腹垫片

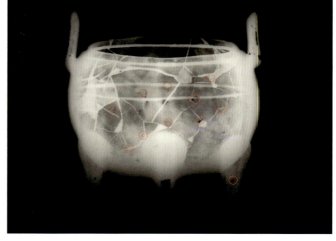

图 3-54 铜鼎 M29:3 器腹垫片

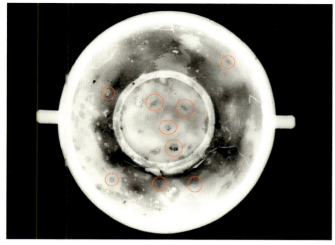

图 3-55 铜盆 M29:7 器底垫片

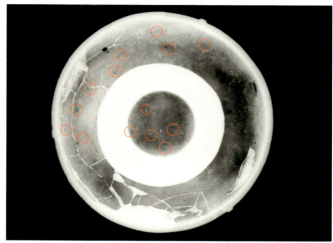

图 3-56 铜盆 M29:4 器盖垫片

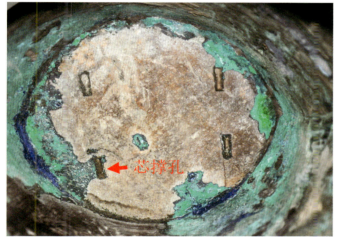

图 3-57 铜镈钟 M29:19 舞部内侧芯撑孔

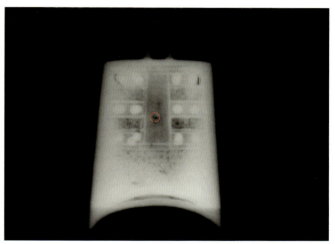

图 3-58 铜编钟 M29:23 钲部垫片

图 3-59 铜镈钟 M29:18 舞部模印纹饰范线

图 3-60 铜镈钟 M29:27 鼓部模印纹饰范线

M29:27 的鼓部（图 3-60）等发现较多不规则的长方形纹饰范拼接或剪接镶嵌所形成的错位范线，表明其纹饰应为模印法制作而成。

4.M30

重点考察了 M30 出土 30 件青铜器的铸造工艺，并对其垫片布设和部分主附件的连接方式进行了 X 射线影像分析，涉及 21 件铜容器和 9 件铜编钟，其中铜容器涉及铜鼎 5 件、壶 2 件、簠 2 件、簋 2 件、舟 1 件、鬲 3 件、匜 1 件、盆 2 件、斗 1 件、豆 1 件、舟 1 件及盘 1 件。考察分析结果简述如下：

此 30 件青铜器的铸造工艺可大体分为浑铸法和分铸法两类。其中，17 件铜容器以分铸法成型，包括铜鼎 5 件、壶 2 件、簠 2 件、簋 2 件、匜 1 件、盆 2 件、舟 1 件、盘 1 件及斗 1 件，占容器的 81.0%，其盖钮、附耳及足等多数预先铸好，待铸造器身时再与器身铸接、铸焊或铸铆。但铜斗 M30:20、21 较为特殊，其器盖、壁均热锻成型，而立鸟盖钮、柄均以浑铸法成型，并以焊接方法实现各部件的组装连接；4 件铜容器以浑铸法成型，包括铜鬲 3 件、豆 1 件，占容器的 19.0%，结构简单，均为一次浇铸而成；9 件铜编钟均以浑铸法成型。

21 件铜容器共涉及 88 处附件与主体的连接。其中，64 处使用铸接（72.7%），为铜鼎、簠、簋、盘、舟及匜等铜容器的盖钮、耳、足及鋬，其近器身处多被器身微包裹（图 3-61），说明均为先铸而成，待浇铸器身时再将其嵌于器身铸型中与器身铸接。铜簋 M30:33 较为特殊，其附耳与腹壁可见明显的分离缝隙，且近器身处可见腹壁深入耳孔内的接榫（图 3-62），然内腹相应处则极为光滑，说明附耳应为后铸而成。先铸器身，并于腹壁连接附耳之处预留接榫。然后，在

图 3-61 铜鼎 M30:18 器足铸接

图 3-62 铜簋 M30:33 器耳铸接

腹壁接榫处装配附耳铸型，浇注铜液，在附耳浇铸过程中实现腹壁与附耳的连接；4处使用铜焊（4.5%），为铜簠 M30:27 的双耳和铜斗 M30:20 的壁、柄。其中，铜簠的双耳近器身处被器身微包裹（图3-63），内壁相应处可见两处不规则浇铸痕迹（图3-64），说明器耳与器身先铸后，将器耳插入器腹预留的工艺孔内，在器腹内外装配泥范，铜液流经工艺孔包裹住耳根和器腹实现两部件连接。铜斗的器壁、器柄与器壁之间的铸焊工艺较为复杂，后文详述；4处使用铸销（4.5%），为铜壶 M30:14、15 的双耳，其根部也被器身微包裹。但从 X 光片上，可明显看出腹壁伸入耳根内的接榫（图3-65）。此外，铜壶的耳侧可见销孔和销钉（图3-66），其应与腹部伸入耳根的接榫为一体，说明两器耳先铸后，去除部分内芯，并在耳侧预留工艺孔。待浇铸器身时将其嵌入器身铸型，铜液通过接榫流入工艺孔内，

图 3-63 铜簋 M29:27 耳部铜焊铸焊连接

图 3-64 铜簠 M30:27 耳部铜焊铸焊连接

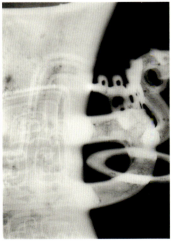

图 3-65 铜壶 M30:15 器耳 X 光片

图 3-66 铜壶 M30:14 器耳铸销连接

图 3-67 铜盆 M30:28 器耳铸铆连接

图 3-68 铜盆 M30:28 器耳铸铆连接

图 3-69 铜斗 M30:20 器盖焊接缝隙

图 3-70 铜斗 M30:20 器盖镱焊铸焊

图 3-71 铜鬲 M30:22 浑铸范线

图 3-72 铜鼎 M30:16 器盖盖钮嵌范浑铸

实现与器身连接；2 处使用铸铆（2.3%），为铜盆 M30:28 的双耳，其与外腹相接处可见明显的分离缝隙（图 3-67），内腹相应处可见不规则状的铆头（图 3-68），说明器身先铸，并在上腹预留工艺孔，再在外腹装配耳部铸型浇铸双耳；1 处使用镴焊（1.1%），为铜斗器盖的立鸟，其与器盖相接处可见分离缝隙（图 3-69），器盖内可见接榫和包裹接榫的灰白色低熔点铅基焊料（图 3-70）；10 处使用普通浑铸（11.4%），为铜鼎 M30:16 的曲尺形盖钮、铜鬲的器足及铜匜的鋬，其中，铜鬲器足和铜匜尾鋬的范线均与器身相连（图 3-71），说明其型腔应处于器身外范之中。而铜鼎 M30:16 的 3 处曲尺形盖钮与器盖连接紧密，且近器盖处可见长方形无纹饰区域（图 3-72），表明可能采用嵌范浑铸技术（3.4%），其铸型应镶嵌于器盖铸型之内，与器盖一起浑铸而成。此外，铜编钟的钟钮均与主体浑铸，

图 3-73 铜鼎 M30:17 腹底范线

图 3-74 铜鼎 M30:31 腹底范线

图 3-75 铜鬲 M30:22 器底范线

图 3-76 铜豆 M30:25 器底范线

铜鼎 M30:16、铜壶 M30:14 和 M30:15、铜簋 M30:27 和 M30:33、铜匜 M30:19 及铜斗 M30:20 主附件连接均使用了两种或两种以上的方法。

铜鼎、簋、壶、匜及舟等铜容器的钮、耳、足及錾等多两分外范，残损处也多见泥芯，铸型应由 2 块外范、1 块内芯组成。器盖表面多无范线，铸型分范方式不详，仅铜盆 M30:35 的器盖可辨识出为四分外范。器身铸型分范方式较为多样。其中，铜鼎、簋、鬲、豆及盘均为三分外范（图 3-73～图 3-76），铸型应由 3 块外范、1 块内芯及 1 块圆形或三角形底范组成。铜舟、铜匜均两分外范（图 3-77），铸型应由 2 块外范、1 块内芯组成。铜盆、铜簠的器身为四分外范（图 2-78），铸型应由 4 块外范、1 块内芯及 1 块底范组成。铜壶器腹范线在颈部略有错位（图 3-79），内腹相应部位也可见到一道凸棱（图 3-80），说明铜壶铸型应分别在下腹

图 3-77 铜舟 M30:26 腹底范线

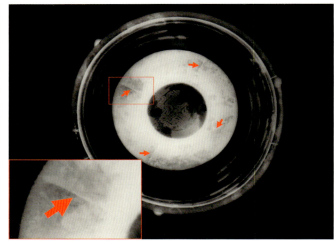

图 3-78 铜盆 M30:28 器盖范线

图 3-79 铜壶 M30:15 器腹范线

图 3-80 铜壶 M30:15 内腹凸棱

图 3-81 铜编钟 M30:2 舞部和钟钮范线

图 3-82 铜编钟 M30:5 舞部范线

和颈腹部水平分范。铜壶的器盖铸型应由 4 块外范、1 块内芯组成，莲瓣先铸后与器身铸接，铜壶器身铸型应由 8 块外范（颈部 4 块、下腹 4 块）、1 块内芯、1 块底范组成。铜编钟均为两分外范（图 3-81 ～图 3-82），铸型应由 2 块钲部外范、1 块内芯、2 块舞部外范（含钟钮型腔）组成。此外，两件铜簋器身虽然均为三分外范，但其铸型分范位置却极不相同，差异较大。

铜鼎的器耳、器足及器身的浇冒口分别在耳底、足底及器底，铜壶、鬲器身的浇冒口也在器底，其余铜容器和铜编钟均经磨砺，表面光滑，浇冒口难以判定。

铜容器表面均发现使用垫片，多设置在器盖、器腹及器底（图 3-83 ～图 3-84），呈三角形、四边形或多达形，且多在光素之处。其中，铜盘 M30:32 的底部（图 3-85）、鼎 M30:16 和 M30:18（图 3-86）的器盖、器底均发现大量垫片（最多 24 枚）。

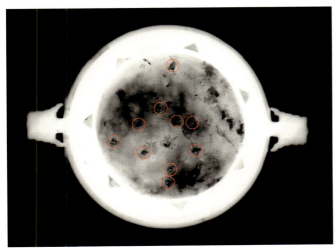

图 3-83 铜簋 M30:33 器底垫片

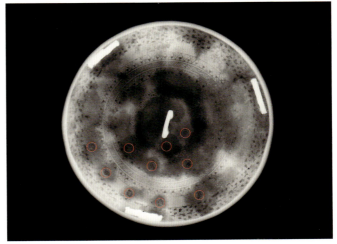

图 3-84 铜鼎 M30:34 器盖垫片

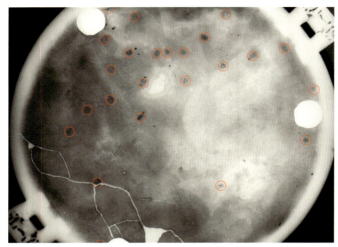

图 3-85 铜盘 M30:32 腹底垫片

图 3-86 铜鼎 M30:18 器盖垫片

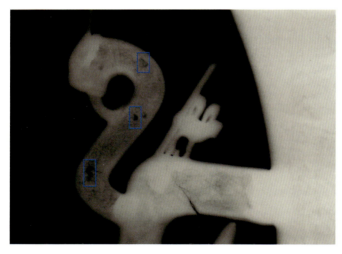

图 3-87 铜壶 M30:14 器耳芯撑孔

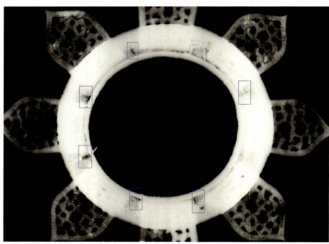

图 3-88 铜壶 M30:14 圈足芯撑孔

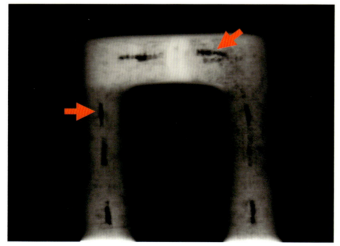

图 3-89 铜鼎 M30:16 器耳芯撑孔

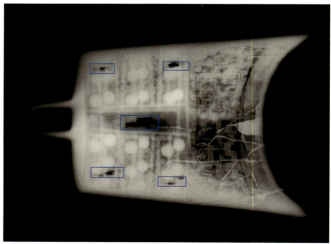

图 3-90 铜编钟 M30:2 钲部芯撑孔

芯撑孔则多见于铜鼎、壶及簋等的耳、足之处（图3-87～图3-88），多呈长方形，数量在4枚～20枚之间，尤其是铜鼎M30:16、M30:31及M30:34的耳足部位（图3-89），分布较为规律。铜编钟的舞、钲部也发现较多长方形芯撑孔（图3-90），舞部多数设置1枚，钲部多设置3枚～12枚。另外，铜编钟多数被发现未使用垫片。

此21件铜容器中，除铜鬲、盆、豆、舟、盘及匜等器身均光素外，铜鼎、壶、簠、簋及斗等均饰有纹饰。其中，铜壶、簋器身均饰有粗疏的蟠螭纹，构图多数较简单，图案也多为单向连续重复排列，且均与器体基准面相平，应为模作而成。纹饰单元分组也多与器身外范划分一致，纹饰带中范线恰好是纹饰单元的分割线，各纹饰单元幅面宽度大体相同。

值得关注的是，铜鼎M30:16、M30:17、M30:18、M30:31及M30:34器盖、腹和

图3-91 铜鼎 M30:17 腹模印纹饰拼接范线

图3-92 铜鼎 M30:18 腹模印纹饰拼接范线

图3-93 铜簠 M30:29 模印纹饰拼接范线

图3-94 铜簠 M30:30 模印纹饰拼接范线

图 3-95 铜鼎 M30:31 器腹模印纹饰拼接范线

图 3-96 铜鼎 M30:31 器腹模印纹饰拼接范线

图 3-97 铜鼎 M30:16 器盖模印纹饰拼接范线

图 3-98 铜鼎 M30:16 器腹模印纹饰拼接范线

图 3-99 铜斗 M30:20、21 内壁鱼纹

图 3-100 铜斗 M30:20、21 硅胶拓印内壁鱼纹

铜簠器身侧面纹饰中均发现较多不规则的扇形、长方形纹饰范拼接或剪接镶嵌所形成的错位范线（图 3-91 ～ 图 3-94），表明纹饰应为模印法制作而成。此外，除铜鼎 M30:31 腹部两周纹饰带口纹饰单元不一致外（图 3-95 ～ 图 3-96），其他纹饰单元多数包括两周或两周以上纹带（图 3-97 ～ 图 3-98），器表纹饰单元大小和幅面宽度也多不相同，差异较大。铜斗 M30:20 器盖、壁的纹饰均为錾刻而成（图 3-99 ～ 图 3-100），但器柄纹饰却为范铸而成，较为特别。此外，9 件铜编钟均饰有粗疏的蟠螭纹，纹饰规整，纹饰中未发现存在错位范线，其纹饰制作应未采用模印法。

5.M17

重点考察了 M17 出土 7 件铜容器的铸造工艺，并对其垫片布设和部分主附件的连接方式进行了 X 射线影像分析，涉及铜鼎 3 件、敦 1 件、盘 1 件、舟 1 件及匜 1 件。考察分析结果简述如下：

此 7 件铜容器的铸造工艺可分为浑铸和分铸两类。其中，5 件铜容器以分铸法成型，包括铜鼎 3 件、敦 1 件及匜 1 件，占铜容器总数的 71.4%，其环形钮、附耳及器足均预先铸好，待铸造器身时再与器身铸接或焊接。仅铜盘 M17:7 和铜舟 M17:9 为浑铸而成，其结构简单，附耳与器身均为一次浇铸而成。

7 件铜容器共涉及 38 处环形钮、耳、足及鋬等附件与器身主体的连接。其中，28 处使用铸接(73.7%)，为铜鼎、敦的环形钮、耳及足，其近器身处多被器身微包裹，残断处可见腹壁伸入耳、足内的不规则环状接榫（图 3-101 ～ 图 3-102），说明耳、足均为先铸而成，并去除近腹壁部位的少量泥芯，待浇铸器身时再将其嵌于器身铸型之中与器身铸接；4 处使用浑铸，为铜敦 M17:3 和铜盘 M17:7 的附耳。铜敦

图 3-101 铜鼎 M17:2 器耳铸接

图 3-102 铜鼎 M17:2 器足铸接

图 3-103 铜敦 M17:3 环耳嵌范浑铸

图 3-104 铜盘 M17:7 沿耳浑铸

图 3-105 铜匜 M17:10 尾銎镶焊

图 3-106 铜鼎 M17:5 器盖环形钮镶焊

图 3-107 铜鼎 M17:5 器盖环形钮铜焊

图 3-108 铜鼎 M17:5 器盖环形钮铸接

M17:3 附耳与腹壁连接紧密，器耳内侧可见双合范铸型铸造范线，且与腹壁相接处周围均元纹饰（图 3-103），说明环耳双合范铸型应镶嵌于器身铸型之内，为嵌范浑铸而成（5.3%）。铜盘 M17:7 附耳与器身浑然一体（图 3-104），铸型应在器身铸型之内（5.3%），与铜敦 M17:3 附耳略有差异；5 处使用镶焊（13.2%），为铜匜 M17:10 器足（图 3-105）、尾銎和铜鼎 M17:5 的 1 个环形钮（图 3-106），其内腹或断裂处可见灰白色铅基焊料；1 件使用铜焊铸焊（2.6%），为铜鼎 M17:5 的 1 个环形钮，其与器盖外壁相接处可见不规则片状铸态铜块覆盖，而内壁相应部位也可见不规则片状铸态铜块覆盖，且中间可见一条较短的凸棱（图 3-107），应为浇铸浇口。这表明器盖、环形钮均预先铸好，并在器盖相应部位预留工艺孔，然后将环形钮插入器盖工艺孔内，并在器盖工艺孔周围放置泥范，浇注铜液，以铜焊铸焊形式实现两者连接。值得注意的是，铜鼎 M17:5 器盖的 3 个环形钮分别使用了铸接（图 3-108）、铸铆及镶焊 3 种方式，铜敦 M17:3 附耳使用了附耳铸型嵌于器身铸型之中的嵌范浑铸技术，但其盖钮和器足则均采用铸接方法与器身实现连接。

铜鼎、敦、盘及匜等铜容器的盖钮、耳、足及銎等多两分外范，残损处多见泥芯，铸型应由 2 块外范、1 块内芯组成。器盖多数表面光滑，多无范线，铸型分范方式不详。器身铸型分范方式较为多样。铜鼎器身铸型均为三分外范（图 3-109），铸型应由 3 块外范、1 块内芯及 1 块圆形底范组成。铜敦、舟、匜器身则均为两分外范（图 3-110），铸型应由 2 块外范、1 块内芯组成。铜盘表面光滑，范线较少，铸型结构不详，推测可能为两分外范或三分外范，铸型应由 2 块或 3 块外范、1 块内芯组成。

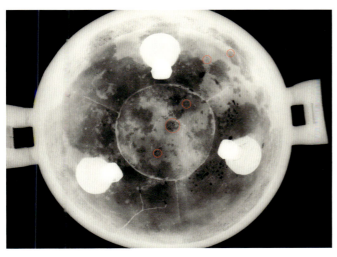

图 3-109 钘鼎 M17:5 器腹垫片

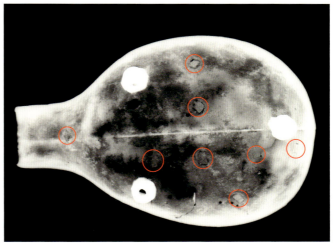

图 3-110 铜鼎 M17:10 腹底垫片

图 3-111 铜敦 M17:3 器盖垫片

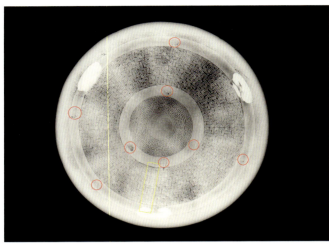

图 3-112 铜鼎 M17:5 器盖垫片

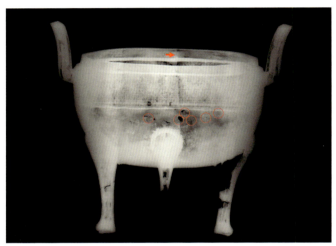

图 3-113 铜鼎 M17:2 器腹垫片

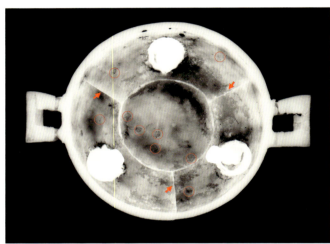

图 3-114 铜鼎 M17:2 器底垫片

图 3-115 铜盘 M17:7 腹底垫片

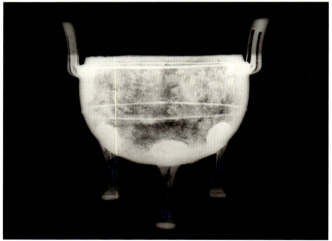

图 3-116 铜鼎 M17:8 器足泥芯撑

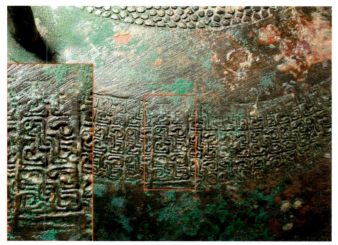

图 3-117 铜敦 M17:3 器盖模印纹饰拼接范线　　　　图 3-118 铜鼎 M17:5 器腹模印纹饰拼接范线

铜鼎、敦器身浇冒口均在器底圆形合范线之上，器足浇冒口多在足底。铜盘、匜及舟均经磨砺，表面光滑，浇冒口难以判定。

铜容器表面均发现有较多垫片，多设置在器盖、腹及器底，呈三角形或四边形，且多在光素之处（图 3-111），并避开纹饰带布设（图 3-112），极少量在纹饰区域（图 3-113）。其中，铜鼎 M17:2 的盖腹（图 3-114）、M17:18 的器盖及铜盘 M17:7 的器底（图 3-115）均发现较多垫片（最多 40 枚）。芯撑孔则多见于铜鼎器足，多呈长方形（图 3-116），数量在 2 枚～ 7 枚之间，分布规律。P-XRF分析显示，铜盘 M17:7 器底中发现的垫片均为铅锡青铜材质。

此 7 件铜容器中，除铜盘 M17:7、铜舟 M17:8 及铜匜 M17:10 光素之外，其余铜鼎、敦均饰有雷纹或蟠螭纹，构图均较简单，图案也均单向连续重复排列，且均与器体基准面相平，应为模作而成。然而，其纹饰带中均发现存在较多规则的扇形、长方形纹饰汇拼接或剪接镶嵌所形成的错位范线（图 3-117），表明其纹饰应为模印法制作而成。此外，各纹饰单元分组与外范划分相异，纹饰带中的纹饰单元幅面宽度士多不一致（图 3-118），纹饰单元规格较多、差异较大，且也已无纹饰单元包括两周或两周以上纹带，纹饰单元逐渐小型化。

6.M21

重点考察了 M21 出土 8 件铜容器的铸造工艺，并对其垫片布设和部分主附件的连接方式进行了 X 射线影像分析，涉及铜鼎 3 件、敦 2 件、盘 1 件、舟 1件及匜 1 件。考察分析结果简述如下：

此 8 件铜容器均为分铸法铸造而成，其器盖环形钮、附耳及器足均预先铸好，

图 3-119 铜鼎 M21:5 器耳铸接

图 3-120 铜鼎 M21:7 器耳铸接

图 3-121 铜敦 M21:8 器盖环形钮铸接

图 3-122 铜敦 M21:10 器足铸接

图 3-123 铜舟 M21:2 环耳铸铆

图 3-124 铜匜 M21:3 尾錾浑铸

待铸造器身时再与器身铸接、焊接，或待器身铸好后，再与其铸铆连接。

　　8 件铜容器共涉及 51 处环形钮、耳、足及錾等附件与器身主体的连接。其中，33 处使用铸接（64.7%），为铜鼎的环形钮、附耳和铜敦的环形钮、环耳及器足，其近器身处多被器身微包裹（图 3-119 ～图 3-122），残断处可见腹壁深入器足内的不规则环状接榫。说明其均为先铸而成，待浇铸器身时再将其嵌于器身铸型之中与器身铸接；2 处使用铸铆（3.9%），为铜舟 M21:2 的附耳，其近腹壁处可见明显的分离缝隙，腹内壁可见不规则状片状铸态铜块（图 3-123），说明其与器身为铸铆连接。先铸器身，并在环耳位置预留工艺孔，然后在外腹装配环耳铸型，在内腹也随意装配一块内凹泥范，并浇注铜液。铜液通过工艺孔流入环耳铸型，实现与腹壁的连接；1 处使用浑铸（2.0%），为铜匜 M21:3 的尾錾（图 3-124），其錾孔内侧范线与外底范线位于同一直线，表明其型腔应分别位于器身腹范之上，与器身一起浑铸而成；15 处使用镴焊（5.9%），为铜鼎、铜敦 M21:8 及铜匜 M21:3 的器足（图 3-125）。其中，铜匜 M21:3 和铜敦 M21:8 的腹壁均可见蘑菇状接榫，且榫头部位尚有残留的少量灰白色铅基焊料（图 3-126）。铜鼎 M21:9 残断器足根部之内也可见较多灰白色铅基焊料（图 3-127），其器足根部与腹壁可见明显的分离缝隙（图 3-128），形态与铜鼎 M21:5 和 M21:7 的器足极为相似，因而推测铜鼎器足与腹壁应均为镴焊链接。值得注意的是，铜鼎、铜敦及铜匜的附件与主体均采用了两种连接方式。例如，铜鼎 M21:9 的环形钮、附耳及器足分别采用铸接和镴焊，铜匜 M21:3 的器足和尾錾也分别采用铸接和浑铸，铜敦 M21:8 的环形钮、环耳及足也分别采用铸接和镴焊连接。

图 3-125 铜敦 M21:8 器足镴焊

图 3-126 铜匜 M21:3 器足镴焊

图 3-127 铜鼎 M21:9 器足镶焊

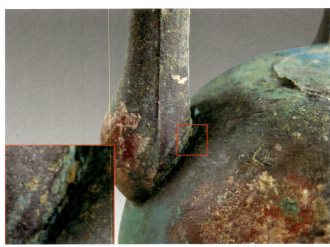

图 3-128 铜鼎 M21:9 器足与腹壁的分离缝隙

图 3-129 铜敦 M21:8 腹底范线

图 3-130 铜匜 M21:3 器底范线

图 3-131 铜敦 M21:10 器底浇冒口

图 3-132 铜鼎 M21:9 器底浇冒口

铜鼎、铜敦及铜匜等的钮、耳及足等均两分外范，残损处多见泥芯，铸型应由2块外范、1块内芯组成。器盖表面光滑，多无范线，铸型分范方式不详。器身铸型分范方式较为多样，其中铜鼎、敦及盘器身均为三分外范（图3-129），铸型应由3块外范、1块内芯及1块圆形底范组成。铜舟及铜匜器身则均为两分外范（图3-130），铸型应由2块外范、1块内芯组成。

铜鼎、铜敦、铜舟及铜匜器身浇冒口均在器底圆形范线之上（图3-131～图3-132），而三足浇冒口则多在足底。铜盘表面曾经磨砺，表面光滑，浇冒口难以判定。

铜容器表面均发现使用垫片，多设置在器盖、腹及器底（图3-133～图3-134），多呈四边形或不规则多边形。其中，铜鼎M21:9、M21:7、M21:5盖腹均发现较

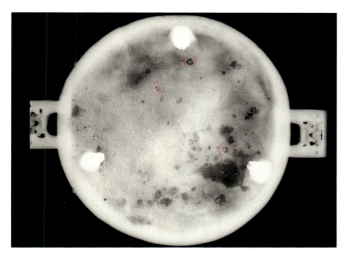

图 3-133 铜盘 M21:1 器底垫片

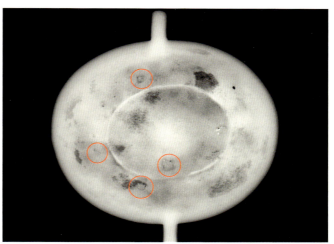

图 3-134 铜鼎 M21:2 器底垫片

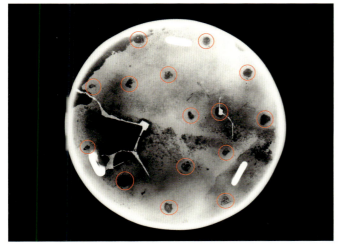

图 3-135 铜鼎 M21:9 器盖垫片

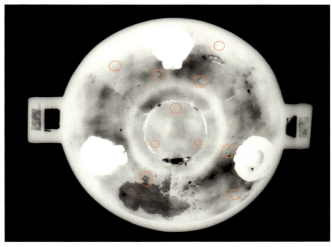

图 3-136 铜鼎 M21:9 器腹底垫片

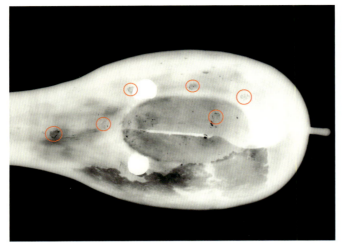
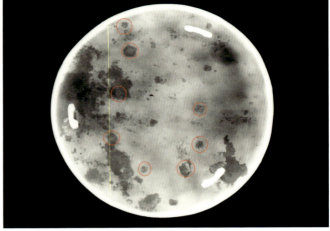

图 3-137 铜匜 M21:3 器底垫片　　　　　　　　图 3-138 铜鼎 M21:5 器盖垫片

多垫片（图 3-135 ～图 3-138）。芯撑孔则多见于铜鼎器足，多呈长方形，数量在 2 枚～ 4 枚之间，分布规律。p-XRF 分析结果显示，铜鼎 M21:9 器底和腹部发现的垫片均为铅锡青铜材质，其合金成分与器物本体略有差异。

仅铜盘 M21:1 附耳饰镂空兽面纹，其余铜器均光素，未饰纹饰。

7.M20

重点考察了 M20 出土 8 件铜容器的铸造工艺，并对其垫片布设和部分主附件的连接方式进行了 X 射线影像分析，涉及铜鼎 3 件、敦 2 件、盘 1 件、舟 1 件及匜 1 件。考察分析结果简述如下：

此 8 件铜容器的铸造工艺可大体分为浑铸和分铸两类。其中，7 件铜容器以分铸法成型，包括铜鼎 3 件、敦 2 件、盘 1 件及匜 1 件，占铜容器总数的 87.5%，其器盖环形钮、部分附耳及器足等多预先铸好，待铸造器身时再与器身铸接或焊接。仅铜舟 M20:8 为浑铸而成，结构简单，附耳与器身为一次浇铸而成。

8 件铜容器共涉及 42 处环形钮、耳、足及錾等附件与器身主体的连接。其中，15 处使用铸接（35.7%），均为铜鼎的附耳和器足，其近器身处多被器身微包裹（图 3-139 ～图 3-140），说明均为先铸而成，浇铸器身时再将其嵌于器身铸型中与器身铸接；15 处使用浑铸（35.7%），为铜敦 M20:2 和 M20:7 的器盖环形钮和器身环形耳、铜舟 M20:8 的器身环形耳、铜盘 M20:10 的沿耳和铜匜 M20:11 的尾錾。特殊的是，其中有 12 处环耳与腹壁连接紧密，环耳内侧可见双合范铸型铸造范线，且与腹壁相接处周围均无纹饰（图 3-141 ～图 3-143），说明环耳双合范铸型应嵌于器身铸型之内，为嵌范浑铸而成（28.6%）。仅有 3 处的附耳或尾錾与器身浑

图 3-139 铜鼎 M20:9 器耳铸接

图 3-140 铜鼎 M20:9 器足铸接

图 3-141 铜敦 M20:2 环形钮嵌范浑铸

图 3-142 铜敦 M20:7 环耳嵌范浑铸

然一体（图 3-144），其铸型应在器身铸型之内（7.1%）；12 处使用镶焊（28.6%），为铜敦、盘及匜的器足，其腹壁均可见与器足焊接的蘑菇状接榫，且榫头部位尚有少量灰白色铅基焊料残存（图 3-145 ～图 3-148）。值得注意的是，铜敦、盘及匜的附件均采用了两和连接方式，如铜敦 M20:2 和 M20:7 的附耳和器足分别采用嵌范浑铸和镶焊连接，铜盘 M20:10 的耳足和铜匜 M20:11 的足鋬均分别采用浑铸和镶焊连接。

铜鼎、敦及舟的钮、耳及足均两分外范，残损处多见泥芯，铸型应由 2 块外范、1 块内芯组成。器盖表面光滑，多无范线，铸型分范方式不详。器身铸型分范方式多样，其中铜鼎器身均为三分外范（图 2-149），铸型应由 3 块外范、1 块内芯

图 3-143 铜舟 M20:8 环耳嵌范浑铸

图 3-144 铜匜 M20:11 尾錾浑铸

图 3-145 铜敦 M20:2 器足镴焊

图 3-146 铜匜 M20:11 器足镴焊

图 3-147 铜敦 M20:7 器足镴焊

图 3-148 铜盘 M20:10 器足镴焊

图 3-149 铜鼎 M20:12 腹底范线

图 3-150 铜盘 M20:10 腹底范线

及 1 块圆形底范组成。铜敦、舟及盘器身则均为两分外范（图 3-150），铸型应由 2 块外范（含沿耳外范）、1 块内芯组成。铜匜两分外范，其铸型应由 2 块腹范、1 块流部外范及 1 块内芯纴成。

铜鼎、敦、盘、舟及匜器身浇冒口均在器底圆形或椭圆形范线之上，而三足浇冒口则多在足底。

铜容器表面均发现使用垫片，多数设置在器盖、腹及器底，呈三角形、四边形或不规则的多边形，且多在光素之处（图 3-151 ～图 3-152），并多避开纹饰布设（图 3-153），仅部分在纹饰带中（图 3-154）。其中，铜鼎 M20:9 和 M20:13 盖腹、铜敦 M20:2 和 M20:7 盖腹及铜盘 M20:10 器底均发现较多垫片(最多 64 枚)。芯撑孔则多见于铜鼎器足 多呈长方形,数量在 3 枚～ 5 枚之间,分布规律。p-XRF 分析显示，铜盘 M20:10 器底和铜敦 M20:2、铜敦 M20:7 器盖、腹中发现的垫片均为铅锡青铜材质，但合金成分与器物本体略有差异。

此 8 件铜容器中，除铜盘 M20:10、铜匜 M20:11 光素之外，其余铜鼎、铜敦及铜舟均饰有雷纹、蟠虺纹或蟠螭纹，构图均较简单，图案也均单向连续重复排列，且均与器体基准面相平，应为模作而成。值得关注的是，其纹饰带中也均发现较多规则的扇形、长方形纹饰范拼接或裁接镶嵌所形成的错位范线（图 3-155 ～图 3-156），表明其纹饰应为模印法制作而成。此外，各纹饰单元分组与外范划分相异，纹饰带中的纹饰单元幅面宽度多数一致，多为数段较长纹饰单元和一段较短纹饰单元组合而成，纹饰单元规格较少，且也已无纹饰单元包括两周或两周以上纹带，纹饰单元逐渐小型化。

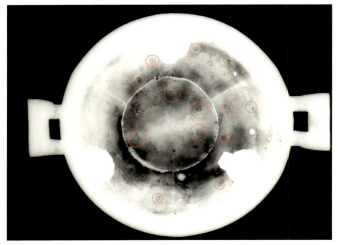

图 3-151 铜鼎 M20:13 腹底垫片

图 3-152 铜盘 M20:10 腹底垫片

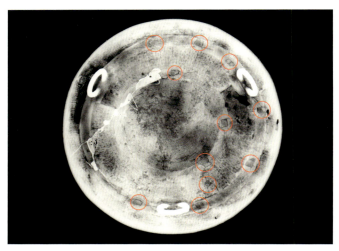

图 3-153 铜敦 M20:7 器盖垫片

图 3-154 铜鼎 M20:9 器盖垫片

图 3-155 铜鼎 M20:9 器盖模印纹饰拼接范线

图 3-156 铜鼎 M20:12 器腹模印纹饰拼接范线

8.M22

重点考察了 M22 出土 6 件铜容器的铸造工艺，并对其垫片布设和部分主附件的连接方式进行了 X 射线影像分析，涉及铜敦 2 件、盘 1 件、舟 1 件、匜 1 件及镀 1 件。考察分析结具简述如下：

此 6 件铜容器均为分铸法铸造而成，器盖环形钮、附耳、器足及尾銎均预先铸好，待铸造器身时再与器身铸接或焊接连接，仅铜敦、镀的附耳采用嵌范工艺与器身浑铸而成。

6 件铜容器共涉及 32 处环形钮、附耳、器足及尾銎等附件与器身主体的连接。其中，20 处使用铸接（62.5%），为铜敦器盖的环形钮和器足、铜盘的器足、铜舟的附耳及铜镀器盖的环形钮。其中，铜敦 M22:2 的环形钮和器足（图 3-157 ～ 图

图 3-157 铜敦 M22:2 器足铸接

图 3-158 铜敦 M22:2 器盖环形钮铸接

图 3-159 铜镀 M22:9 器盖环形钮铸接

图 3-160 铜敦 M22:3 器足铸接

图 3-161 铜盘 M22:4 器足铸接

图 3-162 铜盘 M22:4 附耳铜焊铸焊

图 3-163 铜鍑 M22:9 附耳嵌范浑铸

图 3-164 铜敦 M22:2 附耳嵌范浑铸

图 3-165 铜敦 M22:3 附耳嵌范浑铸

图 3-166 铜匜 M22:5 尾錾浑铸

3-158）、铜敦 M22:3 的器盖环形钮及铜镦 M22:9 的器盖环形钮（图 3-159），其近腹壁处均被器身微包裹，部分残断处仍可见腹壁深入器足的不规则状接榫，说明均为先铸而成，浇铸器身时再将其嵌于器身铸型中与器身铸接。而铜敦 M22:3 器足（图 3-160）和铜盘 M22:4 的器足（图 3-161），其近腹壁处可见明显的缝隙，且少量器足覆盖于腹壁之上，说明其为后铸而成，待器身铸成后，再将器足铸型置于腹壁相应位置，在浇铸器足的过程中，实现与器身的连接；2 处使用铜焊（6.3%），为铜盘 M22:4 的两个附耳（图 3-162），其附耳和腹壁可见明显的缝隙，且均被较多不规则形状的铸态铜块覆盖，表明其为铜焊连接而成。待器身和附耳铸成之后，将附耳合于腹壁相应位置，在连接部位覆盖泥范，浇注铜液，实现附耳和器身的连接；7 处使用浑铸（21.9%），为铜敦 M22:2、M22:3 及铜镦 M22:9 的附耳与铜匜 M22:5 的尾鋬。其中，铜敦-镦的附耳为镶嵌铸型于器身铸型之中浑铸而成（18.8%，图 3-163～图 3-165），而铜匜的尾鋬铸型则位于器身外范之中（图 3-166），与器身铸型为一体，浑铸而成（3.1%），与前者略有不同；3 处使用镴焊（9.4%），为铜匜 M22:5 的器足，其外底仍残留柱状接榫和少量灰白色铅基焊料（图 3-167～图 3-168）。值得注意的是，铜敦 M22:2、M22:3 的附耳和器足分别使用嵌范浑铸和铸接两种方式，铜盘 M22:4 的器耳、器足分别使用了铜焊和铸接两种方式，铜匜 M22:5 的器足、尾鋬则分别使用了镴焊和浑铸两种方式，制作方式较为多样。

铜敦、盘及舟等的盖钮、耳、足等多为两分外范，残损处多见泥芯，铸型应由 2 块外范、1 块内芯组成。器盖表面光滑，多无范线，铸型分范方式不详。器身铸型分范方式较为多样。其中，铜盘器身三分外范，铸型应由 3 块外范、1

图 3-167 铜匜 M22:5 器足镴焊铸焊

图 3-168 铜匜 M22:5 器足镴焊铸焊

图 3-169 铜敦 M22:3 腹底范线

图 3-170 铜镦 M22:9 腹壁范线

图 3-171 铜敦 M22:2 器盖垫片

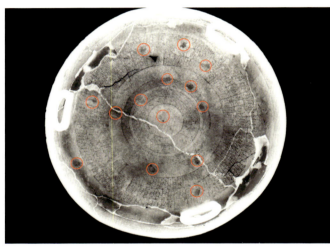

图 3-172 铜敦 M22:3 器盖垫片

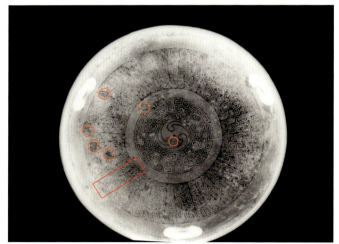

图 3-173 铜镦 M22:9 器盖垫片

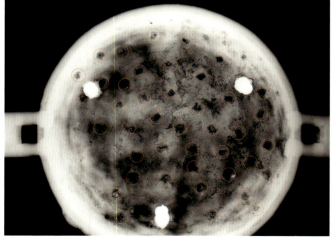

图 3-174 铜盘 M22:4 腹底垫片

块内芯组成。铜匜两分外范,其铸型应由2块腹范、1块流部外范及1块内芯组成;铜敦、舟及镈则均为两分外范(图3-169～图3-170),铸型应由2块外范、1块内芯组成。

铜敦、匜及舟等器身的浇冒口均在器底圆形合范线之上,三足浇冒口多在足底。铜盘器身的浇冒口在口沿侧面。铜镈表面曾经磨砺,表面光滑,浇冒口位置难以判定。

铜容器表面均发现使用垫片,多设置在器盖、腹及底,呈四边形或不规则多边形,多在光素之处(图3-171),且多数避开纹饰(图3-172),仅极少量在纹饰带中(图3-173)。其中,铜敦M22:2和M22:3的盖腹、铜镈M22的器盖及铜盘M22:4的器底(图3-174)均发现较多垫片(最多达54枚)。p-XRF合金成分分析结果显示,铜敦M22:2腹部发现的垫片均为铅锡青铜材质,其合金成分与器物本体略有差异。

此6件铜容器中,除铜盘M22:4、舟M22:6及匜M22:5光素之外,铜敦、镈均饰有雷纹或蟠虺纹,纹饰构图简单,图案也均单向连续重复排列,且均与器体基准面相平,应为模作而成。值得关注的是,纹饰带中均发现较多规则的扇形、长方形纹饰范拼接或剪接镶嵌所形成的错位范线(图3-175～图3-176),表明其纹饰应为模印法制作而成。此外,各纹饰单元分组与外范划分相异,纹饰带中的纹饰单元幅面宽度多数一致,多为数段较长纹饰单元和一段较短纹饰单元组合而成,纹饰单元规格较少,且也已无纹饰单元包括两周或两周以上的纹带。

图 3-175 铜敦 M22:2 器盖模印纹饰拼接范线

图 3-176 铜镈 M22:9 器盖模印纹饰拼接范线

9.M23

重点考察了 M23 出土 9 件铜容器和 9 件铜编钟的铸造工艺，并对其垫片布设和部分主附件的连接方式进行了 X 射线影像分析，铜容器涉及铜鼎 5 件、敦 2 件、盘 1 件及匜 1 件。考察分析结果简述如下：

此 19 件铜器的铸造工艺大体可分为浑铸和分铸两类。其中，9 件铜容器中，8 件以分铸法成型，包括铜鼎 5 件、敦 2 件及盘 1 件，约占铜容器总数的 89%，其盖钮、附耳及器足等均为预先铸好，待铸造器身时再与器身铸接或焊接。仅铜匜 M23:23 为浑铸而成，结构简单，器足、尾鋬均与器身为一次浇铸而成。此外，9 件铜编钟也均以浑铸法成型。

9 件铜容器共涉及 50 处环形钮、耳、足及鋬等附件与器身主体的连接。其中，39 处使用铸接（78%），为铜鼎、敦及盘的环形钮、耳、足及鋬，其近器身处均被器身微包裹（图 3-177～图 3-180），说明均为先铸而成，待浇铸器身时再将其嵌于器身铸型之中与器身铸接；8 处使用浑铸（16%），为铜敦 M23:14、M23:19 的环耳和铜匜 M23:23 的器足、尾鋬。其中，铜敦 M23:14 环耳内可见双合范范线，铜敦 M23:19 内可见残留泥芯，且均与器身主体连接紧密，周围也均有较规则的范线，近器身处较规则长方形区域内无纹饰（图 3-181），说明其应与器身主体嵌范浑铸而成（8.0%）。待其铸型制作完成之后，将其铸型镶嵌于器身铸型相应位置，当浇铸器身时，环耳与器身主体浑铸而成。铜匜 M23:23 的器足和尾鋬则与铜敦环耳不同，其一侧平直（图 3-182），另一侧略显凸出，铸型多处于器身腹范之中（8.0%），与器身浑铸而成；3 处使用了镴焊（6.0%），为铜敦

图 3-177 铜鼎 M23:13 器足铸接

图 3-178 铜鼎 M23:15 器足铸接

图 3-179 铜鼎 M23:13 器耳铸接

图 3-180 铜鼎 M23:22 器耳铸接

图 3-181 铜敦 M23:14 环耳嵌范浑铸

图 3-182 铜匜 M23:23 器足和尾錾浑铸

图 3-183 铜敦 M23:19 器足镴焊

图 3-184 铜敦 M23:19 器足镴焊

图 3-185 铜鼎 M23:15 腹底范线

图 3-186 铜鼎 M23:13 腹底范线

图 3-187 铜敦 M23:14 腹底范线

图 3-188 铜匜 M23:23 器底范线

图 3-189 铜敦 M23:14 外底浇冒口

图 3-190 铜盘 M23:18 外底浇冒口

M23:19 的器足，其器底与器足相接处可见蘑菇状接榫和残留的灰白色铅基焊料（图 3-183～图 3-184）；铜编钟的钟钮均与器身主体浑铸连接。此外，铜敦 23:14 和 M23:19 的主附件连接均使用了两种或两种以上的方法。

铜鼎、敦、匜等铜容器的盖钮、耳、足及鋬等多两分外范，残损处或内侧也多见盲芯，铸型应由 2 块外范或 2 块外范、1 块内芯组成。器盖多数表面光滑，多无范线，铸型分范方式不详。器身铸型分范方式较为多样。多数铜鼎、盘的器身三分外范（图 3-185），铸型应由 3 块外范、1 块内芯及 1 块圆形底范或 3 块外范、1 块内芯组成。但铜鼎 M23:13 较为特别，器身铸型两分外范（图 3-186），较为不同。铜敦器身也两分外范（图 3-187），铸型应由 2 块外范、1 块内芯组成。铜匜两分外范（图 3-188），铸型应由 2 块腹范、1 块流部外范及 1 块内芯组成。铜编钟均两分外范，铸型应由 2 块铣部外范、1 块内芯、1 块或 2 块舞部外范（含钟钮型腔）组成。

铜鼎器身的浇冒口多在器底圆形合范线之上（图 3-189），三足的浇冒口多在足底。铜敦、盘及匜也多在器底（图 3-190）。编钟均经磨砺，表面光滑，浇冒口难以判定。其余不详。

铜容器表面均发现使用垫片，多设置在器盖、器腹及器底（图 3-191），呈三角形、四边形或多边形，且多在光素之处或避开纹饰带（图 3-192～图 3-193），仅少量在纹饰带中（图 3-194）。其中，铜鼎 M23:16 器盖、铜敦 M23:14 和 M23:19 器盖、铜鼎 M23:22 和 M23:19 器腹均发现较多垫片（最多 23 枚）；芯撑孔则多见于铜鼎器足（图 3-195），多呈长方形，数量在 1 枚～ 5 枚之间，分布较为规律。9 件铜编钟均在舞部、铣部及篆部设置了垫片，舞部多设置 2 枚～ 5 枚，铣部、篆部则多各设置 1 枚。此外，铜编钟的钟钮多设置了 2 个～ 4 个长方形的芯撑孔，舞部则多均布 6 个（图 3-196）。值得注意的是，此 9 件铜编钟多数设置了较多垫片（图 3-197～图 3-198），说明其可能并非实用器。p-XRF 合金成分分析结果显示，铜敦 M23:19、14 器底和铜鼎 M23:22 器底中发现的垫片均为铅锡青铜材质，合金成分与本体略有差异。

此 9 件铜容器中，除铜盘 M23:18 和铜匜 M23:23 两件铜容器光素之外，其余 7 件铜鼎、敦均饰有蟠螭纹、蟠虺纹等纹饰，且纹饰更加细密，构图均较简单，图案也均单向连续重复排列，且均与器体基准面相平，应为模作而成。然而，其纹饰带中却均发现较多规则的扇形、长方形纹饰范拼接或裁接镶嵌所形成的错位范线，表明其应为模印法制作而成。纹饰单元分组已与外范划分相异，但

图 3-191 铜鼎 M23:1 器盖垫片

图 3-192 铜鼎 M23:22 腹部垫片

图 3-193 铜鼎 M23:16 器盖垫片

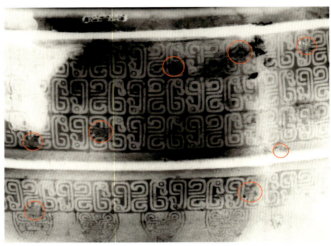

图 3-194 铜鼎 M23:15 腹部垫片

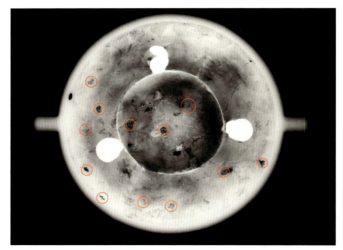

图 3-195 铜敦 M23:19 器底垫片

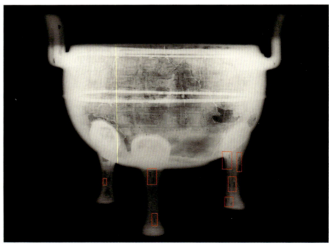

图 3-196 铜鼎 M23:16 器足芯撑孔

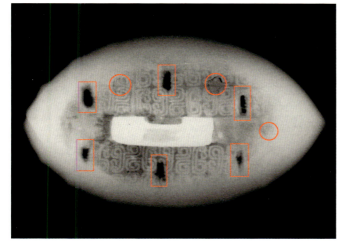

图 3-197 铜编钟 M23:36 舞部垫片、泥芯撑

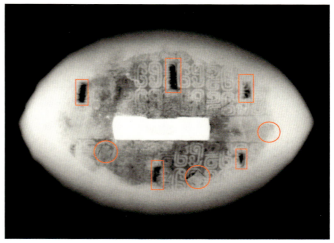

图 3-198 铜编钟 M23:29 舞部垫片、泥芯撑

图 3-199 铜鼎 M23:16 器盖模印纹饰拼接

图 3-200 铜敦 M23:19 器腹模印纹饰拼接

图 3-201 铜编钟 M23:35 舞部模印纹饰

图 3-202 铜编钟 M23:35 钲部模印纹饰裁接镶嵌

各纹饰单元幅面宽度却多数相同；而且纹饰带中的纹饰单元大小和幅面宽度多数一致，仅少数纹饰单元长度规格较多，差异较大，且已无纹饰单元包括两周或两周以上纹带（图 3-199 ～图 3-200）。

此外，9 件铜编钟的舞部、钲部及篆带处也均饰较细密的蟠虺纹，纹饰规整，纹饰带中纹饰范拼接或切割所形成的错位范线也极为明显（图 3-201 ～图 3-202），其纹饰制作也应当使用了模印法。

10.M25

重点考察了铜甗 M25:5 的铸造工艺，并对其垫片布设和部分主附件的连接方式进行了 X 射线影像分析。铜甗仅余鬲部，光素，为分铸而成。其附耳采用铸接法与器身连接（图 3-203），器足与器身浑铸。器身三分外范（图 3-204 ～图

图 3-203 铜甗 M25:5 附耳铸接

图 3-204 铜甗 M25:5 腹部范线

图 3-205 铜甗 M25:5 底部范线

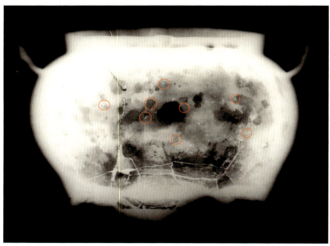

图 3-206 铜甗 M25:5 腹部垫片

3-205），铸型应由 3 块外范、1 块内芯及 1 块三角形底范组成，浇冒口位于器底。器腹可见 8 枚垫片（图 3-206），器足残缺，未见泥芯。

11.M36

重点考察了 M36 出土铜鼎、豆、壶及舟 4 件铜容器的铸造工艺，并对其垫片布设和部分主附件的连接方式进行了 X 射线影像分析。考察分析结果简述如下：

此 4 件铜容器的铸造工艺可大体分为浑铸和分铸两类。其中，铜鼎、豆及壶均为分铸法铸造而成，器耳、足等均预先铸好，待铸造器身时再与器身铸接或待器身铸成后再与其焊接，仅铜鼎的盖钮使用嵌范技术与器盖浑铸。铜舟环耳也采用嵌范技术与器身浑铸。

图 3-207 铜鼎 M36:6 器耳铸接

图 3-208 铜鼎 M36:6 器足铸接

图 3-209 铜豆 M36:2 器柄铸接

图 3-210 铜鼎 M36:6 盖钮嵌范浑铸

4 件铜容器共涉及 15 处环形钮、耳及足等附件与器身主体的连接。其中，6 处使用铸接（40.0%），为铜鼎的附耳（图 3-207）、器足（图 3-208）及铜豆的器柄（图 3-209），其近器身处均被器身微包裹，说明均为先铸而成，待浇铸器身时再将其嵌于器身铸型之中与器身铸接；7 处使用嵌范浑铸（46.7%），为铜鼎 M36:6 的器盖环形钮（图 3-210）、铜豆 M36:2 的环耳（图 3-211）及铜舟 M36:9 的环耳（图 3-212），其与器身主体均连接紧密，且周围有规则的范线或规则范线内并无纹饰，说明其应与器身主体嵌范浑铸而成。待其铸型制作完成之后，将铸型嵌于器身铸型相应位置，当浇铸器身时，与器身主体浑铸而成；2 处可能使用了镥焊（13.3%），为铜壶 M36:5 两耳。此外，铜鼎 M36:6 和铜豆 M36:2 的主附件均使用了两种连接方法。

铜鼎、铜豆的盖钮和铜鼎的器耳、足均两分外范，残损处多见泥芯，铸型应由 2 块外范、1 块内芯组成。铜鼎器盖表面光滑，多无范线，铸型分范方式不详。铜豆的器盖捉手内壁隐约可见 4 条范线均布，表明其当为四分外范，铸型应由 4 块外范、1 块顶范组成。器身铸型的分范方式较为一致，均为两分外范，铸型应由 2 块外范、1 块内芯及 1 块圆形底范组成。尤为特别的是，铜鼎 M36:6 器身两分外范（图 3-213 ～图 3-214），与年代较早的其他铜鼎较为不同。

铜鼎 M36:6 器身浇冒口在器底，铜舟 M36:9 器身浇冒口在圈足处，其余位置均经磨砺，表面光滑，浇冒口位置难以判定。

铜容器表面均发现使用垫片，多设置在盖、腹及器底（图 3-215），呈四边形或多边形，且多在光素之处（图 3-216），多避开纹饰布设（图 3-217）。其中，铜豆 M36:2 器腹、铜壶 M36:5 器腹（图 3-218）及铜鼎 M36:6 器盖表面均发现较多

图 3-211 铜豆 M36:2 环耳嵌范浑铸

图 3-212 铜舟 M36:9 环耳嵌范浑铸

图 3-213 铜鼎 M36:6 器腹范线

图 3-214 铜鼎 M36:6 器腹范线

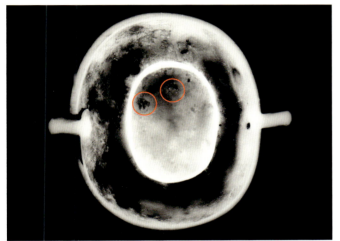

图 3-215 铜舟 M36:9 器底垫片

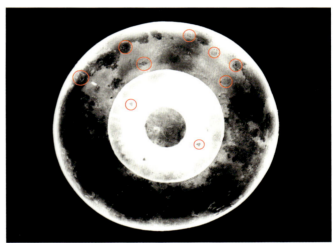

图 3-216 铜豆 M36:2 器盖垫片

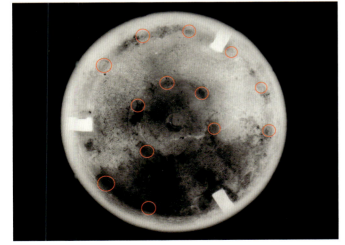

图 3-217 铜鼎 M36:6 器盖垫片

图 3-218 铜壶 M36:5 器腹垫片

垫片（最多 14 枚）。未发现使用泥芯撑。*p*-XRF 合金成分分析结果显示，铜鼎 M36:6 器盖表面发现的垫片均为铅锡青铜材质，其合金成分与器物本体略有差异。

此 4 件铜容器中，除铜鼎的器盖、腹部饰有纹饰外，其余 3 件铜容器均为光素。铜鼎 M36:6 的器盖、腹部均饰有较细密的雷纹和蟠虺纹，且均与器体基准面相平，应均为模作范铸而成。其纹饰构图较简单，图案多数单向连续重复排列，纹饰单元分组与外范划分一致，纹饰带中范线也是纹饰单元的分割线，各纹饰单元幅面宽度也大体相同，未发现使用模印法制作的纹饰。

3.3 技术特征及演进

整体来看，瓦窑坡墓地出土的青铜器多以分铸法成型，仅铜镈钟、铜编钟及部分形态较简单的铜鬲等以浑铸法成型，主附件连接以铸接、镶焊及嵌范浑铸为主，铸销、铸铆、浑铸及焊接均较少，多于器底、耳及足底设置浇冒口，大量使用垫片和泥芯撑进行内芯定位和壁厚控制，并在春秋晚期大量使用模印法制作纹饰。技术特征及演进主要表现在以下四个方面：

1. 分铸法的广泛应用

铜容器以分铸法为主（表 3-1），浑铸法使用极为有限，但铜镈钟和铜编钟均为浑铸法。经考察的 87 件铜容器中，77 件为分铸成型（占铜容器总数的 88.5%），10 件为浑铸成型（占铜容器总数的 11.5%），且浑铸成型的铜容器多为铜豆、鬲、舟及盘等。5 件铜镈钟和 27 件铜编钟均为浑铸成型。不难看出，瓦窑坡墓地春秋中晚期青铜器以分铸法为主（80% ~ 91.3%），并应用于铜鼎、簋、壶、敦、盘、舟、匜及鉴等诸多器类，浑铸法使用较少（8.7% ~ 20%）。

表 3-1 瓦窑坡墓地铜容器铸造方式统计表

类别	春秋中期偏晚	春秋中晚期之际	春秋晚期早段	春秋晚期晚段	合计
分铸	39（88.6%）	13（86.7%）	21（91.3%）	4（80.0%）	77（88.5%）
浑铸	5（11.4%）	2（13.3%）	2（8.7%）	1（20.0%）	10（11.5%）
合计	44	15	23	5	87

另外，M93 和 M102 是北赵晋侯墓地年代最晚的两座墓葬，同时也是晋国两周之际或春秋初年的典型铜器墓。结合其铜容器器底范线特征[1]、刊布的青铜器图片[2] 及于山西博物院"晋国霸业"展厅对部分青铜器的实地考察，可知其青铜器多为浑铸而成，仅铜壶等使用了分铸法。另外，虢国墓地 M2001、M2012 及 M2006 等也是两周之际中原地区较为典型的铜器墓，其铜容器也以浑铸法为主（铜鼎、铜盘等，63.6%），分铸法为辅（铜壶、铜簠等，36.4%）[3]。太原晋国赵卿墓是晋国春秋晚期的典型铜器墓，其出土的青铜器多数能够在侯马铸铜作坊中找到类似的陶模或陶范，是晋国春秋晚期青铜器生产的巅峰之作。其铜容器也多为分铸法铸造而成，浑铸法仅用于铜鬲 M251:558、铜方座豆 M251:611、M251:522 和 536 铜方座豆等少数器物[4]。浮山南霍墓地春秋晚期铜容器也以分铸法为主，用于铜鼎、敦、盘、匜、豆等，浑铸法使用较少[5]。

由此可见，春秋中晚期，晋国青铜器生产中，分铸法的应用已较为广泛。铸造方法已逐渐转变为分铸为主、浑铸为辅，而分铸法也具有较为显著的使用数量由少到多的特点。

2. 镴焊嵌范逐渐增多

87 件铜容器共涉及 437 处主附件连接（表 3-2），以铸接（70.2%，图 3-219）、镴焊（9.0%，图 3-220）、嵌范浑铸（7.4%，图 3-221）及普通浑铸（6.8%）连接为主，铸销（3.5%，图 3-222）、铸铆（1.1%，图 3-223）及铜焊（2.0%，图 3-224）连接使用量数均较少，且铸接、浑铸、铜焊及铸铆的使用数量逐渐减少，而镴焊和嵌范浑铸连接的使用数量则有较为明显的逐渐增多趋势。

需要指出的是，镴焊连接的形式主要为：主体部位预留接榫，附件上预留略大于接榫的榫卯，待将熔化的焊料注入附件预留的榫卯内后，再将器身主体接榫与附件榫卯相合、压紧，待焊料凝固后即实现了器身主体与附件的镴焊连接。

[1] 胡东波、吕淑贤 . 应用 X 射线成象对晋侯墓地出土青铜器铸造工艺的研究 [J]. 古代文明（辑刊），2013：55 ~ 81.

[2] 上海博物馆 . 晋国奇珍——山西晋侯墓群出土文物精品 [M]. 上海：上海人民美术出版社，2002：195 ~ 204. M93 鼎、簠及壶等铜器现陈列于山西博物院，笔者曾进行了实地考察。

[3] 李静生 . 西周虢季墓出土青铜器范型制作技术研究 [J]. 中原文物，2013（4）：98 ~ 101；吴坤仪、苗长兴 . 虢国墓出土青铜器铸造工艺分析与研究 // 河南省文物考古研究所 . 三门峡虢国墓（第一卷）[M]. 北京：文物出版社，1999：552 ~ 558.

[4] 吴坤仪 . 太原晋国赵卿墓青铜器制作技术 // 山西省考古研究所、太原市文物管理委员会 . 太原晋国赵卿墓 [M]. 北京：文物出版社，1996：269 ~ 275.

[5] 南普恒、王秦岭、王金平 . 山西孚山南霍东周墓出土铜容器制作工艺考察 [J]. 文物，2024（1）：89 ~ 96.

图 3-219 铜鼎 M30:17 器耳、足铸接

图 3-220 铜鼎 M21:9 脱落器足镴焊焊料

图 3-221 铜舟 M20:8 环耳嵌范浑铸

图 3-222 铜壶 M30:14 器耳铸销连接

图 3-223 铜盆 M30:28 器耳铸铆

图 3-224 铜簋 M30:27 器耳铜焊铸焊

表 3-2 瓦窑坡墓地铜容器主附件连接方式统计表

类别	春秋中期偏晚	春秋中晚期之际	春秋晚期早段	春秋晚期晚段	合计
铸接	178	61	74	8	321
铜焊	6	1	2	0	9
铸销	16	0	0	0	16
铸铆	3	2	0	0	5
普通浑铸	17	3	8	3	31
嵌范浑铸	3	2	22	7	34
镴焊	1	20	18	2	41
合计	224	89	124	20	457

铜容器附件和器身主体的连接方式与铜容器类型和附件类型有一定的关系，不同铜容器的不同附件所采用的连接方法也不相同。例如，铜容器器盖的曲尺形钮和环形钮多采用铸接方式与器盖连接，仅春秋晚期少量使用了嵌范浑铸，铜焊和镴焊连接均仅见 1 例。器身环耳和附耳的连接方式较多，铜鼎器耳多采用铸接，铜盘、舟的器耳多使用铸接、浑铸、铜焊及嵌范浑铸等多种方法，铜敦的器耳多使用嵌范浑铸，铜罍、鉴及壶的器耳多使用铸销连接，铜簠的器耳多使用铜焊和铸接等。器足的连接方式也较为多样，铜鼎、敦、盘及匜等在春秋中期时多使用铸接，而在春秋晚期时则多使用镴焊和铸接。铜匜的鋬则多使用浑铸连接，仅部分使用了镴焊和铸接。此外，87 件铜容器中有 29 件铜容器上使用了两种或两种以上的连接工艺。

前已述及，北赵晋侯墓地 M93 和 M102 铜容器多为浑铸而成，其主附件连接也以浑铸连接为主。虢国墓地铜容器也多为浑铸而成，其主附件连接也多为浑铸连接，铸接、铸销及镴焊连接均较少。而太原晋国赵卿墓出土铜容器的铸造技术研究表明，晋国春秋晚期的青铜器生产中，已能够按照器形、纹样繁简及结构功能的不同娴熟使用分铸铸接和浑铸技术，铸销连接已极少，镴焊连接却已较为普遍，也已出现比例接近共晶点的低熔点铅锡焊料，并多在器身设计接榫，以便定位和提高焊接强度，而铜舟、罍、高柄方壶等环形钮、铺首衔环等附件也均采用将附件单元铸范镶嵌于主体铸范之中与主体浑铸的嵌范浑铸连接，与器身主体一起铸成[1]。

---

[1]　吴坤仪 . 太原晋国赵卿墓青铜器制作技术 // 山西省考古研究所，太原市文物管理委员会 . 太原晋国赵卿墓[M]. 北京：文物出版社，1996：269 ~ 275.

可以看出，春秋早期晋国青铜器生产中主附件连接仍以浑铸连接为主、铸接或销铸连接为辅；春秋早期以降，随着分铸法开始广泛使用，并逐渐成为主流技术，青铜器附件与主体的连接方式也逐渐由浑铸为主，转变为铸接、铸销、铸铆、铜焊及镴焊等多种方式，并逐渐在春秋中晚期演变为以铸接和镴焊技术为主。而镴焊和嵌范浑铸的使用数量也具有显著的从无到有、由少到多的变化过程，并在瓦窑坡墓地和赵卿墓春秋晚期青铜器中出现了成分接近共晶点的铅锡合金焊料。

值得关注的是，晋侯墓地 M93 列鼎浑铸附耳上均有双梁与沿唇相接，其也多见于 M92、M8 及 M64 等西周中晚期的鼎、甗等及虢国墓地 M2001 列鼎、甗及盘等附耳处，且外腹与耳相结合处纹饰均中断，应是附耳分铸未普遍使用之前，为提高浑铸附耳与器身强度而做的技术改进。春秋中期之后，附耳多分铸铸接，此项技术措施便很少使用。

3. 垫片数量逐渐增多

无论有无纹饰，铜容器的器盖、腹部及器底多数布设有较多呈三角形、四边形或不规则多边形的垫片，且多位于无纹饰的光素之处，仅少量在纹饰带中。部分铜容器的垫片数量高达 64 枚，尤以铜盘为甚（图 3-225 ～图 3-226）。泥芯撑则多见于铜鼎的器足和器耳、铜壶的器耳及铜镈钟、编钟的舞部和钲部等处，数量较少，分布也较规律，其他器类相对较少。

北赵晋侯墓地 M8、M31、M64、M62、M63 西周晚期青铜器和 M93、M102 两周之际的铜鼎、壶等铜容器多于器底近足处设置 3 枚～ 5 枚垫片，腹底近底范处

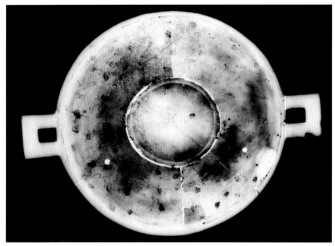

图 3-225 铜盘 M20:10 器底垫片

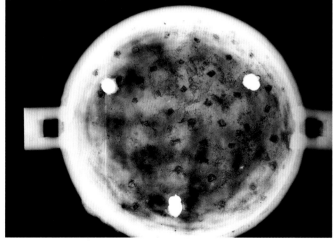

图 3-226 铜盘 M22:4 器底垫片

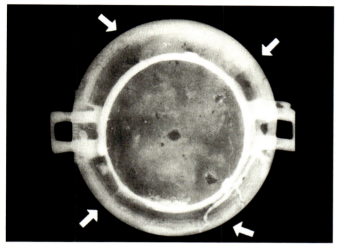

图 3-227 晋侯墓地铜盘 M102:16 器底垫片 [1]

图 3-228 陶寺北墓地铜盘 M7:82 器底垫片

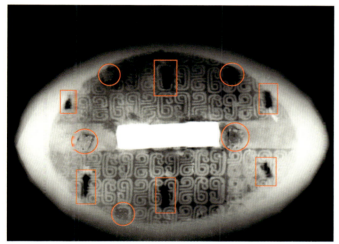

图 3-229 铜编钟 M23:11 舞部垫片、泥芯撑

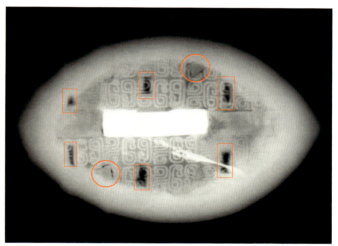

图 3-230 铜编钟 M23:30 舞部垫片、泥芯撑

多为 3 枚～ 9 枚，而铜簋、盘器底部则多为 4 枚～ 8 枚，其余器类多数数量较少[2]。

结合瓦窑坡墓地青铜器的垫片布设情况，不难看出，春秋早期之前，晋国铜容器中垫片使用均较少，并主要用于铜簋、盘等器类。但春秋早期以降，青铜器生产中，垫片的使用数量逐渐增加，尤其是部分铜鼎、盘等光素青铜器中也使用了大量垫片。因而，春秋中晚期，晋国铜容器生产中，垫片的使用数量具有较为显著的由少到多的特点。

---

[1] 胡东波、吕淑贤．应用 X 射线成像对晋侯墓地出土青铜器铸造工艺的研究 [J]．古代文明（辑刊），2013：68．

[2] 胡东波、吕淑贤．应用 X 射线成像对晋侯墓地出土青铜器铸造工艺的研究 [J]．古代文明（辑刊），2013：55 ～ 81．

此外，使用 p-XRF 对瓦窑坡墓地部分青铜器的垫片进行了表面无损合金成分分析。合金成分分析结果显示，垫片材质均为铅锡青铜，且锡含量多数低于或接近所属青铜器。同一件青铜器中的垫片锡含量也多不相同，仅部分青铜器中的垫片锡含量较为接近。

值得注意的是，瓦窑坡墓地铜容器中的垫片多设置于器腹和器底，而器耳和器足则更多地使用泥芯撑，这应与器耳和器足均内含泥芯、便于设置有关。此外，瓦窑坡墓地 M29、M30 出土的铜镈钟和编钟多数未设置垫片，而是在舞部和钲部设置泥芯撑。然而，该墓地 M23 铜编钟则既使用了垫片，又使用了泥芯撑（图 3-229～图 3-230），较为特殊。其原因可能与墓葬的级别和器物用途有一定关系。

4. 模印纹饰渐趋流行

模印法是兴起于春秋中晚期的一项青铜器纹饰制作技术，其通过使用纹饰模在泥质铸范上压印纹饰，或者通过在泥质铸范上镶嵌或粘贴纹饰模具翻制的单元纹饰范来制作纹饰，多用于单向重复连续式图案的花纹。

春秋早期，晋国铜容器多饰重环纹、窃曲纹或环带纹等，纹饰构图均较简单、线条也较粗宽，多为单周纹饰水平方向展开，且纹饰单元均与外范划分一致，器表合范范线即是纹饰单元的分割线。其纹饰风格和构图模式均与两周之际或西周晚期铜容器极为相似，应均为模作或范作而成，如晋侯墓地 M93 和 M102 两周之际铜鼎、壶等多饰波曲纹、夔龙纹等。羊舌墓地两周之际铜容器多饰窃曲纹、重环纹、卷云纹、瓦棱纹等，仅少数饰有三角云纹、夔龙纹、波曲纹等纹饰。

考察发现，瓦窑坡墓地春秋中期偏晚阶段铜器墓出土青铜器的纹饰多为略粗的蟠螭纹、蟠虺纹，纹饰单元分组也多与外范划分一致，仅 12 件青铜器上发现使用模印法，且拼接的纹饰范多数较大、多数涵盖多周纹饰（图 3-231）。春秋中晚期之际和春秋晚期时期铜器墓出土青铜器的纹饰则多为细密的蟠虺纹，29 件饰纹铜器均发现使用模印法，各纹饰单元分组与外范划分相异（图 3-232），纹饰带中的纹饰单元幅面宽度也多数一致，多为数段较长纹饰单元和一段较短纹饰单元组合而成，纹饰单元的规格也较少，模印法已臻成熟。

此外，模印法也大量发现于侯马铸铜遗址陶范[1]、浑源青铜器[2]、临猗

[1] 山西省考古研究所. 侯马陶范艺术 [M]. 美国：普林斯顿大学出版社，1994：230～239.
[2] Bagley R W. 从浑源铜器看侯马铸铜作坊 [J]. 文物保护与考古科学，1998（1）：24～29.

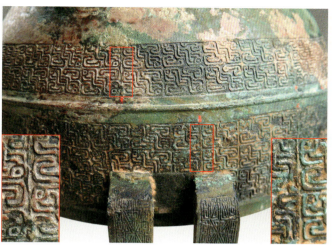

图 3-231 铜鼎 M30:34 器盖纹饰带范线　　　　图 3-232 铜鼎 M17:5 器腹纹饰带范线

程村青铜器[1]、浮山南霍墓地青铜器及太原赵卿墓青铜器等诸多晋国青铜器生产或青铜器之中。赵卿墓出土的铜舟 M251:533、方座形豆 M251:572、匏壶 M251:599 及铜鼎 M251:599 之上的细夔龙纹、变形蟠螭纹、蟠虺纹、绹索纹等均采用纹饰模在铸范上压印而成，而铜编钟的钮、舞、鼓、枚等夔龙、夔凤则以花纹范镶嵌为宜[2]。南霍墓地出土的铜容器中，所有铜器纹饰带中均发现有纹饰范拼接范线，应均为模印法制作而成，且纹饰单元均包含一周纹饰带，各纹饰单元的大小和幅面宽度也多数相同[3]。由此可见，春秋晚期晋国的青铜器生产中，模印法中的压印技法和镶嵌技法均已极为广泛和成熟。

经统计（表 3-4），瓦窑坡墓地春秋中期偏晚时期饰纹青铜器中约有 25.5% 采用了模印法制作纹饰，春秋中晚期之际和春秋晚期则有 80% 以上的饰纹青铜器都采用了模印法制作纹饰，模印法纹饰制作也具有较为显著的从无到有、由少到多的特点。

表 3-4 瓦窑坡墓地铜器中模印法的使用统计

类别	春秋中期偏晚	春秋中晚期之际	春秋晚期早段	春秋晚期晚段	合计
饰纹铜器	47	5	28	1	81
模印法纹饰	12	4	25	0	41
模印法纹饰比例	25.5%	80.0%	89.3%	/	50.6%

[1] 中国社会科学院考古研究所，等. 临猗程村墓地[M]. 北京：中国大百科全书出版社，2003：263.

[2] 吴坤仪. 太原晋国赵卿墓青铜器制作技术 // 山西省考古研究所，太原市文物管理委员会. 太原晋国赵卿墓[M]. 北京：文物出版社，1996：269～275.

[3] 南普恒、三秦岭、王金平. 山西浮山南霍东周墓地出土铜容器制作工艺考察[J]. 文物，2024（1）：89～96.

不难看出，春秋中晚期，晋国青铜器纹饰逐渐细密化，纹饰构图也逐渐发展为多周水平方向，图案多数为单向连续重复排列，各纹饰单元也逐渐由与外范划分一致转变为与外范划分相异。在此种纹饰风格转变的过程中，模印法也逐渐出现，并渐趋流行。

3.4 小结

综合以上分析，可以得到以下认识：

春秋早期以降，晋国青铜器生产发生了较大的技术转型：分铸法逐渐成为主流工艺；分铸镴焊和嵌范浑铸技术逐渐增多；垫片的使用数量逐渐增大；更为重要的是，纹饰制作方式也发生了转变，模印法开始出现，并渐趋流行。

此四项技术的普遍使用使铸造技术逐渐简化，降低了青铜器生产的技术难度，从而使得更多的人可以参与青铜器的生产之中，为春秋晚期侯马铸铜作坊批量化、规模化及规范化的铜器生产模式奠定了基础。

第四章 模印纹饰

模印纹饰的出现是春秋时期晋国青铜器生产中纹饰制作的一个极为重要的技术进步，它改变了以往纹饰范作或模作的技术传统，降低了青铜器生产中纹饰制作的技术难度，同时也促使了春秋中晚期青铜器纹饰逐渐向细密化的风格转变。隰县瓦窑坡墓地、太原晋国赵卿墓青铜器及侯马铸铜遗址陶范等铸造工艺的考察结果表明，模印纹饰制作技术在春秋中晚期晋国青铜器的生产中具有较为明显的技术演进过程。

4.1 考察方法

1. 肉眼观察

使用肉眼观察的方法，详细观察和记录青铜器表面的合范范线，尤其是青铜器纹饰带中的合范范线。必要时测量或统计纹饰单元的数量或长度，借此判断纹饰制作的方法。

2. 三维激光扫描

所用仪器为北京天远三维科技有限公司生产的 OKIO-colourScan 高精度真彩色三维扫描仪。该款仪器配备有一台同轴数码单反相机，在获取高精度空间数据的同时，可以使用挂载的同轴数码单反相机同步获取扫描对象的色彩信息，并实时完成空间数据与色彩信息的配准。

4.2 技术特征及演进

考察结果显示，瓦窑坡墓地仅有 M18、M29、M30、M17、M20、M22 及 M23 七座铜器墓出土的饰纹青铜器中发现有使用模印法制作纹饰的错范范线。结合铜器墓的相对年代和模印法单元纹饰所包含的纹饰带数量，可大体将其划分为"兴起"和"成熟"两个阶段。

图 4-1

铜簠 M30:29 纹饰范拼接范线

1. 模印法的兴起

此阶段涉及的铜器墓有 M18、M26、M29 及 M30 四座，其中 M26 出土的铜鼎光素无纹饰，其余三座铜器墓出土的青铜器均有部分使用了模印法制作纹饰。三座铜器墓共发现饰纹青铜器 47 件。较之春秋早期，此时期青铜的纹饰略显细密，多为较粗疏的蟠螭纹或蟠虺纹，且均与器体基准面相平。纹饰构图较简单，图案多为单向连续重复排列。其中，35 件青铜器纹饰带中的纹饰单元与外范划分一致，器腹范线也恰好是纹饰带中纹饰单元的分割线，各纹饰单元的幅面宽度也均与青铜器外范相同。然而，铜编钟 M29:27 鼓部、铜簠 M30:29 和 M30:30 盖侧（图 4-1 ～图 4-2）、铜镈钟 M29:18 舞部（图 4-3）及铜鼎 M30:16 器盖和腹部等 12 件青铜器的纹饰带中，却均发现较多不规则的扇形、长方形纹饰范拼接或裁剪所形成的错位范线，且其纹饰单元也多与青铜器外范划分相异，纹饰应为模印法制作而成。

使用三维激光扫描仪获取了铜镈钟 M29:18 的三维数字模型及舞部的正射影像（图 4-4），并使用 Photoshop 软件在图层透明度为 50% 的情况下对舞部的 A、B 处图像与舞部其他区域图像分别进行上下叠加重叠（图 4-5）。图像重叠结果显示，铜镈钟舞部 A、B 处纹饰带图像均与舞部其他部位纹饰图像能够较好地重叠，且 A、B 处纹饰带图像之间也能够较好地重叠，表明舞部不同区域的纹饰范应来自同一块纹饰模。

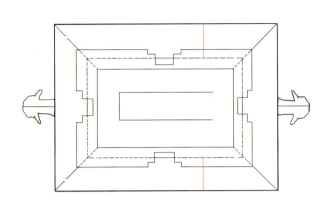

图 4-2（左）
铜簠 M30:29 纹饰范结构示意

图 4-3（右）
铜镈钟 M29:18 舞部纹饰范拼接范线

考察发现，仅铜鼎 M30:31 的上腹和下腹纹饰带中各纹饰单元用于一周纹饰带，且各纹饰单元的规格也不一致（图 4-6），而铜鼎 M30:16 等其余 7 件铜鼎的器盖、腹部纹饰带中的纹饰单元则均用于两周或两周以上纹饰带（图 4-7），这与春秋晚期模印纹饰单元仅用于一周纹饰带的特征差异较大，当为东周模印法纹饰制作的初创期之作。再者，除铜鼎 M30:17 和 M30:18 之外，此时期其他铜容器纹饰带中各纹饰单元的规格多不相同（图 4-8）。同一纹饰带中，4 种以上规格的占纹饰单元规格可统计数量的 66.7%，多为 5 种以上，部分甚至差

图 4-4
铜镈钟 M29:18 舞部正射影像

图 4-5

铜镈钟 M29:18 舞部纹
饰重叠

1. 舞部纹饰 A 区域重叠

2. 舞部纹饰 B 区域重叠

3. 舞部纹饰 A 区域和 B 区域重叠

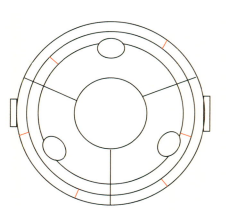

图 4-6

铜鼎 M30:31 器腹纹饰
范拼接范线

1. 器腹纹饰范拼接范线 　　　　2. 器腹纹饰单元结构示意

1. 器盖纹饰范拼接范线

2. 器腹纹饰范拼接范线

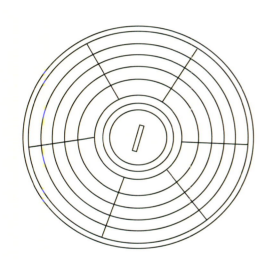

3. 器腹纹饰单元结构示意

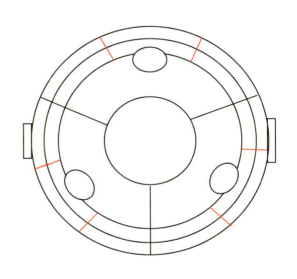

4. 器腹纹饰单元结构示意

图 4-7
铜鼎 M30:16 纹饰范拼接范线

异极大，这也正是模印法技术不成熟、不完善的体现。此外，从其纹饰单元的分组情况来看，当时纹饰设计可能多数采用了对一周纹饰带进行三等分、六等分及九等分的方法。

2. 模印法的成熟

此阶段涉及的铜器墓有 M17、M21、M20、M22、M23、M25 及 M26 七座，相对年代包括春秋中晚期之际、春秋晚期早段及春秋晚期晚段三个阶段。其中，M21 出土的铜器光素无纹饰，M36 出土的铜鼎未发现模印法使用范线。其余五座铜器墓出土的青铜器均有部分使用了模印法制作纹饰。五座铜器墓出土饰纹

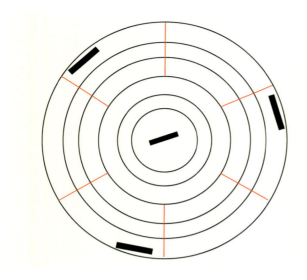

1 . 铜鼎 M30:17 器盖

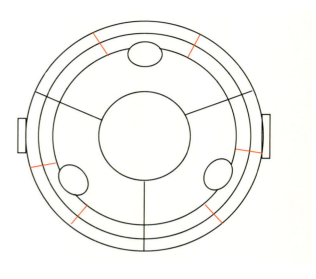

2 . 铜鼎 M30:17 器腹

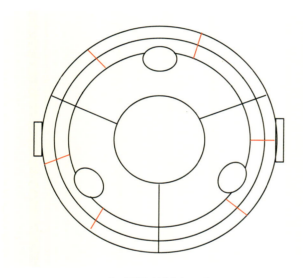

3 . 铜鼎 M18:3 器腹

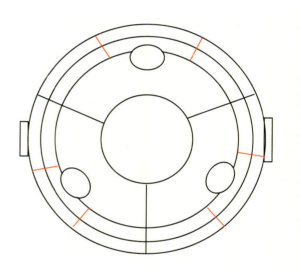

4 . 铜鼎 M30:18 器腹

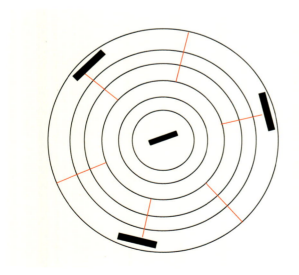

5 . 铜鼎 M30:34 器盖

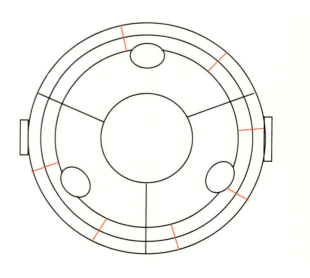

6 . 铜鼎 M30:34 器腹

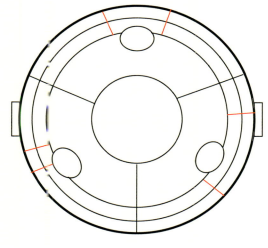

7. 铜鼎 M18:1 器腹

8. 铜鼎 M18:2 器腹

图 4-8
瓦窑坡墓地部分铜鼎纹饰单元划分结构示意

青铜器 34 件，铜器纹饰多为细密的蟠螭纹或蟠虺纹，构图模式为多周单向连续重复排列，也均与器体基准面相平，其中 29 件饰纹青铜器的纹饰带中发现较多规则的扇形、长方形纹饰范拼接或裁剪所形成的错位范线（图 4-9 ～ 图 4-10），纹饰应使用模印法制作而成。而且，M23:11、M23:29 及 M23:30 等 9 件铜编钟的舞部、钲部及篆带均饰有细密的蟠虺纹，纹饰带中纹饰范拼接或裁剪所形成的错位范线也极为明显（图 4-11）。

考察发现，20 件铜容器的器盖、腹部纹饰带中各纹饰单元均与青铜器外范划分相异，均用于一周纹饰带，已无用于两周或两周以上纹饰带的纹饰单元，且青铜器外范中各纹饰单元的规格和数量也多数大体一致，多为较规整的 3、4、6、8 段纹饰单元或数段较长的纹饰单元和一段较短的纹饰单元组合而成（图 4-12）。同一纹饰带中 4 种以上规格的仅占纹饰单元规格可统计数量的 28.0%，且多为 2 种～ 3 种规格，尤其是春秋晚期阶段铜器墓出土的青铜器。此外，铜鼎 M23:1 下腹、铜敦 M23:19 盖腹纹饰带中各纹饰单元（图 4-13）的规格和数量极多，而铜编钟 M23:30 舞部纹饰范拼接也已出现两种相互垂直的拼接方式（图 4-14），说明纹饰范拼接已初现多样化之态。这些技术特征表明，此时期模印法纹饰制作技术业已极为娴熟。

此外，同属春秋晚期的晋国侯马铸铜遗址、浑源青铜器及太原晋国赵卿墓青铜器等均发现模印法的广泛使用。李夏廷等研究认为，侯马铸铜遗址出土的模有样模、附件模、纹饰模及活块模等多种，其纹饰模大多是一周纹饰的1/3、1/4、1/6 或 1/8，应使用了三等分或四等分两种圆周等分法，表明春秋中

1.器盖纹饰范拼接范线　　　　　　　　　　2.器腹纹饰范拼接范线

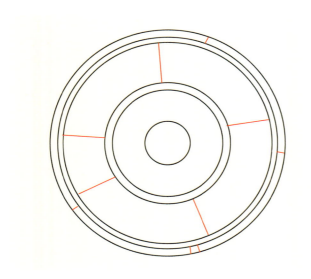

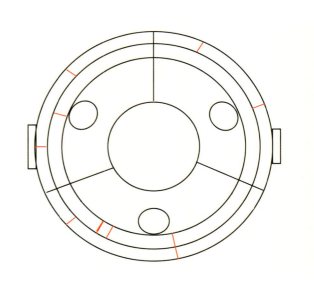

3.器盖纹饰单元结构示意　　　　　　　　　4.器腹纹饰单元结构示意

晚期晋国青铜器生产中的图案设计已经达到极高水平[1]；结合浑源青铜器纹饰制法的分析，Robert W. Bagley 也认为侯马铸铜作坊的陶范纹饰制作使用了样板法（即模印法）的制作技术。首先，制作不带花纹的器型模，再在器型模上翻制范块以用于组装铸型外范，接着在泥质纹饰样板（即纹饰模）上敷泥片制作纹饰泥片（单元纹饰范），最后将纹饰泥片按需裁剪、弯曲，并贴入范块[2]；吴坤仪对太原晋国赵卿墓青铜器制作技术的研究表明，赵卿墓青铜器中使用模印法制作的纹饰中，细夔龙纹铜舟（M251:533）腹部夔龙纹、方形

图 4-9
瓦窑坡墓地铜鼎 M23:1 器盖、器腹纹饰范拼接范线

[1]　山西省考古研究所 . 侯马陶范艺术 [M]. 美国：普林斯顿大学出版社，1994：3～34.
[2]　Bagley R W. 从浑源铜器看侯马铸铜作坊 [J]. 文物保护与考古科学，1998（1）：24～29.

1. 铜鼎 M23:13 器盖纹饰范拼接范线

2. 铜鼎 M23:16 器盖纹饰范拼接范线

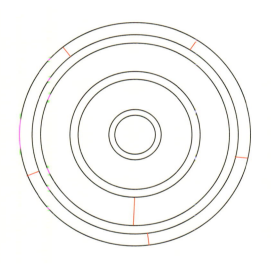

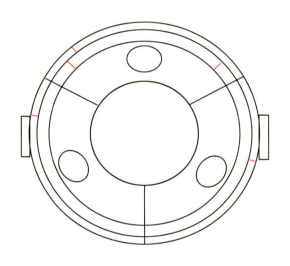

3. 铜鼎 M23:13 器盖纹饰单元结构示意

4. 铜鼎 M23:16 器盖纹饰单元结构示意

图 4-10

瓦窑坡墓地铜鼎
M23:13、16 器盖饰范
拼接范线

盖豆腹部的蟠螭纹及匏壶 M251:599 等均采用了压印法，而铜编钟的钮、舞及鼓部的夔龙纹、夔凤纹等均采用了镶嵌法[1]。陶正刚也认为太原晋国赵卿墓青铜器纹饰制作中广泛采用了印模花纹技术，但其认为每件青铜器上的纹饰组合仅需要制作一段纹饰模，按照器物的大小，在相应的纹饰模上翻制出纹饰泥片，并将其拊装于外范的底托之上，便可合成一件完整的青铜器外范，而并非使用纹饰模在外范上压印而成，并认为侯马铸铜遗址中出土的完整铜舟铸型（图4-15）即为实证。可见，赵卿墓青铜器纹饰使用模印法制作而成当无疑问，但

---

[1] 吴坤仪. 太原晋国赵卿墓青铜器制作技术 // 山西省考古研究所，太原市文物管理委员会. 太原晋国赵卿墓 [M]. 北京：文物出版社，1996：269～275.

1. 舞部模印纹饰

2. 钲部模印纹饰裁接

是否使用了压印法仍有不同意见。瓦窑坡墓地春秋晚期青铜器的纹饰多数极为清晰，且均与青铜器表面光素部位相平，应多为在青铜器外范之中镶嵌纹饰单元泥范而成，仅部分铜敦纹饰较浅，图案极为模糊，可能采用纹饰模于青铜器

图 4-11

瓦窑坡墓地铜编钟 M23:35 舞部纹饰范拼接

图 4-12

瓦窑坡墓地部分铜容器纹饰单元结构示意

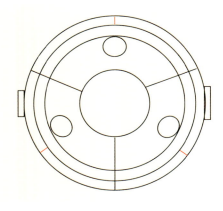

1. 铜鼎 M20:13 器腹

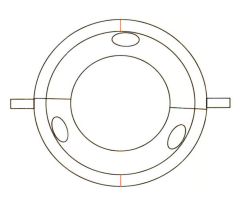

2. 铜敦 M22:2 器腹

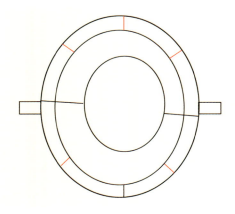

3. 铜舟 M20:8 器腹

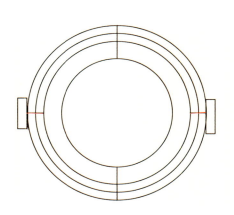

4. 铜鍑 M22:9 器腹

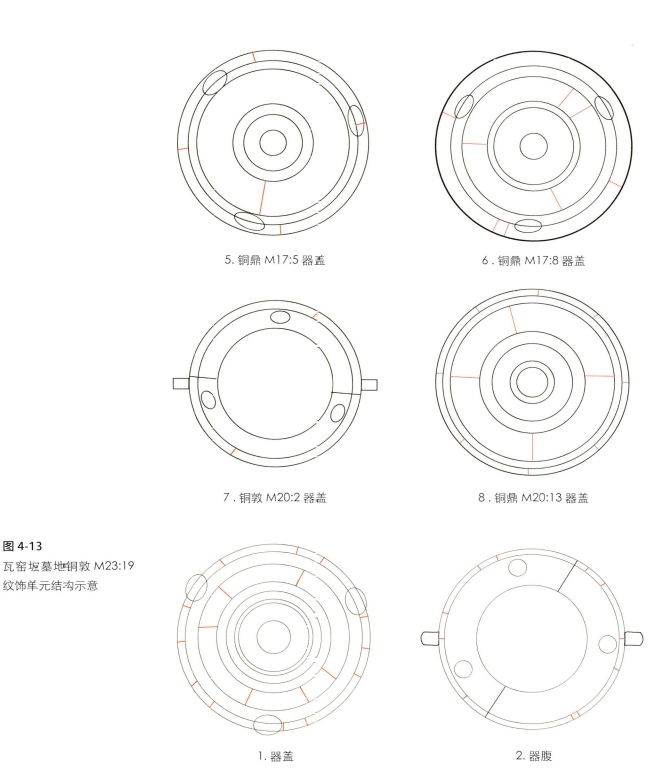

5. 铜鼎 M17:5 器盖

6. 铜鼎 M17:8 器盖

7. 铜敦 M20:2 器盖

8. 铜鼎 M20:13 器盖

图 4-13
瓦窑坡墓地铜敦 M23:19
纹饰单元结构示意

1. 器盖

2. 器腹

外范中压印而成。此外，侯马铸铜遗址出土了较多纹饰范镶嵌痕迹极为明显的陶范残件，且部分纹饰模极小，仅有一个纹饰或采用更小的纹饰块模拼接而成[1]，表明此时期模印纹饰单元应多采用镶嵌法（图 4-16）。

---

[1] 山西省考古研究所，太原市文物管理委员会. 太原晋国赵卿墓 [M]. 北京：文物出版社，1996：296～298.

1. 舞部模印纹饰

2. 钲部模印纹饰裁接

由此可见，模印法大量应用于晋国春秋晚期的青铜器生产之中，纹饰带中纹饰单元的规格多在 3 种以下，纹饰范的拼接技术和模印纹饰技术业已极为成熟。此外，模印法使用的规模更大，应用的器类和数量更多，纹饰模也相对更小。

图 4-14
瓦窑坡墓地铜编钟 M23:30
纹饰范拼接范线

4.3 小结

综合以上分析可以看出，春秋中期偏晚阶段是晋国侯马铸铜作坊中所普遍使用的纹饰模印法的孕育和形成时期，至迟在春秋中晚期之际业已成为晋国青铜器生产的主要纹饰制作方法，并广泛应用于侯马铸铜作坊的青铜器生产之中。

图 4-15（左）
侯马铸铜遗址出土的舟范

图 4-16（右）
侯马铸铜遗址出土的陶范

[1] 陶正刚. 太原晋国赵卿墓青铜器工艺与艺术特色 // 山西省考古研究所，太原市文物管理委员会. 太原晋国赵卿墓 [M]. 北京：文物出版社，1996：295～302.

[2] 山西省考古研究所. 侯马陶范艺术 [M]. 美国：普林斯顿大学出版社，1994：3～34.

此外，纹饰模具有从多周纹饰到单周纹饰的逐渐小型化、规范化的技术倾向，使用模印法的青铜器数量也具有从无到有、从少到多的特征，技术演进过程较为明确。

此项技术的形成及发展是传统范铸技术的一场变革，使得纹饰制作更加简化，为青铜器表面纹饰的规范化提供了强有力的技术支撑。它促使范铸技术向着分工更加细化和专业亿的方向发展，也促使纹饰向细密化方向发展，对传统范铸技术影响甚大。

第五章 工艺多样化

合金成分分析、金相组织观察及铸造工艺考察结果显示，瓦窑坡墓地春秋中晚期青铜器具有较为显著的工艺多样化特征，尤以 M30 出土的刻纹铜斗最为典型。其制作中使用了锡青铜、铅锡青铜及铅金属三类金属原料，铸造和热锻两种成型工艺，低温镴焊和高温铜焊两种铸焊技术以及铸纹和刻纹两种装饰技法，在合金材质、加工工艺、焊料类型、组装成型及装饰技法等方面均显示出显著的工艺多样化特征。

5.1 刻纹铜斗

此件铜斗 M30:20、21（图 5-1），年代为春秋中期偏晚，平盖，盖为母口，立鸟盖钮，斗身呈圆筒形，帮包平底，斗柄前窄后宽，前端兽首与器身相连，盖、身均满饰线刻纹，柄饰镂空、纠结的蟠螭纹，口径 11.3 厘米、通高 12.6 厘米、通长 24.1 厘米。此件刻纹铜斗造型别致、工艺罕见，是目前所见刻纹铜器中年代最早的实物例证[1]。

出土时，此件铜斗已严重残损。在保护修复过程中，从器盖、器底及器身残片上取得金属基体标本 7 件，其中器盖 2 件（G1、G2）、器底 2 件（D1、D2）、器身 2 件（B1、B2）及器壁焊接处 1 件（L1），使用金相显微镜和扫描电镜及其配备的能谱仪（SEM-EDS）对其进行了金相组织和合金成分分析。同时，使用便携式 X 荧光能谱仪（p-XRF）对无法取样的立鸟盖钮及其与器盖的焊接处和器柄等部位进行原位无损成分分析，并结合肉眼观察和 X 光拍照对其器盖、器壁及器柄等结构特征进行了分析。

---

[1] 叶小燕. 东周刻纹铜器 [J]. 考古，1983 (2)：158 ~ 164；刘建国. 春秋刻纹铜器初论 [J]. 东南文化，1988 (5)：83 ~ 90；张广立. 东周青铜刻纹 [J]. 考古与文物，1983 (1)：83 ~ 88.

图 5-1

瓦窑坡墓地刻纹铜斗
M30:20、21

1. 铜斗侧面（上）

2. 铜斗底部（下）

1. 检测分析结果

（1）器型结构

肉眼观察发现，此件刻纹铜斗由立鸟盖钮、器盖、器底、器身及器柄五部分组装而成。立鸟盖钮位于器盖外壁，表面光滑，不见范线，但底部与器盖外壁相接处可见明显的分铸缝隙（图 5-2），且器盖内壁中心存在接榫和铸焊痕迹（图 5-3）。器盖外壁满饰线刻纹，内壁光素，外扣于器身，而器底内外壁均素面，内扣于器身，盖和底均可单独取出。器身呈圆筒形，内壁饰线刻鱼纹，外壁满饰线刻纹。器柄前窄后宽，前端饰兽首，后端饰镂空及相互撕咬纠缠的蟠螭纹。

图 5-2 铜斗器盖立鸟盖钮分铸缝隙

图 5-3 铜斗立鸟盖钮接榫及铸焊痕迹

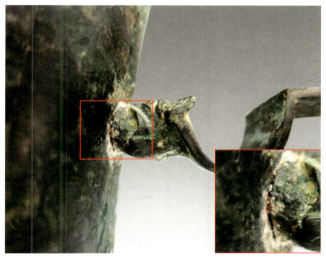

图 5-4 铜斗器柄与器壁连接部位侧视 A

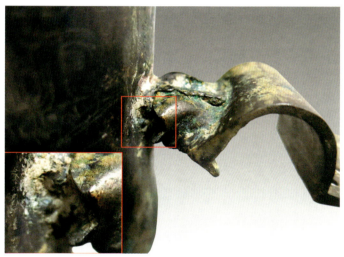

图 5-5 铜斗器柄与器壁连接部位侧视 B

图 5-6 铜斗器柄与器壁连接部位俯视

图 5-7 铜斗器身焊接部位

器柄前端兽首与器身外壁以铸焊方式连接，分铸（图 5-4）、焊料（图 5-5）及浇口（图 5-6）痕迹极为清晰。

尤为值得关注的是，器身外壁（器柄兽首上下）存在一条宽约 0.8cm ～ 1.2 cm 的长方形"铸态金属带"（图 5-7，样品 L1 取样处），应为铜斗圆筒形器身闭合焊接的焊料。测量结果显示，器身壁厚约 0.8mm，此处厚约 1.68mm ～ 1.70mm，可知焊料厚度与器身壁厚接近。此外，虽然立鸟盖钮和器柄表面均未发现明显的铸造范线，但根据其形态、纹饰及较为厚重的体量，推测应为铸造成型。

（2）金相组织

金相组织观察结果显示，刻纹铜斗的器盖、器底及器身金属基体样品金相组织均为等轴晶、孪晶组织（图 5-8），属热锻成型。其金属基体组织内均多见蓝灰色夹杂物，部分有沿加工方向拉长排列的迹象。器盖、器底金属基体样品中两侧晶粒均略小，局部晶粒内存在滑移带，中间晶粒则略大。器身金属基体样品中，晶粒内可见较多滑移带；而刻纹铜斗器身外壁焊料样品金相组织则呈 α 固溶体和较多（α + δ）共析体，且（α + δ）共析体在样品一侧（与器身外壁接触）多处局部聚集并连接成网状（图 5-8-4），铅多呈小颗粒状弥散分布，可知属铅锡青铜铸造成型。

此种共析体局部聚集，且连接成网的现象，被称为锡的反偏析，俗称锡汗。反偏析的产生主要是由于合金液体析出气体的压力和铸件本身的热应力等原因，未凝固的高锡液态金属使凝固的合金硬壳断裂流出其外所致。由于铜锡合金凝固温度范围较大，铸件冷却时容易产生反偏析[1]。此外，Hanson 的研究也显示，如合金在还原气氛中熔化，或者铸件冷却得很快，其表面层中发生高锡共析相反偏析的倾向越大[2]。也就是说，在冷却速度较快的情况下，反偏析较容易产生。那么器身外壁铜焊焊料金相组织中呈现的反偏析现象便表明其可能经历了较为快速的冷却过程，也就是说，铜焊焊接时铜斗器身外壁可能并未进行提前预热。

（3）合金成分

合金成分分析结果显示（表 5-1），刻纹铜斗各部位的材质可大体分为锡青铜、铅锡青铜及铅金属三类（以 2% 为标准）。其中，器盖、器底及器

---

[1] 韩汝玢、孙淑云、李秀辉、等 . 中国古代铜器的显微组织 [J]. 北京科技大学学报，2002（2）；219 ～ 230.

[2] D. Hanson & W. T. Dell-Wapole. Chill-Cast Tin Bronzes, Edward Arnold & Co. London,1951，211 ～ 213.

1. 铜斗器盖 G-1

2. 铜斗器底 D-1

3. 铜斗器身 B-1

4. 铜斗器身连接处 L-1

图5-8
铜斗基体金相组织

身均为锡青铜材质，含少量的硫化物夹杂。不同部位的锡含量较为接近，在 11.7% ～ 12.9% 之间，且均含少量的铅（0.9% ～ 1.2%）；器壁焊料则为铅锡青铜材质，锡含量为 19.5%，铅含量为 3.4%，且含少量的硫化物夹杂。金相组织观察发现的（α + δ）局部聚集部位的锡含量高达 22.9%；刻纹铜斗的立鸟盖钮和器柄均为铜锡铅三元合金，锡含量分别为 16.2% 和 19.5%，铅含量分别为 7.0% 和 8.7%。立鸟盖钮与器盖焊接处的焊料材质为铅含量 99.6% 的铅金属；器盖 p-XRF 与 SEM-EDS 分析结果基本吻合，而器盖、器壁及其焊料的 SEM-EDS 分析结果则与前述 ED-XRF 分析结果基本吻合。

表 5-1 瓦窑坡墓地刻纹铜斗 M30:20、21 合金成分分析结果

样品类别	样品编号	元素成分（wt%）				材质	分析方法
		Cu	Sn	Pb	S		
器盖	G1	87.1	12.1	0.7	0.1		
	G2	86.5	12.1	1.1	0.2	Cu-Sn	SEM-EDS
	平均	86.8	12.1	0.9	0.2		
器底	D1	84.5	13.9	1.3	0.3		
	D2	86.4	12.3	1.2	0.2	Cu-Sn	SEM-EDS
	平均	85.6	12.9	1.2	0.2		
器身	B1	87.0	11.7	1.2	0.2		
	B2	87.6	11.8	0.5	0.2	Cu-Sn	SEM-EDS
	平均	87.3	11.7	0.9	0.1		
器身焊料	L1	76.8	19.5	3.4	0.3	Cu-Sn-Pb	SEM-EDS
立鸟盖钮		76.8	16.2	7.0	-	Cu-Sn-Pb	*p*-XRF
器盖焊料		0.4	-	99.6	-	Pb	*p*-XRF
器盖		84.5	13.8	1.7	-	Cu-Sn	*p*-XRF
器柄背部		71.9	19.5	8.7	-	Cu-Sn-Pb	*p*-XRF

受仪器结构和器柄前端空间所限，未对器柄兽首底部铸焊浇口及焊料成分进行 *p*-XRF 测试，焊接部位因保存完整也无法取样分析，但从外观来看，其表面均具有不同程度的绿色锈蚀物，也均呈铸态外观，与铅锡焊料的外观形态区别较大，推测也应属铜合金。

此外，受测试条件和仪器性能所限，*p*-XRF 表面成分测试结果仅具定性意义。为减小误差，均选择平整且基本不见锈蚀或污垢的区域，并尽量使测试区域完全覆盖仪器检测窗口。因此，就本项合金成分分析而言，检测结果应不会与 SEM-EDS 相差太大。例如，器盖基体的锡、铅含量，*p*-XRF 数值分别比 SEM-EDS 数值高 1.7% 和 0.8%，其原因可能与器表腐蚀后铜的流失有关。结合立鸟盖钮、盖内焊料及器柄成分数据，对其材质类别的判断应该是可信的。

（4）X 射线影像

X 射线影像上，蟠螭纹器柄（图 5-9）和器身修复痕迹极为清晰，而器盖、器身的刻纹却并未清晰显现，这应与器壁较薄或刻纹较浅等因素有关。受器型、仪器所限，器柄前端兽首与器身外壁的铸焊痕迹并不清晰。兽首内不含泥芯，

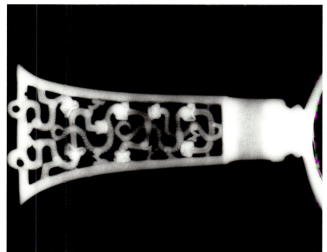

图 5-9 铜〓器柄 X 射线影像

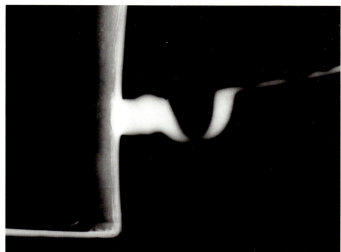

图 5-10 铜斗器柄与器壁连接处 X 射线影像

图 5-11 〈射线即将照射的铜斗器身焊接部位

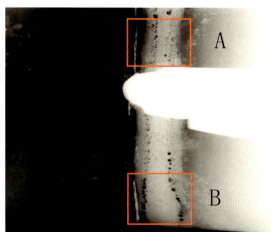

图 5-12 铜斗器壁连接部位 X 射线影像

应为实心（图 5-10）。

　　刻纹铜斗器身外壁长方形焊接带（图 5-11）的 X 射线影像较为特殊，其内部存在大量边缘清晰、呈流线形规律分布的圆形或椭圆形孔洞，并大体成两列分布于焊接带的两侧（图 5-12）。此现象与镀锡铜器中处于镀锡内层和外层之间，且均位于内层一侧的黑色孔洞较为相似[1]，也可以用柯根达尔效应进行解释。刻纹铜斗器身材质为铜含量 87.3%、锡含量 11.7% 的锡青铜，而外壁长方形焊接带材质则为铜含量 76.8%、锡含量 19.5%、铅含量 3.4% 的铅锡青铜。当实施铸焊焊接时，铅锡青铜材质的焊料与锡青铜材质的铜斗器身接触，接触面两侧的铜、

[1] 孙淑云，韩汝玢，李秀辉．中国古代金属材料显微组织图谱 [M]．北京：科学出版社，2011：195．

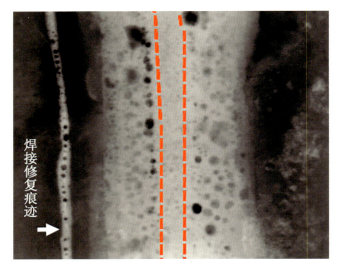

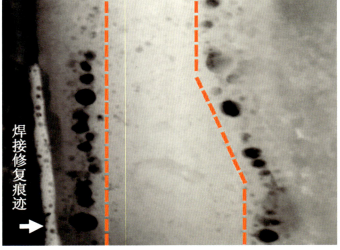

1. 器壁连接部位 A 区域影像　　　　　　　　　　2. 器壁连接部位 B 区域影像

图 5-13

铜斗器壁连接部位 X
射线影像（局部放大）

锡会相互扩散，形成新的合金层。由于铜比锡的扩散系数大、扩散速度快，而且刻纹铜斗器身铜含量高于焊料，因而刻纹铜斗器身的铜原子扩散到焊料的数量较焊料的锡原子扩散到器身的数量要多，所以刻纹铜斗器身得不到充足的原子补充，故在接触面偏向刻纹铜斗器身的一侧形成较多孔洞。同时，这也说明铜斗器身外壁铸焊焊接带中孔洞所呈现的"流线形线条"（图 5-12，红色虚线所示）应是铸焊焊料与被焊接刻纹铜斗器身接触的大概位置，因而在完成刻纹装饰后，刻纹铜斗器身应是采用对接的方式进行了铸焊连接。

此外，此件刻纹铜斗出土时，器身断裂为两部分，但断裂之处却位于器身铸焊焊接带的一侧，并未从铸焊焊接之处断裂，可见铸焊强度之高。在瓦窑坡墓地考古发掘资料的整理过程中，采用传统的焊接修复方法，使用云南锡业 63A 型铅锡合金焊料对刻纹铜斗实施了保护修复。p-XRF 分析显示，所用焊料的铅、锡含量接近共晶铅锡焊料配比，熔点在 183℃ 左右。X 射线影像分析结果显示（图 5-13 白色箭头所指部分），铜斗器身断裂处焊接修复使用的共晶型铅锡合金焊料中也存在较多的圆形孔洞。但仔细辨识即可发现，此种孔洞多位于铅锡合金焊料带的中间部位，与刻纹铜斗器身铅锡青铜焊接带的孔洞特征差异较大，其原因当与青铜器铸造时的铸造气孔缺陷类似。铸造气孔是青铜器铸造时的一种常见铸造缺陷，主要是由于铜液凝固时夹带气体未及时排出或浇铸时铜液温度较低所致[1]，与浇铸铜液的冷却速度较快有较大关系。在出土青铜器保护修复实

---

[1]　胡东波. 文物的 X 射线成像 [M]. 北京：科学出版社，2012：81～83.

图 5-14（左）
铜斗内壁屋部刻纹

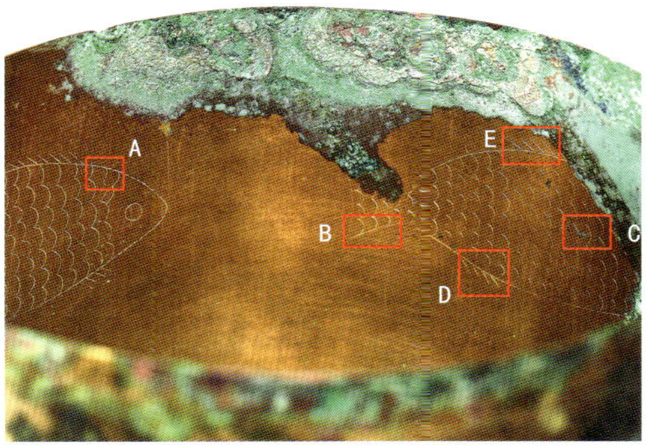

图 5-15（右）
铜斗内壁 A 处局部刻纹

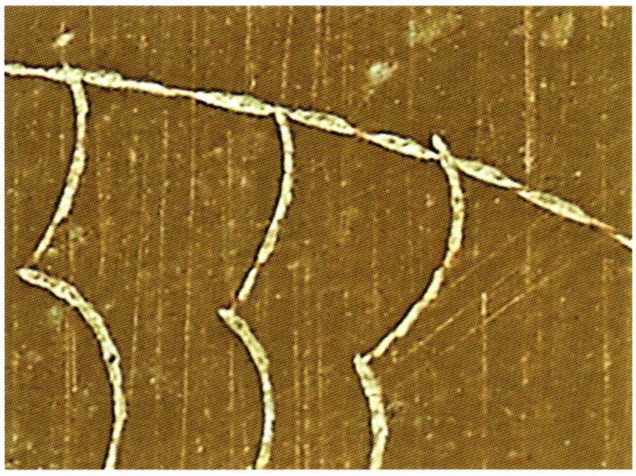

图 5-16（左）
铜斗内壁 B 处局部刻纹

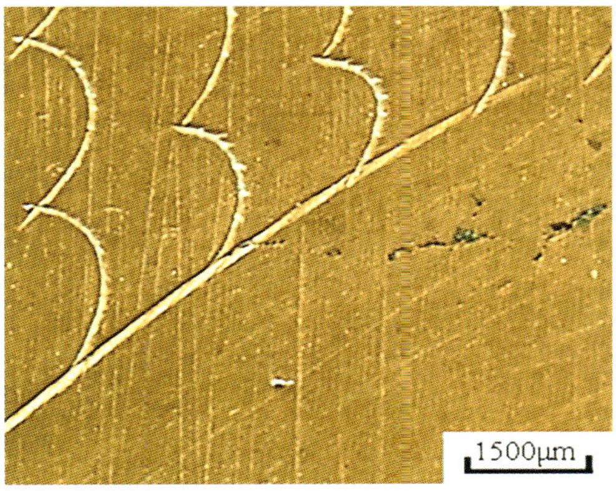

图 5-17（右）
铜斗内壁 C 处局部刻纹

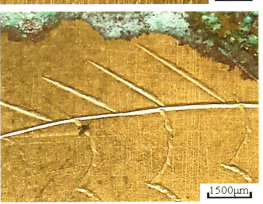

图 5-18（左）
铜斗内壁 D 处局部刻纹

图 5-19（右）
铜斗内壁 E 处局部刻纹

践中，使用 300W 的电烙铁即可将共晶型铅锡焊料熔化，并使用其对断裂青铜器实施焊接修复。在室温状态下，当使用烙铁将熔化的铅锡焊料置于刻纹铜斗器身断裂之处时，液态焊料会立即触及器身断裂处的接口，并迅速冷却和凝固。因而，器身 X 射线影像中传统焊接修复痕迹中的孔洞，当是熔化的液态铅锡焊料接触刻纹铜斗被焊部件后冷却速度较快，而其内部夹带的气体未及时排出所形成的气孔。

（5）刻纹形态

刻纹铜斗器身内壁均匀分布 4 条首尾相连的线刻鱼纹，器盖和器身外壁也

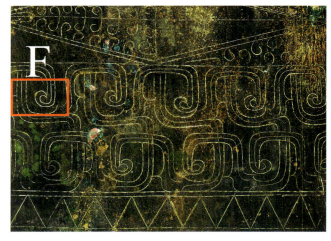

1. 铜斗外壁刻纹

2. 铜斗外壁 F 处局部刻纹

3. 铜斗外壁局部刻纹

4. 铜斗外壁局部刻纹

图 5-20

刻纹铜斗外壁刻纹

均满饰细如毫发的三角、勾连等线刻几何纹。

其中，器身内壁局部锈蚀程度较轻，有两条鱼纹极为清晰（图 5-14），左侧鱼纹头部轮廓（图 5-15）、右侧鱼纹尾部鳞纹与尾部轮廓（图 5-16）及躯体鳞纹（图 5-17）等部位不同弯曲程度的弧线均由数量不等的弯曲錾刻短线首尾相接组成，而且组成鱼纹轮廓的錾刻短线略长于组成鳞纹的錾刻短线，其原因当与鱼纹轮廓线弯曲程度较小有关。弧度越小，越易于錾刻，并且每次錾刻的长度也能更长。刻纹鱼鳞的弦长在 2mm ～ 5mm 之间，放大观察可见錾刻次数为 7 次～ 15 次，且弧度小的地方錾刻尺寸略长，弧度大的地方錾刻尺寸略短。而右侧鱼纹臀鳍（图 5-18）和背鳍（图 5-19）均由较长的錾刻短线组成，多数鳍条錾刻一次即成形，个别鳍条则錾刻了两次。

与内壁鱼纹类似，器身外壁几何纹、勾连纹中的直线和不同弯曲程度的弧

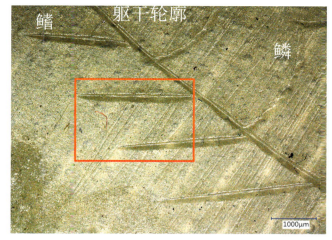

1. 铜斗内壁鱼纹鳍部（局部）　　　　　　　2. 铜斗内壁鱼纹鳍部（局部放大）

1. 铜斗内壁鱼纹躯干（局部）　　　　　　　2. 铜斗内壁鱼纹躯干（局部放大）

图 5-21（上）
铜斗内壁鱼纹鳍部显微形貌

图 5-22（下）
铜斗内壁鱼纹躯干显微形貌

线也均由尺寸不一的錾刻短线首尾相续、顺次相接而成（图 5-20）。其中，组成直线的錾刻短线略长，而组成弧线的錾刻短线略短，但其首端细、尾端粗的錾刻特征均较为显著。

此外，对拓印刻纹的硅胶进行显微观察时发现，刻纹铜斗器身内壁鱼纹中构成躯干轮廓、鳍及鳞的线条均分别由长度基本一致的楔形短线顺序相延组成。拓印硅胶中，左侧鱼纹背鳍长 2.3mm ～ 3.5mm，纵截面呈三角形（图 5-21）。头部轮廓线由明显的楔形短线首尾相连构成（图 5-22），首端较小，尾端较大，每条短线长 600μm ～ 1400μm，纵截面均呈三角形。右侧鱼纹尾部、躯干等轮廓也由明显的楔形短线首尾相连接构成，首端较小，尾端较大。背部轮廓由长度在 800μm ～ 1400μm 的短线构成。腹鳍由长度在 2.3mm ～ 3.4mm 的三角形短线构成，其中最长的一条为 2 刀錾刻而成，其余均为 1 刀錾刻而成。背鳍长度

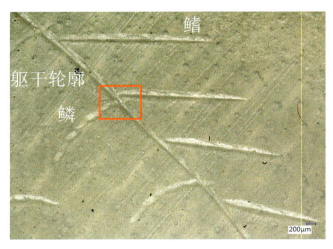

1. 铜斗内壁鱼纹鳍部和躯干（局部）　　　　　　2. 铜斗内壁鱼纹鳍部和躯干（局部放大）

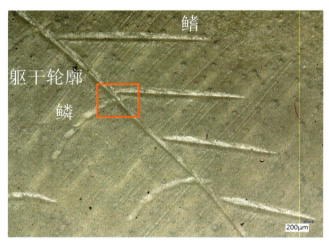

1. 铜斗内壁鱼纹鱼鳞（局部）　　　　　　　　　2. 铜斗内壁鱼纹鱼鳞（局部放大）

在 2.4mm ～ 3.4mm，纵截面均为三角形（图 5-23）。鱼鳞则由略小的截面呈三角形短线首尾相连接构成，并在弧度稍大的地方略长、弧度稍小的地方略短（图 5-24），长度在 180μm ～ 700μm。

器身外壁刻纹纹饰的直线、弧线及卷曲弧线等线条也均由楔形短线首尾依次衔接组成（图 5-25）。与内壁鱼纹类似，其直线、弧线也均由截面为三角形的楔形短线首尾相连接构成，直线长 400μm ～ 1200μm，弧线长 100μm ～ 500μm。整体而言，在弧度越大的地方，长度越短；弧度越小的地方，长度略长。由此可见，器身内、外壁刻纹图案中的直线、弧线及卷曲弧线等大部分均为长短不一的楔形短线断续相接或顺续相接组成，构成直线的楔形短线略长，构成弧线或卷曲弧线的楔形短线略短，仅在内壁鱼纹局部轮廓线中发现存在少许流畅、连贯且宽度较为一致的直线。而所有楔形短线均呈一端较为粗大、另一端

图 5-23（上）
铜斗内壁鱼纹鳍部和躯干显微形貌

图 5-24（下）
铜斗内壁鱼纹鱼鳞显微形貌

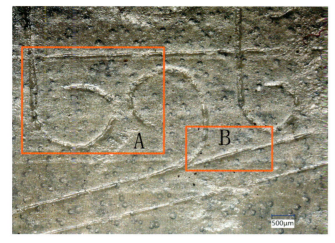

1. 铜斗外壁几何纹（局部）

2. 铜斗外壁几何纹 A 处（局部）

3. 铜斗外壁几何纹 B 处（局部）

4. 铜斗外壁几何纹弧线（局部）

图 5-25
铜斗外壁鱼纹局部显微形貌

略微细小的不规则形态，并且衔接、弯曲及转折之处均不流畅、不连贯。其长度和深度也存在一定的差异，弧度大的地方略高、略短，可能用力较深；弧度小的地方略低、略长，可能用力较小。

然而，需要指出的是，器身内壁构成刻纹鱼纹躯干的轮廓线和鳍的局部存在少量流畅、连贯，且着力均匀的线条，刻纹线条底部光滑、宽度较为一致，可能采用了刻画技法，一次成型。器盖残损较多，因此未对其表面的刻纹形态进行显微观察和分析，但其表面刻纹与器身外壁纹饰基本一致，推测其表面刻纹形态也应与器身外壁相差不大。此外，器身外壁刻纹直线均较为平直，推测在制作中很可能使用了类似直尺的辅助器具。

刻纹形态是刻纹技法和刻纹工具的综合反映，不同的技法和不同的工具往往会在青铜器表面留下不同的刻纹形态，而刻纹纵截面的形态则与刻纹刃具的刀头形态直接相关。▼类形态应是两面均为坡形的刀头所致，▶类形态应是一面为坡形、一面为较垂直的刀头所致。此件铜斗表面的刻纹均由纵截面呈三角形的楔形短线构成，由此可知錾刻时使用了刀头两面均为坡形的刻刀。

值得关注的是，山西曲沃北赵晋侯墓地西周晚期的晋侯稣钟[1] 和山东滕县春秋早期的杞薛铜簠[2] 中均发现利器阴刻的铭文。由此可见，两周之际已经存在较为尖锐且硬度较高的刻刀类器具，从而使得青铜器刻铭以及后来的青铜器刻纹成为可能。但从目前已刊布的材料来看，两周时期发现的刻刀类器具较少，仅在河南三门峡虢国墓地 M2001（两周之际）和山西侯马铸铜遗址（春秋中晚期）发现数件，且均为铜质，其首端均平直略窄，末段呈不同刃口，高约 13cm，刃口有平刃、斜直刃及斜弧刃三种[3]。虽然尚未发现铁质或钢质的刻刀类器具，但是两周之际或春秋时期使用陨铁、块炼渗碳钢制作的铁刃铜戈、刀、剑等兵器却有较多发现[4]，说明此时期应存在钢铁质地的刻刀类器具。一般而言，工具类青铜器的锡含量一般要远高于铜容器和乐器，但随着锡含量的增加，在硬度增加的同时，其脆性也会随之增大，因而可能较难用于青铜器的刻铭或刻纹，尤其是采用錾刻的方式。此件铜斗表面纹饰的錾刻器具很可能为钢质刻刀，而春秋时期刻纹铜器多使用錾刻技法，战国时期则多使用刻画技法[5]，除了技法逐渐娴熟之外，还可能与人工制钢技术逐渐成熟、钢质刃具性能愈加优越有关。

另外，关于刻纹铜器的兴起，学界尚有不同意见。李学勤根据出土遗物分布认为是南北方同时兴起[6]。刘建国、林留根及施玉平根据刻纹内容、器物形态及工艺传统等，认为兴起于南方之吴地[7]。李夏廷根据刻纹图案中的人物形象，认为原产地非晋莫属[8]。从这件目前年代最早的刻纹铜斗来看，其内壁图案写实，外壁图案为几何形，与年代略晚器物的刻纹内容有较大不同。不难看出，此件刻纹铜斗应属刻纹铜器的较早形态。虽然人工制钢所制作的刃具的出现和应用

---

[1] 北京大学考古学系，山西省考古研究所. 天马－曲村遗址北赵晋侯墓地第二次发掘[J]. 文物，1994（1）:2～28.

[2] 万树瀛，杨孝义. 山东滕县出土杞薛铜器[J]. 文物，1978（4）:95-96.

[3] 河南省文物考古研究所，三门峡市文物工作队. 三门峡虢国墓（第一卷）[M]. 北京：文物出版社，1999:92～94；山西省考古研究所. 侯马铸铜遗址（下）[M]. 北京：文物出版社，1993:图版289.

[4] 韩汝玢. 中国早期铁器（公元前5世纪以前）的金相学研究[J]. 文物，1998（2）:87～96；孙淑云，李延祥. 中国古代冶金技术专论[M]. 北京：中国科学文化出版社，2003:113.

[5] 刘建国. 春秋刻纹铜器初论[J]. 东南文化，1988（5）:83～90.

[6] 李学勤. 东周与秦代文明[M]. 北京：文物出版社，1991:229.

[7] 林留根，施玉平. 试论东周刻纹铜器的起源及其分期[J]. 文物研究（6），1990:191～195；张广立. 东周青铜刻纹[J]. 考古与文物，1983（1）:83～88.

[8] 李夏廷. 关于图像纹铜器的几点认识[J]. 文物季刊，1992（4）:45～54.

可能并不是刻纹铜器出现的必要条件，但其对刻纹铜器在春秋晚期和战国时期的迅速发展无疑起到了重要的推动作用。早期冶铁的最新研究也表明，黄河中游豫陕晋交界地带很可能是中原冶铁技术的起源地[1]。综合上述因素，有理由相信刻纹铜器应兴起于三晋地区。

2. 材质工艺多样化

合金成分分析和金相组织观察结果显示，刻纹铜斗的器盖、底及身均采用锡青铜热锻而成，并随后在器盖外壁和器身内、外壁采用刻纹方式饰以几何纹和鱼纹。立鸟盖钮和镂空蟠螭纹器柄则采用铅锡青铜铸造而成。可见，刻纹铜斗制作时，针对不同部位选用了不同类型的青铜合金，并采用了不同的加工工艺，其合金类型、加工工艺及装饰技法与刻纹铜斗各部位之间存在较为明显的对应关系，合金材质和加工工艺的选择具有较为显著的多样化特征。

从锡、铅含量来看，热锻成型的器盖、器底及器身锡含量为 11.7% ～ 13.8%，铅含量则均低于 2%。而铸造成型的立鸟盖钮和器柄锡含量为 16.2% ～ 19.5%，铅含量为 7.0% ～ 8.7%。不难看出，较之热锻成型且饰以刻纹的器盖、器底及器身，铸造成型且饰以较复杂立体造型的立鸟盖钮和前端为兽首、后端饰浅浮雕蟠螭纹的斗柄制作时，均使用了锡、铅含量均较高的铅锡合金。

锡青铜机械性能与锡含量关系图[2] 显示，随着锡含量的增加，锡青铜的硬度、抗拉强度会逐渐增加，但其塑性会随之降低。当锡含量低于 11% ～ 12% 时，随着锡含量的增加，抗拉强度逐渐增加，随后逐渐降低；当锡含量为 2% ～ 3% 时，延伸率最大，超过 5% 时则急剧下降，并在锡含量达到 23% 时降至零。因此，对于锻制青铜器而言，锡含量 10% ～ 15% 较为适宜，其抗拉强度、硬度及塑性均较好，而对于硬度要求较高的兵器及工具，其锡含量在 15% ～ 20% 则为佳。

然而，随着铅含量的增加，铅锡青铜的强度、硬度及延伸率等均会大为降低。考虑合金的综合机械性能，则锡含量 5% ～ 15%、铅含量小于 10% 的铅锡青铜具有较高的硬度和抗拉强度，并具有一定的塑性[3]。但是，由于铅一般不溶于铜或铜的化合物，在合金中主要呈游离态存在。因此，铅的加入可以改善和提高液态金属的流动性，使其填充铸型的能力增强，有利于铸造纹饰繁缛

---

[1] 陈建立，杨军昌，孙秉君，等. 梁带村遗址 M27 出土铜铁复合器的制作技术 [J]. 中国科学 E 辑，2009，39 (9) :1574 ～ 1581.

[2] D. Harson & W. T. Dell-Wapole. Chill-Cast Tin Bronzes, Edward Arnold & Co. London, 1951, 242 ～ 243.

[3] Chase, W. and Ziebold, T.O. Ternary Representations of Ancient Chinese Bronze Compositions.Archaeological Chemistry II Advances in Chemistry Series 171.Washington:American Chemical Society，1978:293 ～ 294；邵安定，孙淑云，梅建军，等. 甘肃礼县大堡子山秦公墓出土金属器的科学分析与研究 [J]. 文物 .2015 (10)：86 ～ 96.

复杂的青铜器[1]。再者，铅的熔点较低，一般在青铜熔液最后凝固，也有利于在合金凝固的最后阶段填补枝晶间的空隙，这些均有利于形态复杂和纹饰精细器物的成功铸造。

结合合金成分分析结果，可以看出，采用锡青铜锻制成型的器盖、器底及器身的锡含量（11.7% ～ 13.8%）均在较为合理的范围之内。而立鸟盖钮和蟠螭纹斗柄的铅锡青铜材质选择及其铅含量均低于 10% 的合金配比，既保证了一定的机械强度，又增加了合金溶液的流动性，提高了合金溶液的充型能力，进而确保了器物铸制时纹饰更加清晰、外形更加规整。此外，热锻加工会使青铜器的组织发生再结晶，从而使其晶粒细化、成分偏析减少、脆性相分解或减少及固溶体中锡含量均匀化，进而使组织致密，消除铸造缺陷，改善机械性能，提高相关的强度指数、韧性及塑性，并使其硬度下降，有助于后期的刻纹装饰。刻纹铜斗器盖热锻组织中所显示的少量滑移线，可能是热锻时器物降温较快、在再结晶温度之下少量锻打所致。R. Chadwick 的锻造模拟实验表明，锡青铜存在 2 个韧性锻区：锡含量为 18% 以下的在 200℃ ～ 300℃ 范围内，锡含量为 20% ～ 30% 的在 500℃ ～ 700℃ 范围内[2]。此件刻纹铜斗的锻制器盖、器底及器身锡含量为 11.7% ～ 12.9%，应在 200℃ ～ 300℃ 范围内锻制成型。可以看出，此件刻纹铜斗各部位的材质选择与其成型和装饰工艺匹配较好，说明当时的工匠已经能够根据器物类型和用途的不同而选用不同的合金配比，并已经能够较好地把握合金配比与铜合金浇铸性能和机械性能之间的关系。此外，此件刻纹铜斗的复合材质和成型工艺，应该也是刻纹铜器早期阶段的一种重要技术现象。

3. 焊接工艺多样化

在刻纹铜斗的制作过程中，古代匠师分别采用了镴焊（低温铅基焊料）和铜焊（高温铜基焊料）两种焊接方式对锻制器盖和铸制立鸟盖钮、锻制器身以及锻制器身与铸制器柄进行了铸焊连接，其焊接技术具有较为显著的多样化特征。

结合刻纹铜斗的结构特征和 X 射线影像，可将其组装过程简述如下：

（1）器盖（锡青铜）锻制成型，刻纹，并在中心位置预留一个工艺孔。待立鸟盖钮（铅锡青铜）铸造成型后，将其底部接榫插入器盖中心工艺孔内，并在出露接榫外围制作简易铸型。最后，向铸型内浇注液态铅焊料，实现器盖与

[1] 苏荣誉，华觉明，李克敏，等. 中国上古金属技术 [M]. 济南：山东科学技术出版社，1995：282.
[2] Chadwick，R.. The Effect of Composition and Constitution on the Working and on Some Physical Properties of the Tin Bronzes. Journal of Institute of Metals，1939，64(1)：331 ～ 346.

立鸟盖钮的铸焊连接。此种铸焊方式与现代铸铆技术极为相似，也有学者称其为铸焊铆、铸铆焊或铸铆等，但究其实质也应属于铸焊范畴。

（2）器身（锡青铜）锻制成型，刻纹。将其弯曲成筒形，接口对接，并在接口附近制作简易铸型。随后，向铸型内浇注液态铅锡青铜焊料，实现器身铸焊连接。出土时，此件铜斗器身断裂为两部分，但断裂却并未在焊口之处，而在略远离器身焊口的位置。焊接处保存完好，未见损坏，可见当时焊接技术水平之高、焊口强度之大。据此推测，铸焊连接时，器身对接接口处可能设置了一定长度的接榫，其位置应在器身外壁与器柄前端接触的部位。

（3）器柄（铅锡青铜）前端兽首设计为空心结构，兽首底部预留工艺孔。待铸造成型后，将其与器身外壁预留的接榫相合，使接榫从兽首口中插入兽首内部，再在周围设置简单铸型，并将铸焊浇口设置于兽首底部的工艺孔上。最后，浇铸铜基焊料，液态焊料沿工艺孔进入兽首内部，与器身外壁及接榫相接触。待铜合金焊料凝固后，与器身外壁接榫形成类似卡锁式铸焊结构。

从目前的考古发现来看，三星堆祭祀坑铜树树座使用的铸焊连接应是先秦青铜器中所见运用铜焊最早的实物例证[1]。随后，在西周时期的宝鸡强国墓地、曲沃晋侯墓地、绛县横水墓地等出土铜瓿腹壁和挂算勾的连接，以及战国时期的曾侯乙墓建鼓鼓座龙形饰件与座体连接等均采用了铜焊技术。此种焊料凝固后形成的卡锁式连接，应是先秦铸焊技术的典型特征，其技术渊源可能来源于青铜器的铸补技术[2]。仅就目前而言，先秦时期铜焊的科学分析研究相对较少，尚未见到有关此时期铜焊焊料的相关检测分析结果发表。

如前所述，中国目前发现年代最早的低温镴焊焊料实例应属河南三门峡虢国墓地两周之际时期凤鸟纹铜壶器耳处铅含量 91% 以上的铅基焊料。春秋时期，镴焊焊料的合金成分仍无明显的规律，以高铅的铅基焊料或高锡的锡基焊料为主，铅锡合金焊料较少，并在春秋晚期出现了少量接近共晶成分的铅锡焊料。铅一般不与铜或锡互溶，镴焊连接时仅起到物理填充或固定作用，因此仅用铅料镴焊焊接的部位较容易脱落。而锡却因能与铜反应形成金属间化合物而与铜能够形成较为牢固的焊接层，镴焊效果较好。

从操作和功效的角度来看，较之镴焊，铜基焊料的熔点较高，操作过程也

[1] 曾中懋. 三星堆出土铜器的铸造技术 [J]. 中原文物，1994（6）：68 ~ 69；俞杨阳. 三星堆青铜器焊接技术比较研究 [J]. 哈尔滨学院学报，2014（1）：122 ~ 124.

[2] 金正耀. 中国先秦铸焊技术的源流与特征 [C]// 山东大学东方考古研究中心. 东方考古研究通讯（7），2006：49；华觉明、郭德维. 曾侯乙墓青铜器群的铸焊技术和失蜡法 [J]. 文物，1979（7）：46 ~ 48.

相对复杂，但其焊接强度却较高。显然，在实际使用中，铜斗器身、器身与器柄的连接部位所需力学强度要远远大于立鸟盖钮与器盖的连接部位。因此，古代匠师分别使用铅基焊料和铜基焊料对立鸟盖钮和器身及器身与器柄进行焊接连接的技术选择是适宜的，既满足了各部位对焊接强度的需求，又在一定程度上提高了生产效率。可见，此时期的古代匠师已对铜焊和镴焊的不同功效有了较为深入的认识，能够针对不同的实际需要，有选择性地使用不同的铸焊技术。再者，使用此种方法组装起来的器物，出土时其连接部位仍十分牢固，也从另一个侧面反映了此时期铸焊技术之娴熟、工艺之精湛。

值得关注的是，这件刻纹铜斗是目前发现采用铸焊技术实施青铜器锻制部件连接和锻制部件与铸制部件连接的最早实物例证，也是最早采用焊接技术实施青铜器主体部件组装的实物例证。

4. 纹饰制法多样化

铜斗器身内壁饰 4 条首尾相对的鱼纹（图 5-26），器盖和器身外壁均饰三角纹或勾连纹，纹饰中长短不等的直线和弯曲程度各异的弧线则均由尺寸不一的錾刻短线首尾相续、顺次相接组成，且短线多数首端较纤细，尾端略粗大，錾刻痕迹极为明显，应为錾刻而成；然而，器盖立鸟（图 5-27）、器柄前端兽首（图 5-28）及后端镂空、纠结的蟠螭纹（图 5-29 ～ 图 5-31）则铸态特征极为明显，当为铸造而成。前已述及，器盖、器壁均为锡青铜热锻而成，而立鸟盖钮和器柄则均为铅锡青铜铸造而成。

可见，在制作铜斗时，针对不同类型的合金和加工工艺部件，选择了不同的装饰技法，合金类型、加工工艺及装饰技法与铜斗各部位之间存在较为明显的对应关系，其纹饰制法也具有较为显著的多样化特征。此外，刻纹铜斗器柄

图 5-26（左）
铜斗内壁刻纹

图 5-27（右）
铜斗器盖立鸟盖钮

图 5-28 铜斗器柄前端兽首

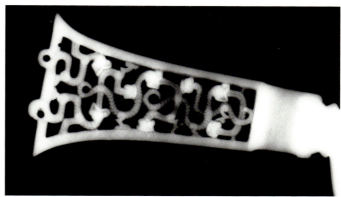

图 5-29 铜斗器柄后端蟠螭纹 X 射线影像

图 5-30 铜斗器柄后端蟠螭纹正面

图 5-31 铜斗器柄后端蟠螭纹背面

图 5-32 侯马铸铜遗址当卢模及线图 [1]

[1] 山西省考古研究所.侯马陶范艺术 [M].美国：普林斯顿大学出版社，1994：13 ～ 17.

的镂空蟠虺纹，其虺蛇撕咬的构图风格和铸制技法与春秋晚期侯马铸铜遗址发现的镂空虺蛇撕咬当卢陶模（图 5-32）应具有较为密切的联系。

5.2 其他青铜器

铸造工艺考察结果显示，除 M30 刻纹铜斗以外，瓦窑坡墓地春秋中晚期铜鼎、匜、盘、舟、敦、簠、盆及壶等铜容器的主附件连接工艺和铸型分范方式也具有较为显著的工艺多样化特征。

1. 连接工艺多样化

瓦窑坡墓地出土铜容器的曲尺形钮、环形钮、器耳、器足及錾等附件与主体的连接工艺多样化主要体现在以下两个方面，且基本涵盖了春秋中期偏晚、春秋中晚期之际、春秋晚期早段及春秋晚期晚段四个阶段。

（1）不同附件的连接工艺不同

瓦窑坡墓地出土的部分铜鼎、匜、敦、鉴、壶、簠、盘、豆、瓿及镈的曲尺形钮、环形钮、器耳、器足及器錾等附件的连接工艺也不相同（详见表 5-2）。

表 5-2 瓦窑坡墓地部分铜容器主附件连接工艺（不同附件）统计表

序号	器物名称	年代	器物编号	附件					
				曲尺形钮	环形钮	器耳	器足	器錾	其他
1	铜鼎	春秋中期偏晚	M29:8			铸销	铸接		
			M30:16	嵌范浑铸	铸接	铸接			
		春秋中晚期之际	M17:5		铜焊镦焊铸接	铸接	铸接		
			M21:5		铸接	铸接	镦焊		
			M21:7		铸接	铸接	镦焊		
			M21:9		铸接	铸接	镦焊		
		春秋晚期晚段	M36:6		嵌范浑铸	铸接	铸接		
2	铜匜	春秋中期偏晚	M30:19				铸接	浑铸	
		春秋中晚期之际	M21:3				镦焊	浑铸	
		春秋晚期早段	M22:5				镦焊	浑铸	

续表

序号	器物名称	年代	器物编号	附件					
				曲尺形钮	环形钮	器耳	器足	器鋬	其他
3	铜敦	春秋中晚期之际	M17:3		嵌范浑铸	铸接	铸接		
			M21:8		铸接	铸接	镴焊		
		春秋晚期早段	M20:2		嵌范浑铸	嵌范浑铸	镴焊		
			M20:7		嵌范浑铸	嵌范浑铸	镴焊		
			M22:2		铸接	嵌范浑铸	铸接		
			M22:3		铸接	嵌范浑铸	铸接		
			M23:14		铸接	嵌范浑铸	铸接		
			M23:19		铸接	嵌范浑铸	镴焊		
4	铜鉴	春秋中期偏晚	M29:1			铸销			铸接
			M29:2			铸销			铸接
5	铜壶	春秋中期偏晚	M30:15			铸销			铸接
			M30:16			铸销			铸接
6	铜簋	春秋中期偏晚	M30:27			铜焊			铸接
7	铜盘	春秋中期偏晚	M18:5			铜焊	铸接		
		春秋晚期早段	M20:10			浑铸	镴焊		
			M20:11				镴焊	浑铸	
			M22:4			铜焊	铸接		
8	铜豆	春秋晚期晚段	M36:2			嵌范浑铸			铸接
9	铜甗	春秋晚期晚段	M25:5			铸接	浑铸		
10	铜镬	春秋晚期早段	M22:9		铸接	嵌范浑铸			

（2）相同附件的连接工艺不同

瓦窑坡墓地青铜器中，部分铜容器上的相同附件使用了不同的连接工艺（表5-3）。例如：铜匜M18:4的三足分别采用了铸接和浑铸两种连接工艺；铜盆M18:13的两环耳分别采用了铸接和铸铆两种连接工艺；铜鼎M17:5器盖的3个环形钮分别采用了铸接、铜焊及镶焊3种连接工艺。

另外，瓦窑坡墓地春秋中晚期之际铜器墓（M17、M21）中铜鼎的器盖环形钮使用了铸接、铜焊及镶焊三种连接工艺，春秋晚期早段铜器墓中铜盘的器耳使用了铸接、浑铸及铜焊三种连接工艺，其他器类则多使用了两种不同的连接工艺。

表5-3 瓦窑坡墓地部分铜容器主附件连接工艺（相同附件）统计表

序号	器类	组别	附件					
			曲尺形钮	环形钮	器耳	器足	器鋬	其他
1	铜鼎	春秋中期偏晚	铸接 嵌范浑铸	铸接	铸接 铸销	铸接		
		春秋中晚期之际		铸接 铜焊 镶焊	铸接	铸接 镶焊		
		春秋晚期早段			铸接	铸接		
		春秋晚期晚段		嵌范 浑铸	铸接	铸接		
2	铜匜	春秋中期偏晚				铸接 浑铸	浑铸	
		春秋中晚期之际				镶焊	镶焊 浑铸	
		春秋晚期早段				镶焊 浑铸	浑铸	
3	铜盘	春秋中期偏晚			铜焊 铸接	铸接		
		春秋中晚期之际			浑铸 铸接	铸接		
		春秋晚期早段			浑铸 铜焊 铸接	镶焊 铸接		
4	铜舟	春秋中期偏晚	铸接	铸接	铸接			
		春秋中晚期之际			铸铆			
		春秋晚期早段			嵌范浑铸 铸接			
		春秋晚期晚段			嵌范 浑铸			

续表

序号	器类	组别	附件					
			曲尺形钮	环形钮	器耳	器足	器錾	其他
		春秋中期偏晚	铸接		铸接			
5	铜敦	春秋中晚期之际		铸接	嵌范浑铸 铸接	铸接 镦焊		
		春秋晚期偏早		嵌范浑铸铸接	嵌范浑铸	铸接 镦焊		
6	铜簋	春秋中期偏晚			铜焊 铸接			
7	铜盆	春秋中期偏晚			铸接 铸铆			
8	铜壶	春秋中期偏晚			铸销			
		春秋晚期晚段			镦焊			
9	铜鉴	春秋中期偏晚			铸销			流 铸接
10	铜镦	春秋晚期早段		铸接	嵌范浑铸			
11	铜甗	春秋晚期晚段				铸接	浑铸	

此外，就数量而言，瓦窑坡墓地 M18、M26、M29 及 M30（春秋中期偏晚）出土的 44 件铜容器中有 8 件使用了两种或两种以上的主附件连接工艺，M17 和 M21（春秋中晚期之际）出土的 15 件铜容器中有 7 件使用了两种或两种以上的主附件连接工艺，M20、M22 及 M23（春秋晚期早段）出土的 23 件铜容器中有 11 件使用了两种或两种以上的主附件连接工艺，M25 和 M36（春秋晚期晚段）出土的 5 件铜容器中有 2 件使用了两种或两种以上的主附件连接工艺。可以看出，春秋中晚期阶段，具有主附件连接工艺多样化特征的铜容器数量有逐渐增多的趋势（18% ～ 48%）。

2. 分范方式多样化

铸造工艺考察结果显示，瓦窑坡墓地春秋中晚期铜鼎、匜、盘、舟、敦、簋、

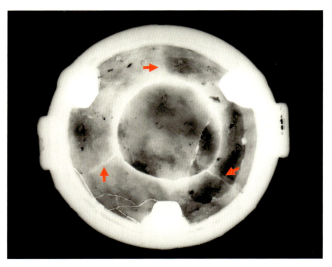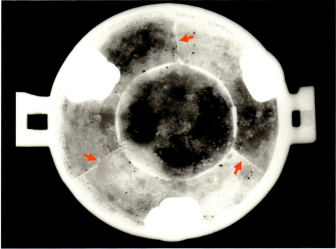

图 5-33 铜鼎器腹范线（铸型三分外范）1. 铜鼎 M29:48 腹底范线（左） 2. 铜鼎 M30:17 器腹范线（右）

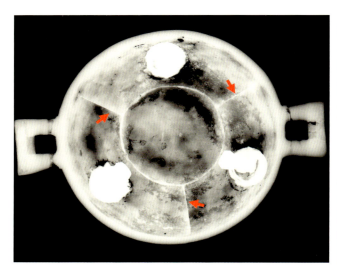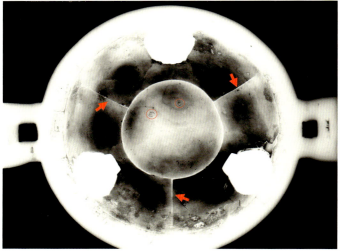

3. 铜鼎 M17:2 器腹范线 4. 铜鼎 M23:22 器腹范线

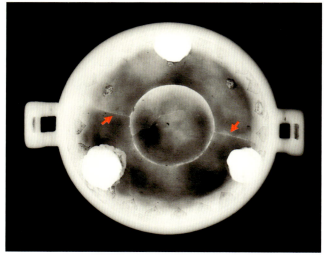

图 5-34 铜鼎器腹范线（铸型两分外范）1. 铜鼎 M23:13 器腹范线（左） 2. 铜鼎 M36:6 器腹范线（右）

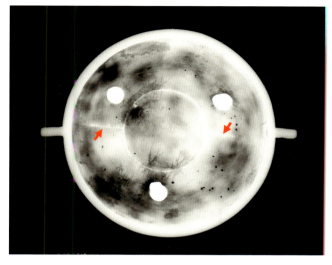 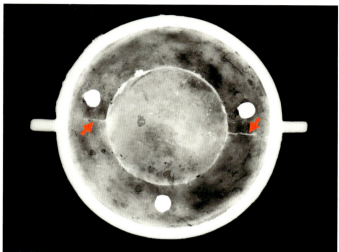

图 5-35 铜敦器腹范线（铸型两分外范）　1. 铜敦 M17:3 器腹范线（左）　2. 铜敦 M20:2 器腹范线（右）

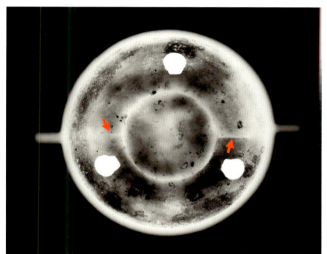 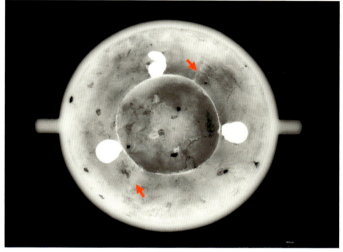

3. 铜敦 M22:2 器腹范线　　　　　　　　　　　4. 铜敦 M23:19 器腹范线

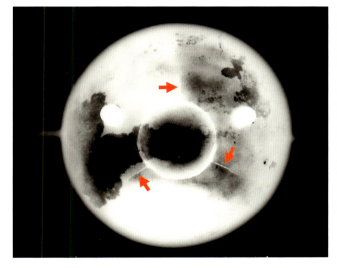 

图 5-36 铜敦 M21:8 和 M21:10、12 器腹范线（铸型三分外范）　1. 铜敦 M21:8 器腹范线（左）　2. 铜敦 M21:10、12 器腹范线（右）

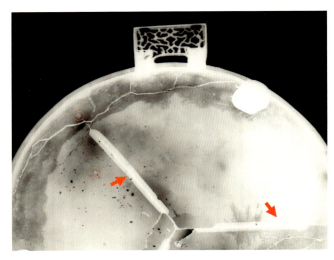

图 5-37 铜盘器腹范线（铸型三分外范）1. 铜盘 M29:12 器底范线（左）　2. 铜盘 M23:18 器底范线（右）

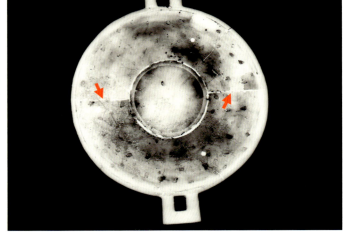

图 5-38 铜盘 M20:10 器腹范线（铸型两分外范）1. 铜盘 M20:10 器底（左）　2. 铜盘 M20:10 器底范线（右）

盆及壶等容器的铸型分范方式也具有较为显著的工艺多样化特征。

　　30 件铜鼎中，28 件三分外范（图 5-33），但铜鼎 M23:13 和 M36:6 却两分外范（图 5-34）。10 件铜敦中，8 件两分外范（图 5-35），但铜敦 M21:8 和 M21:10、12 却三分外范（图 5-36）。8 件铜盘中，7 件三分外范（图 5-37），但铜盘 M20:10 却两分外范（图 5-38）。2 件铜豆中，M30:25 三分外范，M36:2 却两分外范。

　　此外，铜簠 M30:27 和 M30:33 虽然均为三分外范，但其分范位置却并不相同（图 5-39），其器耳与主体也分别使用了铜焊和铸接工艺进行连接。铜敦 M23:14 和 M23:19 虽均为两分外范，但其分范位置也不相同（图 5-40），其器耳与主体也分别使用了铸接和镶焊工艺进行连接。

图 5-39 铜簋器腹范线及铸型三分外范示意 1. 铜簋 M30:27 器腹范线（左） 2. 铜簋 M30:33 器腹范线（右）

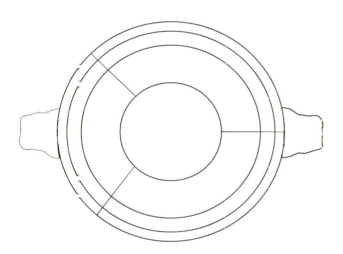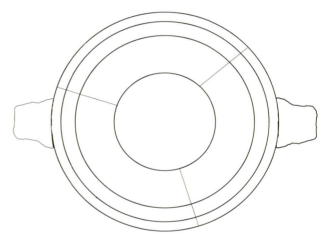

3. 铜簋 M30:27 铸型分范示意　　　　　　　　　4. 铜簋 M30:33 铸型分范示意

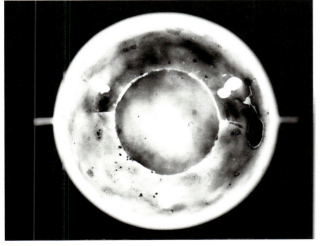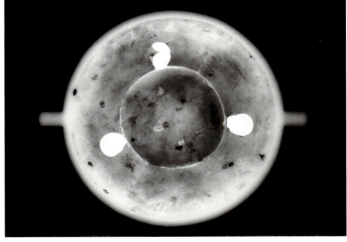

图 5-40 铜敦腹底范线（铸型两分外范） 1. 铜敦 M23:14 器腹范线（左） 2. 铜敦 M23:19 器腹范线（右）

5.3 小结

结合以上分析，可以得到以下认识：

（1）瓦窑坡墓地春秋中晚期青铜器生产中的工艺多样化主要体现在合金材质与加工工艺、主附件连接工艺、纹饰制法及铸型分范方式四个方面，其中尤以 M30 出土的春秋中期刻纹铜斗最为典型。

（2）此种工艺多样化表明，较之西周时期，春秋中晚期的古代匠师在青铜器的制作中已经拥有了较大的自由度和较多的操作空间，可以借鉴和尝试多种新方法和新工艺，并进而根据不同的需求，形成了许多独特的技术创新和巧妙的工艺设计。

（3）刻纹铜斗的科学分析，既是对东周锻制铜容器和刻纹铜器制作技术的补充和完善，也将刻纹铜器出现的年代上限提前至春秋中期，对于深入揭示和认识东周刻纹铜器的制作工艺、锻造技术及焊接技术的发展等具有重要意义。

第六章 物料供应

微量元素示踪和铅同位素比值分析是目前青铜器矿料溯源研究中两种主要的技术手段，广泛应用于各时期青铜器的矿料来源和青铜文化交流研究。采用 ICP-MS 和 ICP-AES 两种检测分析手段，对瓦窑坡墓地春秋中晚期铜器墓出土的 61 件青铜器进行了微量元素和铅同位素比值分析，并与相关两周之际或春秋早期、春秋晚期及东周时期青铜器的微量元素和铅同位素比值辑录数据进行了比较分析，结果表明春秋时期晋国青铜器生产所用铜、铅物料供应在春秋中晚期发生了较为显著的转变或变化。

6.1 样品概况

按照瓦窑坡墓地铜器墓的年代早晚，将经微量元素和铅同位素比值分析的金属基体样品简述如下：

第一组：春秋中期偏晚阶段，涉及铜器墓 M18、M26、M29 及 M30，共涉及青铜器 25 件、分析样品 28 件。其中，M18 涉及铜鼎 1 件、铜盘 1 件、铜壶 1 件、铜盆 1 件，M26 涉及铜鼎 1 件，M29 涉及铜鉴 2 件、铜鼎 5 件、铜盘 1 件、铜甗 1 件、铜盾钖 1 件、铜编钟 1 件、铜镞 1 件，M30 涉及铜壶 1 件、铜鼎 4 件、铜斗 1 件、铜簠 1 件、铜盘 1 件、铜簋 1 件。

第二组：春秋中晚期之际阶段，涉及铜器墓 M17 和 M21，共涉及青铜器 9 件、分析样品 9 件。其中，M17 涉及铜鼎 2 件、铜舟 1 件，M21 涉及铜鼎 3 件、铜敦 2 件、铜舟 1 件。

第三组：春秋晚期偏早阶段，涉及铜器墓 M20、M22 及 M23，共涉及青铜器 19 件、样品 23 件。其中，M20 涉及铜敦 2 件、铜鼎 2 件、铜盘 1 件、铜匜 1 件，M22 涉及铜敦 2 件、铜盘 1 件、铜匜 1 件、铜舟 1 件，M23 涉及铜编钟 2 件、铜鼎 3 件、铜敦 1 件、铜盏 1 件、铜匜 1 件。

第四组：春秋晚期偏晚阶段，涉及铜器墓 M25 和 M36，共涉及青铜器 6 件、分析样品 6 件。其中，M25 涉及铜甗 1 件、铜戈 1 件、铜贝币 1 件、铜器钮 1 件，M36 涉及铜壶 1 件、铜舟 1 件、铜敦 1 件。

6.2 分析方法

1. ICP–MS 和 ICP–AES 微量元素分析

微量元素分析分别在美国密苏里大学哥伦比亚分校科技考古实验室和北京大学考古文博学院科技考古实验室进行，所用仪器分别为 ICP-MS 和 LEEMAN LABS 公司生产的 Prodigy SPEC 型 ICP-AES。

首先，对金属基体样品进行严格的表面除锈处理，直至露出金属基体，清洗后使用电子天平称重、记录；随后，加入一定体积的无机酸，加热使其完全溶解，转移定容至 100ml 容量瓶中，摇匀；最后，使用 ICP-MS 或 ICP-AES 测试样品的微量元素。实验条件为：RF 功率，1.1KW；氩气流量，20L/min；雾化器压力，30psig；蠕动泵速率：1.2ml/min；积分时间：30sec/time。ICP-AES 实验所用标准溶液由钢铁研究总院研制的单一国家标准溶液配制而成。而 ICP-MS 测试时，通过对部分样品进行重复测试，验证了检测数据的精确度。

2. ICP–MS 铅同位素比值分析

铅同位素比值分析分别在美国密苏里大学哥伦比亚分校科技考古实验室和北京大学地球与空间学院造山带与地壳演化教育部重点实验室进行，使用仪器分别为 ICP-MS 和 MC-ICP-MS（VG Elemental 型）。

根据 ED-XRF 分析结果，瓦窑坡墓地青铜器铅含量普遍较高，因此采用直接酸溶解的方法对样品进行前处理。具体分析步骤如下：取 10mg 左右的样品，用超纯硝酸（BMVIII 级）溶解，滤除不溶物，并将溶液定容至 100ml；使用 ICP-MS 或 MC-ICP-AES 测定定容后清液中的铅含量数值，并根据测量结果添加去离子水将其稀释到 400ppb ～ 1000ppb 左右，使用 ICP-MS 进行铅同位素比值分析。

在铅同位素比值测试过程中，使用国际铅同位素标准溶液 NBS SRM981 对仪器进行外部校正，每测试 2 个或 3 个样品即测试一次 SRM981。同时，在使用 ICP-MS 测量时重复测量部分样品以验证数据的精确度。

6.3 分析结果

（1）ICP-MS 微量元素分析

使用 ICP-MS 对瓦窑坡墓地出土的 45 件青铜器进行了微量元素分析（详见表 6-1），涉及 M18 铜容器 1 件，M29 铜容器、编钟及盾钖等兵器 11 件，M30 铜容器 9 件，M23 铜容器、编钟 8 件，M17 铜容器 3 件，M20 铜容器 6 件，M21 铜容器 4 件，M25 铜容器、兵器及贝币 3 件。测试时，为了验证微量元素数据的精确性，对瓦窑坡墓地铜甂 M29:13 和铜鼎 M23:16 金属基体样品进行重复测试，结果显示微量元素数据精确性较好。

表 6-1　瓦窑坡墓地青铜器 ICP-MS 微量元素分析结果

序号	器物编号	器物名称	微量元素 （ug/g）					
			As	Sb	Ag	Ni	Co	Bi
W1	M18:1	铜鼎	1460	453	938	363	187	491
W2	M29:1	铜盨	1610	221	397	366	472	685
W3	M29:2	铜盨	1000	2100	983	197	141	372
W4	M29:3	铜鼎	1410	387	1010	503	160	708
W5	M29:4	铜鼎	1480	519	1190	533	112	748
W6	M29:5	铜鼎	1570	526	1200	506	115	727
W7	M29:8	铜鼎	1950	426	899	377	125	352
W8	M29:12	铜盘	2000	1410	2410	474	98.6	656
W9	M29:13	铜甂	2840	830	1610	548	196	692
W10R	M29:13	铜甂	3130	788	1720	600	188	775
W11	M29:34	盾钖	1500	522	891	335	142	513
W12	M29:25	编钟	1720	555	1280	302	159	387
W13	M29:28	铜镞	1320	1490	1110	336	139	289
W14	M29:48	铜鼎	1260	551	1270	524	106	710
W15	M30:14	铜壺	1760	529	997	459	193	403
W16	M30:16	铜鼎	1570	441	730	368	209	570
W17	M30:17	铜鼎	1630	527	929	387	192	561
W18	M30:18	铜鼎	1420	674	1060	318	118	533
W19	M30:20	铜甗	675	214	898	187	51	471
W20	M30:30	铜盨	1580	478	788	367	187	508
W21	M30:32	铜盘	1640	414	1250	388	183	466
W22	M30:33	铜盨	1540	351	649	370	234	557
W32	M17:2	铜鼎	3910	984	2120	301	79	228

序号	器物编号	器物名称	微量元素（ug/g）					
			As	Sb	Ag	Ni	Co	Bi
W33	M17:5	铜鼎	3680	1030	1700	242	57	266
W34	M17:9	铜舟	4000	905	2510	303	65	255
W41	M21:5	铜鼎	7100	1080	1590	386	140	229
W42	M21:7	铜鼎	5880	830	1370	436	140	202
W43	M21:8	铜敦	4060	1180	1960	458	99	264
W44	M21:10	铜敦	9500	1380	1590	403	145	213
W35	M20:2	铜敦	2130	274	839	311	172	564
W36	M20:7	铜敦	3920	1080	1260	270	61	216
W37	M20:9	铜鼎	3330	1120	1190	249	48	271
W38	M20:10	铜盘	4190	1040	1090	319	55	127
W39	M20:11	铜匜焊料	2450	824	736			70
W40	M20:12	铜鼎	3860	1280	1230	296	55	162
W23	M23:11	编钟	3370	1100	1180	283	17	158
W24	M23:29	编钟	3980	1210	1320	290	43	172
W25	M23:13	铜鼎	3420	946	1590	266	49	170
W26	M23:14	铜敦	2630	895	1490	301	45	294
W27	M23:18	铜盘	2510	567	1450	405	342	409
W28	M23:16	铜鼎	3710	1070	1230	356	66	139
W29R	M23:16	铜鼎	3940	1030	1260	353	62	137
W30	M23:22	铜鼎	4110	1210	1220	341	67	199
W31	M23:23	铜匜	3980	1180	1110	323	64	153
W45	M25:5	铜甗	3850	1100	2100	237	62	275
W46	M25:23	铜戈	3890	1270	1520	302	58	235
W47	M25-1	贝币	2930	1180	1350	245	27	302

较之同墓葬铜容器金属基体，铜匜 M20:11 铅金属镴焊焊料的 Co、Ni 及 Bi 元素含量均较少，两者差异较大。为了深入分析此批青铜器铜料之间的相关性，使用社会科学统计软件 SPSS 绘制了 As/Sb-Ag/Bi 和 Co/Ni-Ag/Bi 散点图（图 6-1、图 6-2）。可以看出，瓦窑坡墓地春秋中期偏晚阶段铜器墓 M18、M29 及 M30 的大多数青铜器与春秋晚期阶段铜器墓 M20、M23 及 M25 青铜器分别聚集于不同区域。

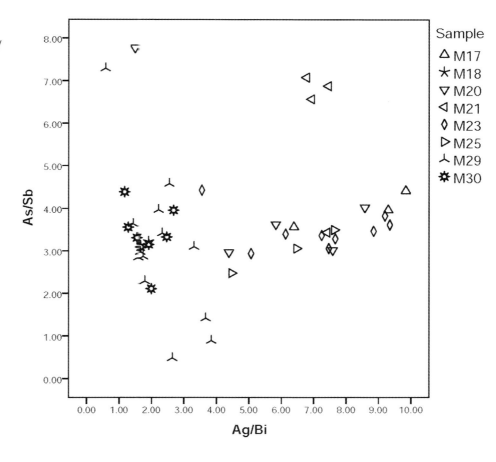

图 6-1

瓦窑坡墓地青铜器 As/Sb-Ag/Bi 散点图

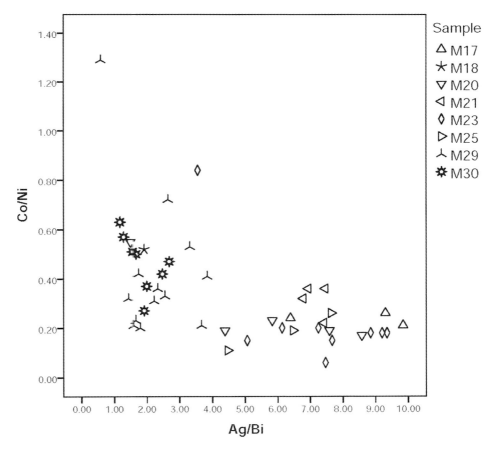

图 6-2

瓦窑坡墓地青铜器 Co/Ni- Ag/Bi 散点图

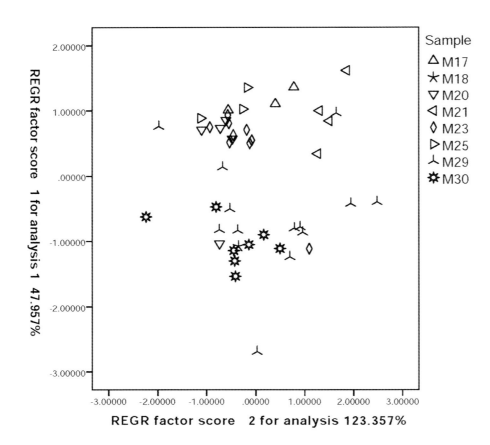

图 6-3
瓦窑坡墓地青铜器因子
分析散点图

另外，羊舌墓地青铜器的微量元素分析结果显示，锡料的添加会对青铜器中 Bi 元素含量产生较大影响[1]，因此去除与锡含量相关的 Bi 元素，以 As、Sb、Ag、Ni 及 Co 五种铜料示踪元素作为变量，使用社会科学统计软件 SPSS 又对瓦窑坡墓地青铜器微量元素进行了因子分析（图 6-3），分析结果也显示出年代较早的 M18、M29 及 M30 大多数青铜器与年代较晚的春秋晚期青铜器分别聚集于不同区域。

由此可见，瓦窑坡墓地 M18、M29 及 M30 多数青铜器生产所用铜料与 M17、M20、M21、M23 及 M25 等其他铜器墓青铜器生产所用铜料具有较大不同，可能具有不同的来源。

2.ICP-AES 微量元素分析

采用 ICP-AES 对瓦窑坡墓地出土 10 件青铜器金属基体样品和 3 件镶焊焊料或铅足样品进行了微量元素补充分析（详见表 6-2），涉及 M18 铜容器 3 件、M26 铜容器 1 件、M22 铜容器 4 件、M36 铜容器 2 件。

---

[1] 南普恒，潜伟，李延祥，等. 羊舌晋侯墓地铜器矿料来源的微量元素分析[J]. 中原文物，2017（2）：100～106.

表 6-2　瓦窑坡墓地部分青铜器 ICP-AES 微量元素分析结果

实验编号	器物编号	器物名称	微量元素（ug/g）								
			As	Sb	Ag	Ni	Co	Bi	Se	Te	Au
W48	M18:5	铜盘	2046	1350	1901	365	184	736	256	265	36
W49	M18:7	铜罍	1984	830	2066	414	257	765	80	357	53
W50	M18:13	铜盆	1275	1461	2579	443	174	619	80	353	50
W51	M26:1	铜鼎	1134	1861	2115	371	94	656	78	254	34
W59	M21:9	鼎足焊料	171	2209	1941	4			202		
W60	M22:6	舟腹焊料	3	563	2297	6		46	166		
W52	M22:2	铜敦	3848	2632	2701	276	61	383	65	215	25
W53	M22:3	铜敦	6208	2222	2368	351	110	338	71	176	19
W54	M22:4	铜盘	3314	2693	3063	364	61	467	127	309	345
W55	M22:5	铜匜	1589	1657	1529	309	24	580	94	332	43
W56	M36:5	铜壶	2727	2398	2244	303	41	190	105	128	24
W57	M36:9	铜舟	5909	3826	5085	591	83	453	22	239	46
W58	M20:2	铜敦铅足	249	2130	2352	5			44		

　　较之同墓葬铜容器金属基体，铜鼎 M21:9 器足和铜舟 M22:6 器腹铅金属或铅锡合金镶焊焊料、铅足的 As、Ni、Co、Bi、Te 及 Au 元素含量均较少，两者差异较大。为了深入分析此批青铜器之间铜料的相关性，我们使用社会科学统计软件 SPSS 绘制了 Co/Ni-As/Sb、Co/Ni-Se/Te 及 Co/Ni-Au/Ag 散点图（图 6-4 ～图 6-6），显示春秋中期偏晚阶段铜器墓 M18 出土大多数青铜器与春秋晚期阶段铜器墓 M22、M36 出土青铜器分别聚集于不同区域。同时，以 Au、Ag、Se、Te、As、Sb、Co 及 Ni 八种铜料示踪元素作为变量，使用社会科学统计软件 SPSS 对其进行了因子分析（图 6-7），因子分析也显示年代较早的铜器墓 M18 和 M26 出土的大多数青铜器与年代较晚的春秋晚期铜器墓 M22 和 M36 出土的青铜器多分别聚于不同区域。值得关注的是，M26 铜鼎的微量元素特征更接近 M22，暗示其年代可能要略晚于 M18。

　　可以看出，瓦窑坡墓地青铜器微量元素含量与青铜器所属相对年代具有较为明显的相关性。相对而言，瓦窑坡墓地春秋中期偏晚阶段铜器墓的青铜器中

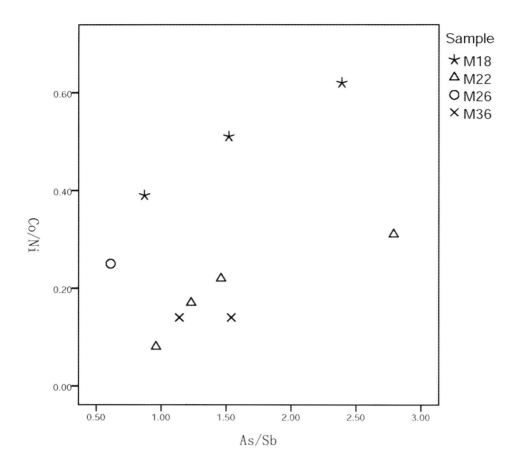

图 6-4

瓦窑坡墓地青铜器 Co/Ni-
As/Sb 散点图（ICP-AES）

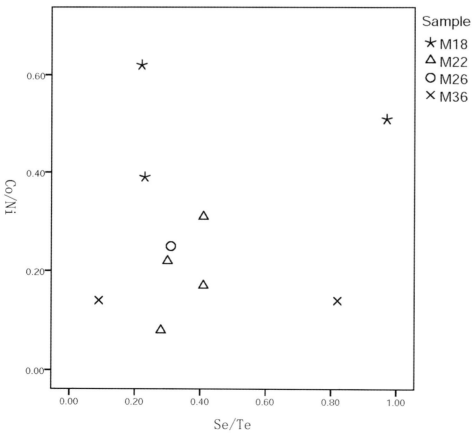

图 6-5

瓦窑坡墓地青铜器 Co/Ni-
Se/Te 散点图（ICP-AES）

图 6-6
瓦窑坡墓地青铜器 Co/Ni-
Au/Ag 散点图（ICP-AES）

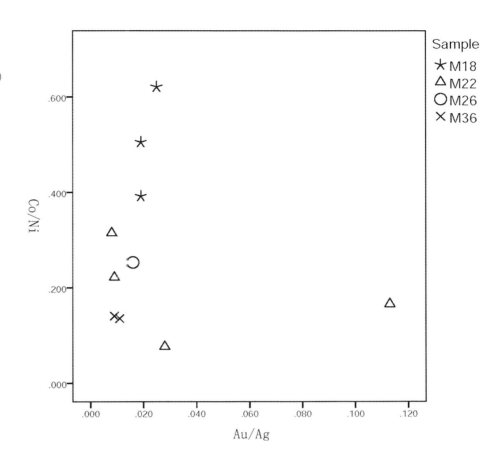

图 6-7
瓦窑坡墓地青铜器因子分
析散点图（ICP-AES）

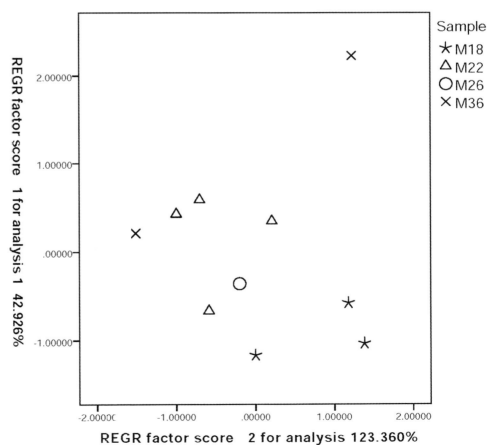

的 As、Sb、Ag 含量较低，Ni、Co、Bi 含量较高，而春秋中晚期之际和春秋晚期阶段铜器墓的青铜器中的 As、Sb、Ag 含量则相对较高，Ni、Co、Bi 含量则相对较低，其微量元素含量、微量元素比值及微量元素因子分析结果均显示春秋中期偏晚阶段和春秋晚期阶段青铜器的微量元素特征差异较为显著，表明青铜器生产所用的铜料应具有不同来源。

3.ICP-MS 铅同位素比值分析

使用 ICP-MS 对瓦窑坡墓地青铜器的 60 件金属基体样品和 5 件焊料样品进行了铅同位素比值分析，分析结果详见表 6-3。

表 6-3 瓦窑坡墓地青铜器 ICP-MS 铅同位素比值分析结果

实验编号	器物编号	器物名称	铅同位素比值				
			$^{208}Pb/^{204}Pb$	$^{207}Pb/^{204}Pb$	$^{206}Pb/^{204}Pb$	$^{208}Pb/^{206}Pb$	$^{207}Pb/^{206}Pb$
W1	M18:1	铜鼎	38.7044	15.6506	18.3623	2.1078	0.8523
W48	M18:5	铜盘	38.7979	15.6659	18.488	2.0985	0.8474
W49	M18:7	铜壶	38.7469	15.6647	18.4159	2.104	0.8506
W50	M18:13	铜盆	38.6088	15.6171	18.3777	2.1009	0.8498
W51	M26:1	铜鼎	38.5812	15.6351	18.2877	2.1096	0.8549
W2	M29:1	铜鉴	38.9704	15.7108	18.586	2.0968	0.8453
W3	M29:2	铜鉴	38.8859	15.6837	18.3916	2.1143	0.8528
W3R	M29:2	铜鉴	38.8789	15.6813	18.3898	2.1142	0.8527
W4	M29:3	铜鼎	38.6042	15.6228	18.3669	2.1018	0.8506
W4R	M29:3	铜鼎	38.6018	15.6218	18.366	2.1018	0.8506
W5	M29:4	铜鼎	38.6182	15.6241	18.3689	2.1024	0.8506
W6	M29:5	铜鼎	38.6106	15.6231	18.3669	2.1022	0.8506
W7	M29:8	铜鼎	38.5909	15.6188	18.3345	2.1048	0.8519
W8	M29:12	铜盘	38.5679	15.5932	18.3017	2.1073	0.852
W9	M29:13	铜甂	38.6275	15.6065	18.3542	2.1046	0.8503
W9R	M29:13	铜甂	38.6273	15.6063	18.3538	2.1046	0.8503
W11	M29:34	盾钖	38.5134	15.618	18.1694	2.1197	0.8596

续表

实验编号	器物编号	器物名称	铅同位素比值				
			$^{208}Pb/^{204}Pb$	$^{207}Pb/^{204}Pb$	$^{206}Pb/^{204}Pb$	$^{208}Pb/^{206}Pb$	$^{207}Pb/^{206}Pb$
W12	M29:25	编钟	38.4154	15.5959	18.1129	2.1209	0.861
W13	M29:28	铜镞	38.6586	15.6161	18.3459	2.1072	0.8512
W14	M29:48	铜鼎	38.6175	15.6209	18.3672	2.1025	0.8505
W15	M30:14	铜壶	38.5828	15.6195	18.3591	2.1016	0.8508
W16	M30:16	铜鼎	38.8237	15.673	18.4913	2.0996	0.8476
W17	M30:17	铜鼎	38.7877	15.6634	18.4669	2.1004	0.8482
W18	M30:18	铜鼎	38.6674	15.6249	18.3724	2.1046	0.8505
W19	M30:20	铜斗	38.7081	15.6504	18.3644	2.1078	0.8522
W20	M30:30	铜簠	38.7661	15.6601	18.4522	2.1009	0.8487
W21	M30:32	铜盘	38.5823	15.6138	18.3528	2.1023	0.8508
W22	M30:33	铜簋	38.8480	15.6802	18.5112	2.0986	0.8471
W32	M17:2	铜鼎	38.0618	15.5589	17.6842	2.1523	0.8798
W33	M17:5	铜鼎	38.1238	15.5641	17.7535	2.1474	0.8767
W34	M17:9	铜舟	38.1449	15.5671	17.7775	2.1457	0.8757
W41	M21:5	铜鼎	38.1423	15.5537	17.7852	2.1446	0.8745
W42	M21:7	铜鼎	38.1360	15.5528	17.7813	2.1447	0.8747
W43	M21:8	铜敦	38.2179	15.5782	17.8555	2.1404	0.8725
W44	M21:10	铜敦	38.0655	15.5491	17.6963	2.151	0.8787
W59	M21:9	鼎足焊料	37.5135	15.433	17.3842	2.1579	0.8878
W35	M20:2	铜敦	38.7907	15.6643	18.4212	2.1058	0.8503
W36	M20:7	铜敦	37.9173	15.5387	17.5316	2.1628	0.8863
W37	M20:9	铜鼎	37.9120	15.5385	17.5239	2.1634	0.8867
W38	M20:10	铜盘	37.9094	15.5373	17.526	2.1630	0.8865
W40	M20:12	铜鼎	37.9192	15.5403	17.5279	2.1634	0.8866
W40R	M20:12	铜鼎	37.9172	15.5398	17.5287	2.1632	0.8865
W58	M20:2	铜敦铅足	37.7717	15.5084	17.4415	2.1655	0.8891

实验编号	器物编号	器物名称	铅同位素比值				
			$^{208}Pb/^{204}Pb$	$^{207}Pb/^{204}Pb$	$^{206}Pb/^{204}Pb$	$^{208}Pb/^{206}Pb$	$^{207}Pb/^{206}Pb$
W39	M20:11	铜匜焊料	37.2262	15.3368	17.3401	2.1468	0.8845
W52	M22:2	铜敦	37.8795	15.5395	17.5375	2.1600	0.8861
W53	M22:3	铜敦	38.0265	15.5479	17.7016	2.1483	0.8784
W54	M22:4	铜盘	37.9853	15.5475	17.6541	2.1516	0.8807
W55	M22:5	铜匜	38.1070	15.5666	17.7799	2.1433	0.8755
W60	M22:6	舟腹焊料	37.4779	15.4143	17.3952	2.1545	0.8861
W23	M23:11	编钟	37.8970	15.5369	17.5089	2.1644	0.8874
W24	M23:29	编钟	37.9435	15.5434	17.5545	2.1615	0.8854
W25	M23:13	铜鼎	37.9252	15.5412	17.5359	2.1627	0.8862
W26	M23:14	铜敦	38.0616	15.5573	17.6870	2.1519	0.8796
W27	M23:18	铜盘	38.7726	15.6731	18.4130	2.1057	0.8512
W28	M23:16	铜鼎	37.9127	15.5379	17.5304	2.1627	0.8863
W29R	M23:16	铜鼎	37.9146	15.5386	17.5309	2.1627	0.8864
W30	M23:22	铜鼎	37.9152	15.5385	17.5304	2.1628	0.8864
W30R	M23:22	铜鼎	37.9037	15.5364	17.5279	2.1625	0.8864
W31	M23:23	铜匜	37.904	15.5335	17.5141	2.1642	0.8869
W45	M25:5	铜甗	38.104	15.5626	17.7339	2.1487	0.8776
W46	M25:23	铜戈	37.9546	15.5443	17.5714	2.1600	0.8846
W47	M25-1	贝币	37.8962	15.536	17.5192	2.1631	0.8868
W61	M25-1	器钮焊料	37.8305	15.5173	17.516	2.1598	0.8859
W56	M36:5	铜壶	37.8862	15.5302	17.5351	2.1605	0.8856
W57	M36:9	铜舟	37.8177	15.5147	17.4909	2.1621	0.8870

ICP-MS 分析结果显示，瓦窑坡墓地青铜器的 $^{207}Pb/^{206}Pb$ 比值均大于 0.84，属普通铅范畴。其中，年代较早的春秋中期偏晚阶段铜器墓 M18、M26、M29 及 M30 出土青铜器的 $^{208}Pb/^{206}Pb$ 比值范围为 2.0968 ～ 2.1209、$^{207}Pb/^{206}Pb$ 比值为 0.8453 ～ 0.8610。而年代略晚的春秋中晚期之际和春秋晚期铜器墓

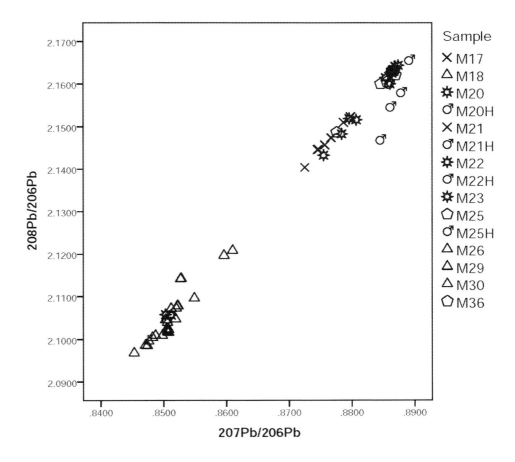

图 6-8

瓦窑坡墓地青铜器

$^{208}Pb/^{206}Pb$-$^{207}Pb/^{206}Pb$ 散点图

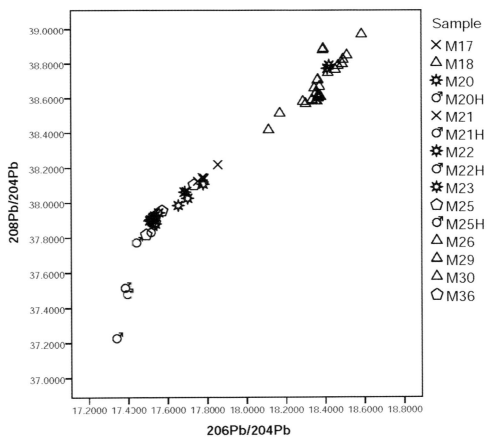

图 6-9

瓦窑坡墓地青铜器

$^{208}Pb/^{204}Pb$-$^{206}Pb/^{204}Pb$ 分布

范围

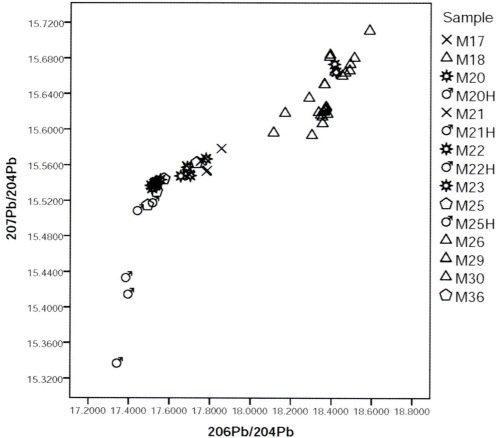

图 6-10

瓦窑坡墓地青铜器
$^{207}Pb/^{204}Pb$-$^{206}Pb/^{204}Pb$ 分布范围

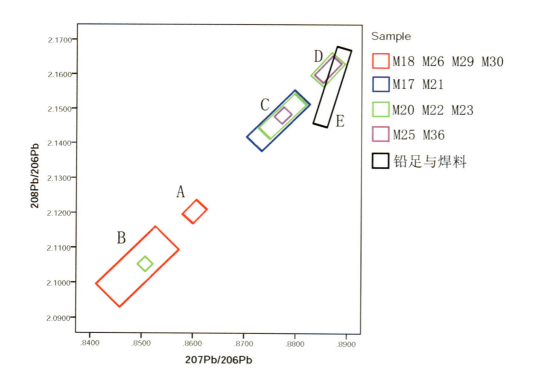

图 6-11

瓦窑坡墓地青铜器
$^{208}Pb/^{204}Pb$-$^{206}Pb/^{204}Pb$ 分布范围

M17、M21、M20、M22、M23、M25 及 M36 出土青铜器、铅足或铅焊料的 $^{208}Pb/^{206}Pb$ 比值范围则为 2.1057 ~ 2.1655、$^{207}Pb/^{206}Pb$ 比值范围为 0.8503 ~ 0.8891。可以看出，除铜敦 M20:2（$^{208}Pb/^{206}Pb$ 和 $^{207}Pb/^{206}Pb$ 分别为 2.1058 和 0.8503）与铜盘 M23:18（$^{208}Pb/^{206}Pb$ 和 $^{207}Pb/^{206}Pb$ 分别为 2.1057 和 0.8512）铅同位素比值数值较低外，瓦窑坡墓地春秋中期和春秋晚期青铜器的铅同位素比值具有较大的差异（图 6-8 ~ 图 6-10）。

同时，铅同位素比值数据分布范围图（图 6-11）也显示，不同时期青铜器也多聚集于不同的区域，表明不同时期青铜器生产所用铅料应具有不同来源。而 M20 和 M23 个别青铜器与 M18、M26、M29 及 M30 青铜器铅同位素比值数据范围重叠的现象可能与旧器重熔或前期铅源仍在少量供应后期青铜器生产等原因有关。此外，结合各铜器墓的相对年代，可以看出瓦窑坡墓地青铜器生产所用铅料的来源具有较为明显的变化过程。其中，春秋中期偏晚阶段，以 M18、M26、M29 及 M30 青铜器为代表，主要使用了 $^{208}Pb/^{206}Pb$-$^{207}Pb/^{206}Pb$ 分布范围图中所示的 A 处和 B 处铅源，且以 B 处为主。而到春秋中晚期之际，青铜器生产所用的铅源发生变化，以 M17、M21 青铜器为代表，主要使用 $^{208}Pb/^{206}Pb$-$^{207}Pb/^{206}Pb$ 分布范围图中所示的 C 处铅源；至春秋晚期时期，铜器生产所用铅源增加，以 M20、M22、M23、M25 及 M36 铜器为代表，在继续使用春秋中晚期之际时期较多使用的 C 处铅源之外，又大量使用 $^{208}Pb/^{206}Pb$-$^{207}Pb/^{206}Pb$ 分布范围图中所示的 D 处和 E 处铅源，且可能也使用了少量春秋中期偏晚阶段使用的 B 处铅源，也有可能是少量较早时期铜器残片重熔所致；至于各处铅源的具体位置，仍有待进一步的分析和研究。

6.4 物料特征

1. 铜料

微量元素分析是最早应用于青铜器矿料溯源研究的科技分析手段。由于不同矿冶遗址的铜矿、铜锭及不同成矿带铜矿的特征微量元素差异较为明显，且同一成矿带的不同冶炼产品也存在一定差异[1]。通过分析青铜器中 Au、Ag、Se、Te、As、Sb、Bi、Co、Ni 等在冶铸生产中多富集于铜料，且保留母矿特征的亲铜元素和部分具有亲铜性的亲铁元素，结合元素总量、元素比值及因子分

---

[1] 秦颖、魏国锋、罗武干、等. 长江中下游古铜矿及冶炼产物输出方向判别标志初步研究 [J]. 江汉考古，2006 (1)：65 ~ 69；魏国锋、秦颖、杨立新、等. 若干古铜矿及其冶炼产物输出方向判别标志的初步研究 [J]. 考古，2009 (1)：85 ~ 95.

析等方法来探索青铜器的铜料来源[1]。使用 ICP-MS 和 ICP-AES 两种分析方法对瓦窑坡墓地 45 件青铜器进行了微量元素分析，并结合以往研究成果和部分春秋早期青铜器的微量元素分析数据，对春秋中晚期晋国青铜器生产所用铜料的供应变化情况进行了讨论。

（1）多元统计分析

为便于比较分析，在使用 ICP-MS 对瓦窑坡墓地春秋中晚期青铜器进行微量元素分析的同时，也对襄汾陶寺北墓地 6 件春秋早期青铜器进行了微量元素分析（表 6-4）。陶寺北墓地位于山西省襄汾县陶寺村北，是晋国一处高等级的贵族墓地，2014 年 I 区 M7 出土铜列鼎 3 件、簋 4 件、方壶 2 件、盘 1 件、匜 1 件，纹饰主要是重环纹、窃曲纹，年代属春秋早期[2]。陶寺北墓地距离晋侯墓地不足 20 公里，位于晋国势力范围之内，其 2014 I M7 一定程度上也能代表晋国春秋早期阶段的青铜器。

表 6-4 陶寺北墓地春秋早期青铜器样品的微量元素（ug/g）

序号	编号	名称	微量元素					
			As	Sb	Ag	Ni	Co	Bi
TSB2	IM7:82	铜盘	1640	838	1110	292	106	1070
TSB4	IM7:90	铜鼎	1670	946	1190	300	91	1090
TSB5	IM7:91	铜簋	735	337	1180	209	164	732
TSB6	IM7:92	铜簋	751	375	1280	197	131	588
TSB9	IM7:103	铜鼎	2040	1050	1300	308	83.6	1150
TSB10	IM7:116	铜簋	776	634	1380	148	81.4	1250

元素含量折线图（图 6-12 ～图 6-16）显示，陶寺北墓地春秋早期青铜器和瓦窑坡墓地春秋中期偏晚阶段青铜器的微量元素特征曲线较为多样，说明其铜料来源较为多样，而瓦窑坡墓地春秋中晚期之际和春秋晚期阶段青铜器的微量元素分布曲线较为一致，说明其铜料来源较为一致。此外，箱式图（图 6-17 ～

[1] 崔剑锋，吴小红. 铅同位素考古研究——以中国云南和越南出土青铜器为例[M]. 北京：文物出版社，2008：118 ～ 119；魏国锋，秦颖，王昌燧，等. 若干地区出土部分商周青铜器的矿料来源研究[J]. 地质学报，2011，85（3）：445 ～ 458.
[2] 山西省考古研究所，临汾市旅游发展委员会，襄汾县文化局. 山西襄汾陶寺北墓地 2014 年 I 区 M7 发掘简报[J]. 文物，2018（10）：4 ～ 21.

图 6-12

陶寺北墓地春秋早期青铜
器微量元素含量折线图

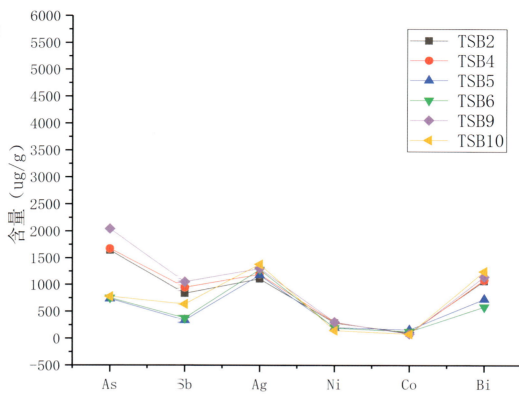

图 6-13

瓦窑坡墓地春秋中期偏晚
阶段青铜器微量元素含量
折线图

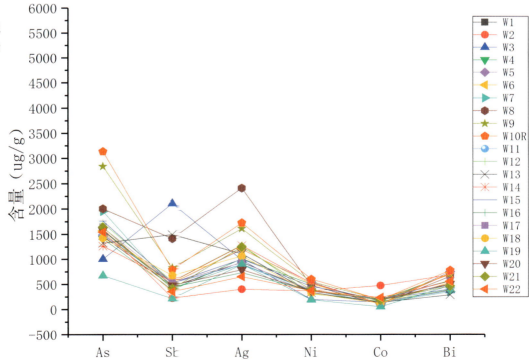

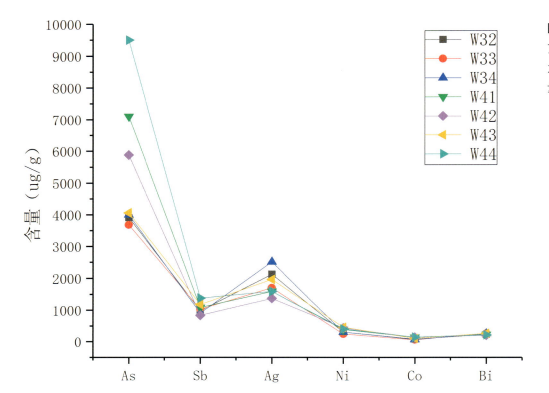

图 6-14
瓦窑坡墓地春秋中晚期
之际青铜器微量元素含
量折线图

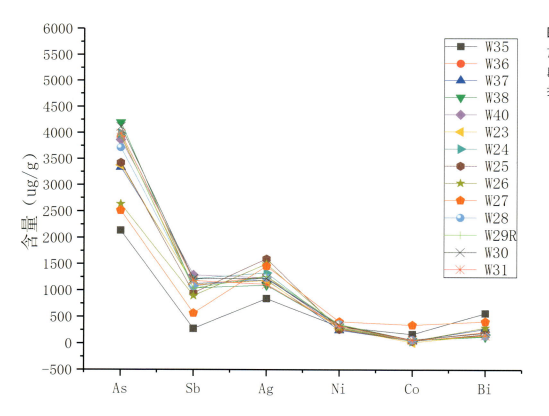

图 6-15
瓦窑坡墓地春秋晚期早
段青铜器微量元素含量
折线图

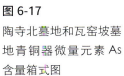

图 6-16
瓦窑坡墓地春秋晚期晚
段青铜器微量元素含量
折线图

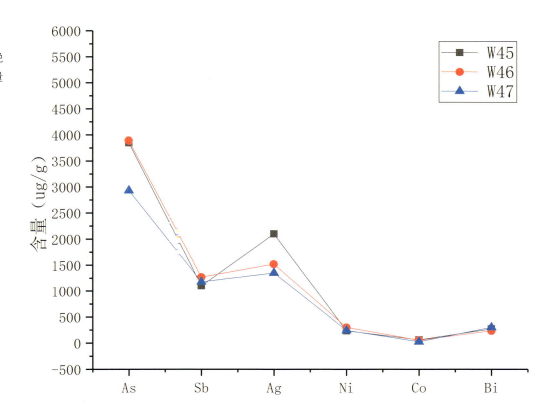

图 6-17
陶寺北墓地和瓦窑坡墓
地青铜器微量元素 As
含量箱式图

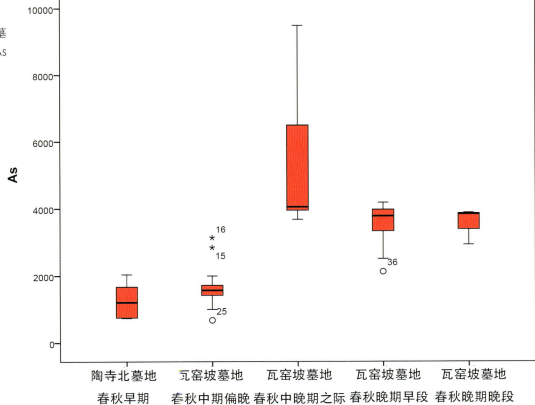

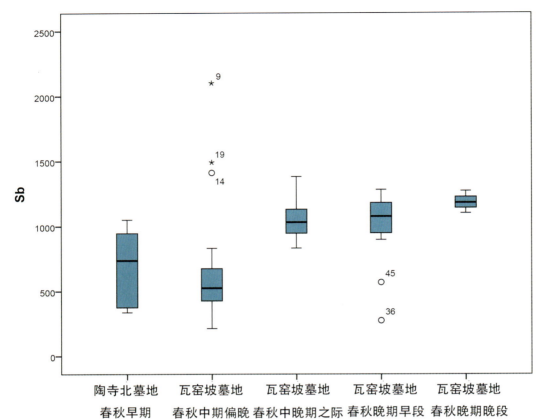

图 6-18
陶寺北墓地和瓦窑坡墓地青铜器微量元素 Sb 含量箱式图

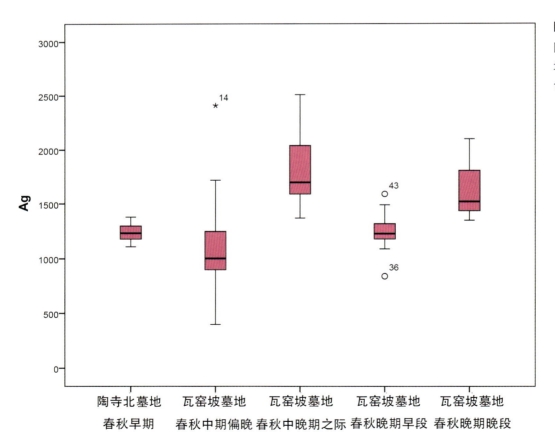

图 6-19
陶寺北墓地和瓦窑坡墓地青铜器微量元素 Ag 含量箱式图

图 6-20

陶寺北墓地和瓦窑坡墓
地青铜器微量元素 Co
含量箱式图

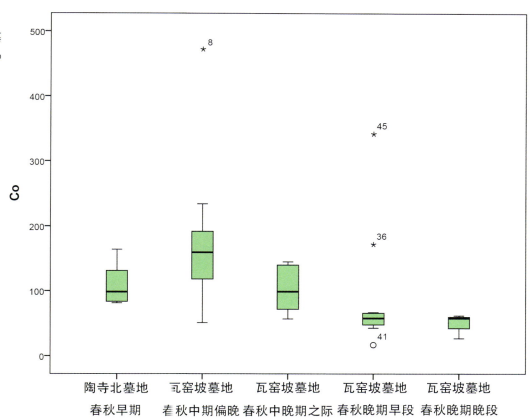

图 6-21

陶寺北墓地和瓦窑坡墓
地青铜器微量元素 Ni
含量箱式图

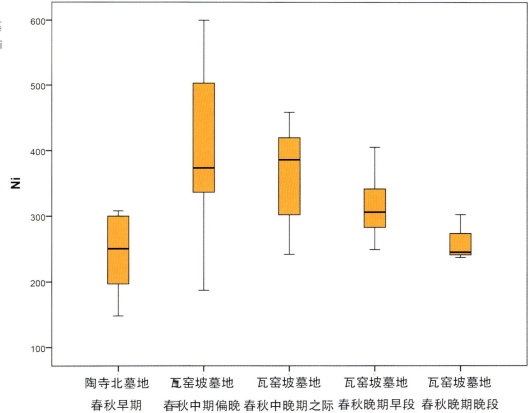

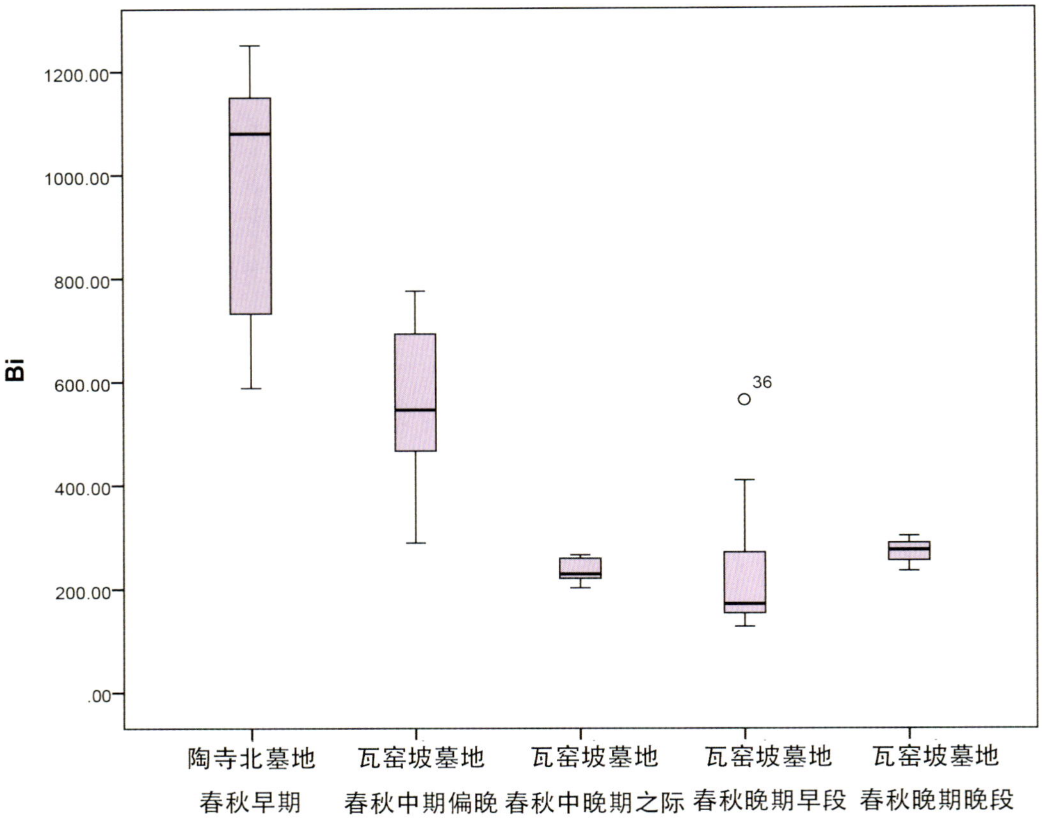

陶寺北墓地和瓦窑坡墓
地青铜器微量元素 Bi 含
量箱式图

图 6-22）也显示，不同时期青铜器的微量元素含量差异较大，也说明所用铜料
应具有不同的来源。其中，春秋早期青铜器（陶寺北墓地）的 As、Sb、Ag、Ni
含量均相对较低，而 Co 和 Bi 含量则相对较高。春秋中期偏晚阶段青铜器（瓦
窑坡墓地 M18、M29 及 M30）的 As、Sb 含量与春秋早期青铜器（陶寺北墓地）
相当，但 Ag、Bi 含量则相对较低，Ni、Co 含量相对较高。春秋中晚期之际和
春秋晚期阶段青铜器（瓦窑坡墓地 M17、M21 及 M20、M22、M23 等）的微量
元素含量特征较为一致，As、Sb、Ag 均高于春秋早期青铜器（陶寺北墓地）和
春秋中期青铜器（瓦窑坡墓地），而 Bi、Co、Ni 则均相对较低。

　　同时，使用 SPSS 软件对 ICP-MS 分析获取的微量元素数据进行了因子分析
（图 6-23）和元素比值散点图分析（图 6-24 ～ 图 6-25）。可以看出，春秋中期前后，
晋国青铜器（瓦窑坡墓地）微量元素含量具有较为明显的差异。瓦窑坡墓地年
代最早的 M18、M29 及 M30 春秋中期偏晚阶段青铜器与陶寺北墓地春秋早期青
铜器微量元素特征接近，而与春秋中晚期之际或年代较晚的春秋晚期青铜器差
异较为明显，表明其青铜器生产所用铜料具有不同的来源，且于春秋中期之后
发生了重大转变或变化。

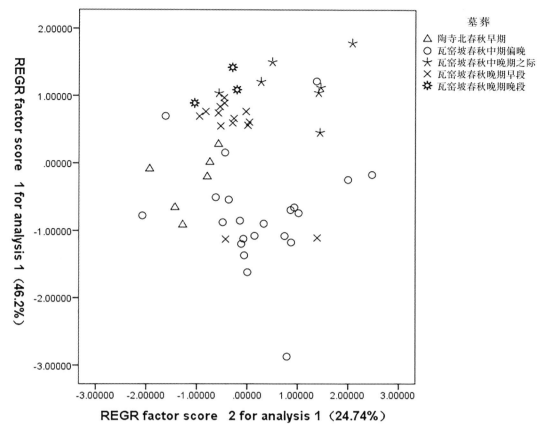

图 6-23

陶寺北墓地和瓦窑坡墓
地青铜器 ICP-MS 微量
元素因子分析散点图

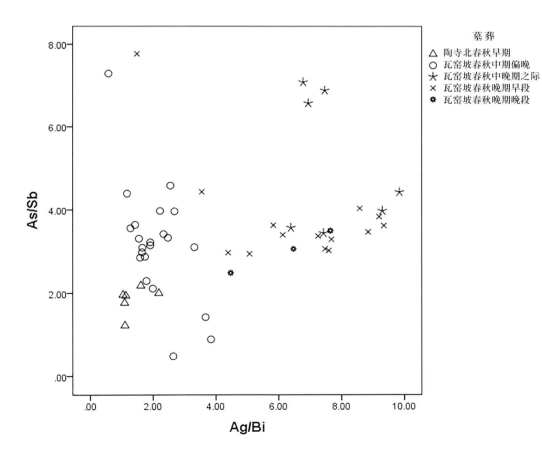

图 6-24

陶寺北墓地和瓦窑坡墓
地青铜器微量元素 As/
Sb-Ag/Bi 比值散点图

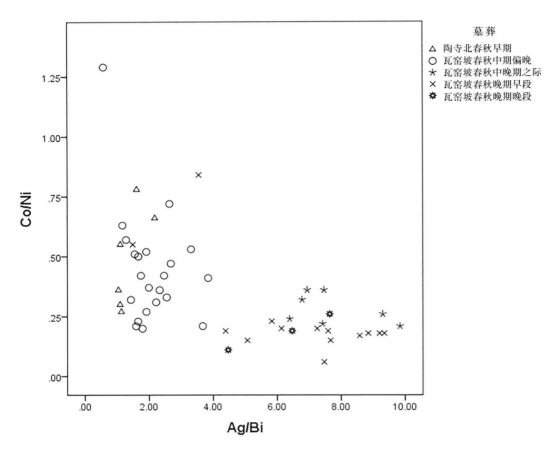

图 6-25
陶寺北墓地和瓦窑坡墓
地青铜器微量元素 Co/
Ni-Ag/Bi 比值散点图

墓葬
△ 陶寺北春秋早期
○ 瓦窑坡春秋中期偏晚
★ 瓦窑坡春秋中晚期之际
× 瓦窑坡春秋晚期早段
✿ 瓦窑坡春秋晚期晚段

因子分析和微量元素含量比值散点图均显示，春秋中期青铜器的微量元素数据范围较大，包含了春秋早期青铜器的微量元素数据范围，而春秋晚期青铜器的微量元素特征则与春秋中期青铜器的微量元素特征相同，数据范围却更大，且部分青铜器的微量元素特征甚至与春秋早、中期青铜器微量元素特征接近，说明各时期青铜器生产所用铜料的供应体系均对前一时期所用铜料供应体系有一定程度的承继或沿用。

另外，在使用 ICP-AES 对瓦窑坡墓地 M18、M26 及 M21 等青铜器进行补充测试时，为便于比较分析，将曲沃曲村北墓地和羊舌墓地[1] 部分青铜器也进行了微量元素分析，测试元素为 As、Sb、Ag、Ni、Co、Bi、Se、Te 及 Au 共 9 种。曲村北墓地位于曲沃县曲村北面的晋国邦墓区，墓主身份是仅次于晋侯的晋国高等级贵族，相对年代为西周晚期[2]。羊舌墓地位于曲沃县史村镇羊舌村南，距北赵晋侯墓地 4.5 公里，年代约在两周之际或稍晚，是北赵晋侯墓地的继续[3]。

[1] 南普恒，潜伟、李延祥，等 . 羊舌晋侯墓地铜器矿料来源的微量元素分析 [J]. 中原文物，2017（2）：100 ~ 106.
[2] 吉琨璋 . 曲村晋国高等级贵族墓葬 [J] // 中国考古学年鉴 . 北京：文物出版社，2005；143 ~ 146.
[3] 山西省考古研究所，曲沃县文物局 . 山西曲沃羊舌晋侯墓地发掘简报 [J]. 文物，2009（1）：4 ~ 15.

这两处墓地均位于晋侯墓地邦墓区或其附近，与晋侯墓地有着密切的联系，其出土的青铜器能在一定程度上代表晋国西周晚期或两周之际的青铜器。

从微量元素含量折线图（图 6-26 ～图 6-28）中可以看出，曲村北墓地西周晚期青铜器和羊舌墓地两周之际青铜器的微量元素特征曲线均较为多样，表明其铜料来源较为多样。而瓦窑坡墓地春秋中晚期阶段青铜器的微量元素特征曲线也较为多样，且春秋晚期早段（M22）和晚段（M36）青铜器的微量元素数据互相重叠，但与春秋中期时期（M18、M26）青铜器的微量元素数据则略有差异。

此外，微量元素含量箱式图（图 6-29）也显示，不同时期青铜器的微量元素含量差异较大。其中　西周晚期（曲村北墓地）和两周之际（羊舌墓地）青铜器的微量元素含量特征较为接近，均具有相对较低的 As、Ni、Co、Au 和相对较高的 Ag、Bi、Se 等；春秋中期青铜器（瓦窑坡墓地 M18、M26）较为特殊，其 As、Sb、Se 含量与西周晚期和两周之际时期青铜器相当，但其 Ni、Co、Te、Au 含量则相对较高，且 Co、Bi、Te 均高于春秋晚期时期青铜器（瓦窑坡墓地 M22、M36）；春秋晚期青铜器（瓦窑坡墓地 M22、M36）微量元素含量特征较为接近，其均具有较高的 As、Sb、Ni、Au 和较低的 Co、Bi、Se；可见，各时期青铜器的微量元素含量特征均有不同程度的差异，铜料来源当有所区别。

同时，以 Au、Ag、Se、Te、As、Sb、Co 及 Ni 八种铜料示踪元素作为统计

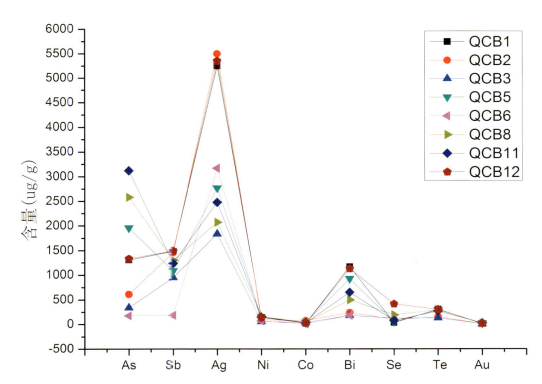

图 6-26
曲村北墓地西周晚期青铜器微量元素含量折线图

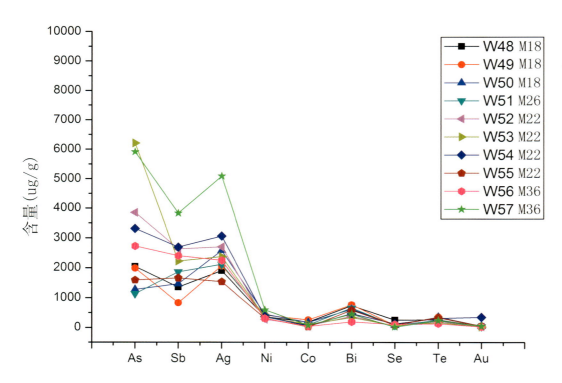

图 6-27
羊舌墓地两周之际青铜器
微量元素含量折线图

图 6-28
瓦窑坡墓地春秋中晚期青
铜器微量元素含量折线图

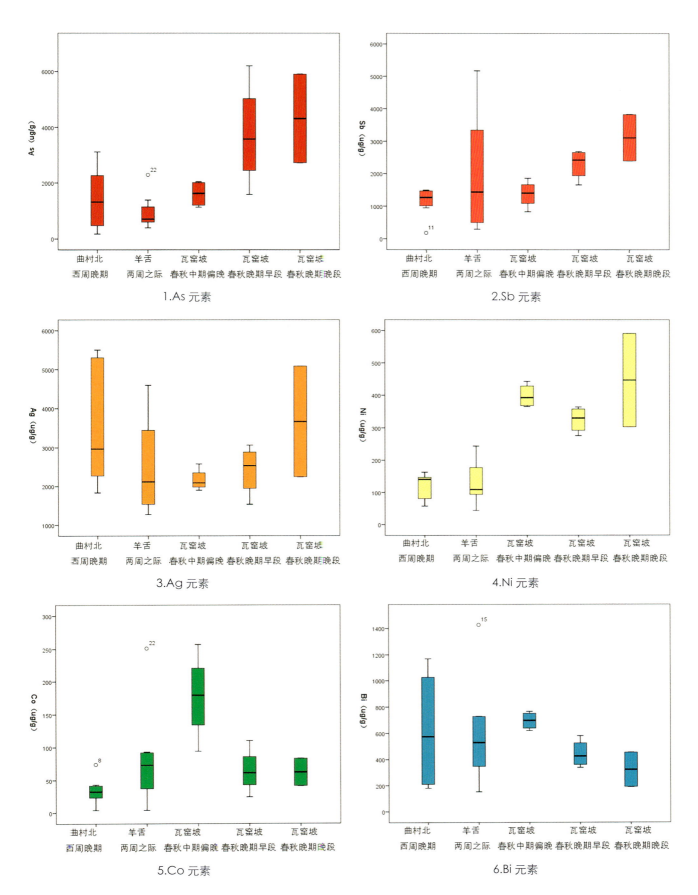

图 6-29 曲村北墓地、羊舌墓地及瓦窑坡墓地青铜器 ICP-AES 微量元素含量箱式图

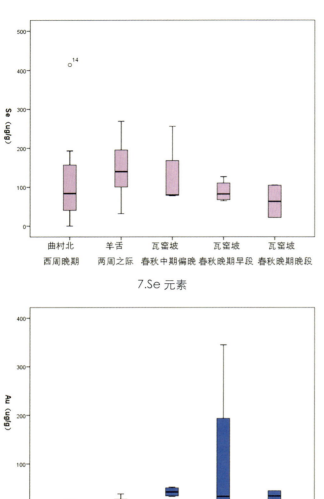

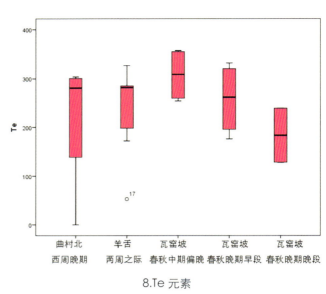

7.Se 元素

8.Te 元素

9.Au 元素

图 6-29

曲村北墓地、羊舌墓地及瓦窑坡墓地青铜器 ICP-AES 微量元素含量箱式图

变量，使用 SPSS 软件对 ICP-AES 分析获取的青铜器微量元素数据也进行了因子分析（图 6-30）和元素比值散点图分析（图 6-31～图 6-32）。可以看出，春秋中期（瓦窑坡墓地 M18、M26）前后，晋国青铜器的微量元素含量具有较为明显的差异。瓦窑坡墓地 M18（春秋中期）青铜器与 M22、M36（春秋晚期）青铜器，以及曲村北墓地西周晚期、羊舌墓地两周之际青铜器均具有一定差异，表明其青铜器生产所用铜料具有不同的来源，且于春秋中期发生了转变。

此外，因子分析和微量元素含量比值散点图均显示，春秋中期青铜器（瓦窑坡墓地 M18、M26）的微量元素数据范围较大，包含了部分西周晚期（曲村北墓地）、两周之际（羊舌墓地）及春秋晚期阶段青铜器的微量元素数据，且两周之际青铜器的微量元素特征也与西周晚期青铜器的微量元素特征接近，数据范围也多数互相重叠，说明各时期青铜器生产所用铜料的供应体系均对前一时期所用铜

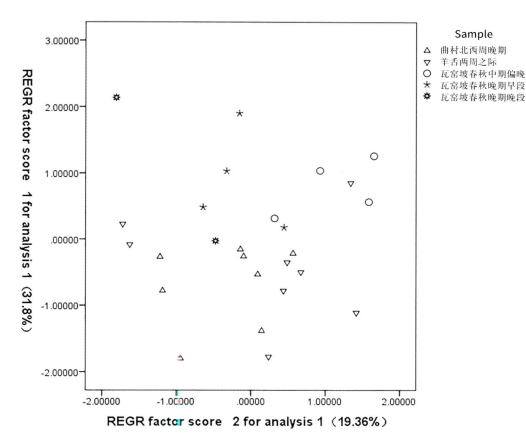

图 6-30

曲村北墓地、羊舌墓地及瓦窑坡墓地青铜器 ICP-AES 微量元素因子分析散点图

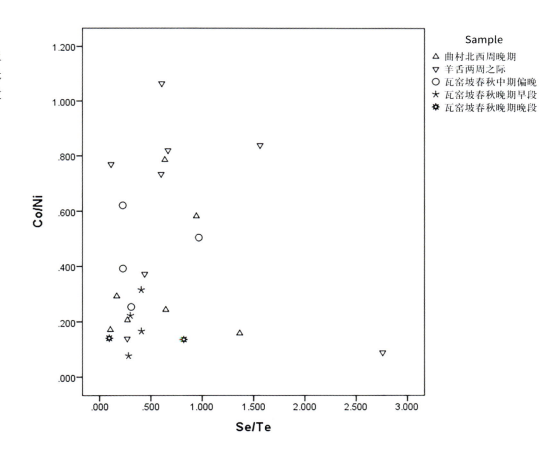

图 6-31

曲村北墓地、羊舌墓地及瓦窑坡墓地青铜器微量元素 Co/Ni-Se/Te 比值散点图

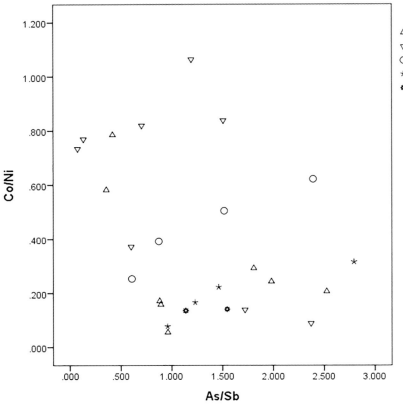

图 6-32

曲村北墓地、羊舌墓地及瓦窑坡墓地青铜器微量元素 Co/Ni-As/Sb 比值散点图

料的供应体系有一定程度的承继和沿用，与 ICP-MS 微量元素分析结果基本吻合。

（2）微量元素分组

牛津大学考古与艺术史实验室通过一系列的实验和研究，根据 As、Sb 含量会随回收、重熔等高温过程的不断进行而逐渐下降，而 Ag、Ni 含量则会不变或上升的原理，提出选择以 0.1% 为标准，根据 As、Sb、Ag、Ni 四种微量元素的有无将青铜器分为 16 个分组（表 6-5），并基于微量元素的分组类别及比重来探究微量元素特征如何随地域、时代、器物类型及考古背景的迁移而变化，进而追溯金属原料的流通及成品的流向等[1]。近年来,利用这种方法,刘睿良、黎海超、刘铮峰等分别对商代晚期铜料的流通路线[2]、商周时期的青铜器生产体系[3]及东周时期楚系青铜器的矿料来源问题[4]进行了研究，取得了较好的成果。另外，

---

　[1]　黎海超 . 试论盘龙城遗址的区域特征 [J]. 南方文物. 2016（1）：89 ～ 93；马克·波拉德，彼得·布睿，彼得·荷马，等 . 牛津研究体系在中国古代青铜器研究中的应用 [J]. 考古，2017（1）：95 ～ 106；P.Bray and A.M.Pollard. A new interpretative approach to the technology.Antiquity Vol.86.2012.pp853 ～ 867；A.M.Pollard,P.Bray,C.Gosden.Is there something missing in scientific provenance studies of prehistoric artefacts? Antiquity.Vol.88.2014.pp625 ～ 631.

　[2]　刘睿良 . 商代晚期铜料探源与流通方向研究方法的新思考（硕士学位论文）[D]. 刘成，指导 . 西安：西北大学，2014.

　[3]　黎海超 . 资源与社会：以商周时期铜器流通为中心（博士学位论文）[D]. 徐天进，指导 . 北京：北京大学，2016.

　[4]　刘铮峰 . 东周楚系青铜器的冶金考古研究（博士学位论文）[D]. 胡耀武，指导 . 北京：中国科学院大学，2017.

由于此方法是一种定性分析，且 0.1% 的定性标准也已超过 ICP-AES、ICP-MS、NAA 等常用微量元素分析仪器的检出限和仪器误差，也就为不同类型仪器测试数据之间的比较分析提供了可能。

表 6-5　微量元素组别（元素顺序为 As、Sb、Ag、Ni）

组别	一组	二组	三组	四组	五组	六组	七组	八组
标识	NNNN	YNNN	NYNN	NNYN	NNNY	YYNN	NYYN	NNYY
组别	九组	十二组	十一组	十二组	十三组	十四组	十五组	十六组
标识	YNYN	NYNY	YNNY	YYYN	NYYY	YYNY	YNYY	YYYY

注："Y"表示有，"N"表示无。

同一区域不同时期青铜器的微量元素特征能够反映出该区域青铜器生产所用铜料来源的承继和转变。目前，曲沃北赵晋侯墓地出土的部分晋国西周时期青铜器已进行了微量元素分析[1]，而晋国东周青铜器的铜料来源研究却极为有限，仅有侯马上马墓地、新绛柳泉墓地及长治分水岭墓地的部分青铜器进行了微量元素分析[2]。柳泉墓地位于侯马晋都新田遗址西南约 15 公里的新绛县柳泉一带，是晋都新田晚期的晋公陵墓区，其青铜器多属春秋晚期至战国早期，多为侯马铸铜作坊所产[3]；上马墓地位于侯马晋都新田遗址中牛村古城西南约 3 公里的上马村东，是晋国都城的重要组成部分，于晋都新田遗址晚期被废弃。其铜器墓年代为春秋早期至春秋战国之际，且大部分青铜器的纹饰与侯马铸铜遗址出土的陶范纹饰相同，也多为侯马铸铜作坊所产[4]；长治分水岭墓地位于长治市北城墙外，其铜器墓年代为春秋中期至战国中期，也属典型的晋文化系统[5]。不难看出，上马墓地、柳泉墓地及分水岭墓地的青铜器均与晋国东周时期的青铜器生产具有密切的联系。

因此，利用微量元素分组的方法，对晋侯墓地[6]、曲村北墓地、羊舌墓地、

[1]　黎海超．资源与社会：以商周时期铜器流通为中心[M]．北京：中国社会科学出版社，2020：176～196．
[2]　魏国锋，秦颖，王昌燧，等．若干地区出土部分商周青铜器的矿料来源研究[J]．地质学报，2011，85（3）：445～458；韩炳华，崔剑锋．山西长治分水岭东周墓地出土青铜器的科学分析[J]．考古，2009（7）：80～88．
[3]　黄景略，杨富斗．晋都新田[M]．太原：山西人民出版社，1996：145～193．
[4]　山西省考古研究所．上马墓地[M]．北京：文物出版社，1994：4～9，301．
[5]　山西省考古研究所，山西博物院，长治市博物馆．长治分水岭东周墓地[M]．北京：文物出版社，2010：352～378．
[6]　黎海超．资源与社会：以商周时期铜器生产体系为中心[M]．北京：中国社会科学出版社，2020：176～196．

陶寺北墓地、瓦窑坡墓地、上马墓地及柳泉墓地出土的青铜器进行了微量元素分组研究，以探讨晋国春秋时期青铜器生产所用铜料来源的历时性变化。虽然，各时期青铜器微量元素数据量均不多，但时期较为齐全，仍可大致反映出各时期青铜器微量元素分组特征及其变化趋势。

微量元素分组（表 6-6）显示：曲村北墓地西周晚期和羊舌墓地两周之际

表 6-6 北赵、曲村北、羊舌及瓦窑坡墓地等青铜器微量元素分组统计（10% 以上）

类别	年代	微量元素组合								数据量
		一组	二组	三组	四组	六组	七组	九组	十二组	
晋侯墓地 M8 组	西周晚期	31%	13%	19%		31%				16
晋侯墓地 M64 组	西周晚期	18%		16%		18%	12%		14%	44
曲村北墓地	西周晚期				14%	14%			71%	7
羊舌墓地	两周之际			13%	50%	13%			25%	8
晋侯墓地 M93 组	春秋初年					17%			62%	29
陶寺北墓地	春秋早期				50%			33%	17%	6
瓦窑坡墓地一组	春秋中期偏晚		35%					38%	19%	26
瓦窑坡墓地二组	春秋中晚期之际							43%	57%	7
瓦窑坡墓地三组	春秋晚期早段							17%	78%	18
瓦窑坡墓地四组	春秋晚期晚段								100%	5
侯马上马墓地	春秋时期							50%	50%	2
新绛柳泉墓地	东周时期								100%	2

注：所占比例 10% 以下的微量元素分组未列入统计表。

阶段青铜器的微量元素分组种类大体一致，均含有第四组、第七组及第十二组，但各组所占比重却并不相同。其中，曲村北墓地青铜器第十二组比重较大（71%），而第四组（14%）和第七组（14%）相对较少，羊舌墓地青铜器第四组比重相对较大（50%），而第十二组则相对较小（25%），且第三组和第七组也有一定的比重（13%），表明两周之际晋国青铜器仍主要沿用西周晚期所用的铜料，但供应地点可能有所变化；较之前期，陶寺北墓地春秋早期青铜器第四组仍占较大比重（50%），第七组已极少出现，第十二组比重降低，第九组出现，且比重较高（33%）。瓦窑坡墓地春秋中期铜器墓（M18、M26、M29 及 M30）青铜器则主要为第九组（38%）、第二组（35%）及第十二组（19%），第四组已极少出现；春秋中期之后，晋国青铜器微量元素组合较为一致，主要为第九组和第十二组，且大体具有第九组比重逐渐降低、第十二组比重逐渐增加的趋势。从微量元素分组特征来看，春秋晚期青铜器之间的关系较为密切，应具有相同的铜料来源，这也表明此时期晋国青铜器生产所用铜料供应体系较为稳定。

结合晋侯墓地西周晚期和春秋初年铜器墓青铜器的微量元素分组，可以看出，春秋中期之后，晋国青铜器的微量元素组合主要为第九组和第十二组，较为集中，而春秋中期之前，晋国青铜器微量元素组合主要为第三组、第四组、第六组、第七组、第九组及第十二组六类，且各时期不同微量元素小组所占比重也有较大不同，较为多样。由此可知，晋国春秋中晚期青铜器生产所用铜料的供应地点与西周晚期和春秋早期有所不同，表明晋国青铜器生产所用铜料在春秋中期发生了较大转变，铜料供应地点已发生变化。而各时期青铜器微量元素组合的种类均包含前期微量元素分组，表明各时期铜料供应体系均具有一定的承继沿用关系。

2. 铅料

自然界中的铅都由 ^{204}Pb、^{206}Pb、^{207}Pb 及 ^{208}Pb 四种稳定同位素组成。其中，^{204}Pb 为非放射性成因铅，始终保持地球形成之初的丰度，几乎不随时间的改变而变化，而 ^{206}Pb、^{207}Pb、^{208}Pb 则分别由 ^{238}U、^{235}U、^{232}Th 衰变而来，为放射性成因铅。当铅矿石形成之后，铅与原铀钍体系脱离，放射性成因铅的累积也即停止，此后含铅矿石中的铅同位素比值就会保持不变。而由于各金属矿床的地质年龄和形成环境中所含的铀、钍浓度差异，不同地区金属矿床所含的铅同位素组成亦各有差异[1]。古代青铜器所使用的铜料、锡料及铅料中均含有一定量的铅，这些含量不等的铅主要来源于各金属矿床的含铅矿石。而在矿石的开采、冶炼、熔融、提炼、铸造及腐蚀等物理或化学变化过程中，其铅同位素比值均不存在仪器测量误差范围外的变化[2]，因此古代青铜器的铅同位素组成仍然保留着其所用金属原料产地的铅同位素特征。一般而言，铅青铜或铅锡青铜材质青铜器的铅同位素比值数据反映的是其铅料来源的信息[3]，而锡青铜材质青铜器的铅同位素比值数据反映的则是其铜料和锡料所含杂质铅同位素比值的混合[4]，但由于锡矿石所含杂质铅较少，对青铜器铅同位素数据影响较小，更多指征铜料来源信息[5]。

　　为进一步了解晋国春秋时期青铜器生产所用铅料的来源及变化情况，使用ICP-MS 对瓦窑坡墓地春秋中、晚期铜器墓出土的青铜器进行了铅同位素比值分析，同时为便于比较分析，对曲沃曲村北墓地、羊舌墓地及襄汾陶寺北墓地部分西周晚期、两周之际及春秋早期铜器墓出土的青铜器也进行了铅同位素比值分析，并与曲沃北赵晋侯墓地、曲村—天马遗址晋国墓地及长治分水岭墓地部分出土的青铜器进行了比较分析。涉及曲沃曲村北墓地西周晚期青铜器 8 件、曲沃羊舌墓地两周之际时期青铜器 7 件、襄汾陶寺北墓地春秋早期青铜器 5 件、瓦窑坡墓地春秋中晚期青铜器 65 件（含镴焊焊料 5 件）。所分析青铜器样品中，仅有 5 件为铜兵器或车马器，其余均为铜容器。用于比较分析的青铜器样品铅同位素比值分析结果详见表 6-7。

表 6-7　曲沃曲村北墓地、羊舌墓地及襄汾陶寺北墓地部分青铜器的铅同位素比值

测试编号	器物编号	器物名称	$^{208}Pb/^{204}Pb$	$^{207}Pb/^{204}Pb$	$^{206}Pb/^{204}Pb$	$^{208}Pb/^{206}Pb$	$^{207}Pb/^{206}Pb$
QCB-1	M2	铜盂	38.2963	15.5855	18.0251	2.1246	0.8646
QCB-2	M2:5	铜鼎	38.3104	15.5831	18.0603	2.1212	0.8629

[1]　金正耀，马渊久夫，Tom Chase. 广汉三星堆遗物坑青铜器的化学组成和铅同位素比值研究[J]. 文物，1995（2）：80.

[2]　Gale, N.H, Zofia Stos-Gale. Lead isotope analyses applied to provenance studies[M].Modern analytical methods in art and archaeology. Chicago，503～584；崔剑锋. 铅同位素考古研究——以中国云南和越南出土青铜器为例[M]. 北京：文物出版社，2008：19～30.

[3]　Noel H. Gale. Zofia Stos-Gale. Lead Isotope Analyses Applied to Provenance Studies，Modern Analytical Methods in Art and Archaeology，New York：John Wiley & Sons, Inc.，2000，pp503～584.

[4]　Pernicka E, Begemann F, Schmitt-Strecker S, et al. On the composition and provenance of metal objects from Poliochni on Lemnos [J]. Oxford Journal of Archaeology，1990. 9：263~298；Gale NH, Stos-Gale ZA. Bronze Age copper sources in the Mediterranean: a new approach [J]. Science. 1982. 216：11～19.

[5]　金正耀. 铅同位素示踪方法应用于考古研究的进展[J]. 地球学报，2003，24(6)：548～551.

续表

测试编号	器物编号	器物名称	$^{208}Pb/^{204}Pb$	$^{207}Pb/^{204}Pb$	$^{206}Pb/^{204}Pb$	$^{208}Pb/^{206}Pb$	$^{207}Pb/^{206}Pb$
QCB-3	M2:6	铜鼎	38.3221	15.5875	18.0593	2.1220	0.8631
QCB-4	M2:14	铜盘	38.2048	15.5632	17.9758	2.1253	0.8658
QCB-5	M2:15	铜簋	38.2232	15.5562	18.0329	2.1196	0.8626
QCB-6	M2:21	铜盘	38.2426	15.5774	17.9917	2.1254	0.8657
QCB-7	M2:25	铜簋	38.2421	15.5770	17.9920	2.1255	0.8658
QCB-8	M2:29	铜盉	38.3061	15.5894	18.0302	2.1245	0.8646
YS-2	M4:10	铜盘	38.3956	15.6126	18.2300	2.1061	0.8564
YS-3	M4:14	铜鼎	38.2432	15.5759	18.0020	2.1244	0.8652
YS-4	M4:20	铜刀彝	38.3140	15.5938	18.0881	2.1182	0.8621
YS-5	M4:33	铜鼎	38.2232	15.5699	17.9728	2.1268	0.8663
YS-6	M4:35	铜鼎	38.4544	15.6319	18.2770	2.1041	0.8553
YS-7	M7:22	铜鼎	38.2297	15.5695	17.9841	2.1257	0.8657
YS-8	M11:14	铜鼎	38.2041	15.5621	17.9685	2.1262	0.8661
TSB6	2014M7:92	铜簋	38.2567	15.5428	17.9599	2.1301	0.8654
TSB8	2014M7:100	器盖	38.2979	15.5719	17.9988	2.1279	0.8652
TSB10	2014M7:116	铜簋	38.2354	15.5411	17.9510	2.1300	0.8658
TSB5	2014M7:91	铜簋	38.2969	15.5576	17.9650	2.1319	0.8660
TSB11	2014M7:86	铜鱼	38.6822	15.6608	18.3486	2.1082	0.8535

经成分分析，此批青铜器主要为铅锡青铜、铅锡合金及铅金属材质，其铅同位素比值数据主要反映了当时青铜器生产中铅料的来源信息。

（1）铅同位素比值数据特征

ICP-MS 分析结果显示，曲沃曲村北墓地、羊舌墓地、襄汾陶寺北墓地及隰县瓦窑坡墓地西周晚期、两周之际、春秋早期及春秋中晚期青铜器和镶焊焊料中所含铅均属普通铅。各时期青铜器的铅同位素比值数据差异较为显著（图6-33～图6-37）。其中，瓦窑坡墓地春秋中期偏晚阶段铜器墓（M18、M26、

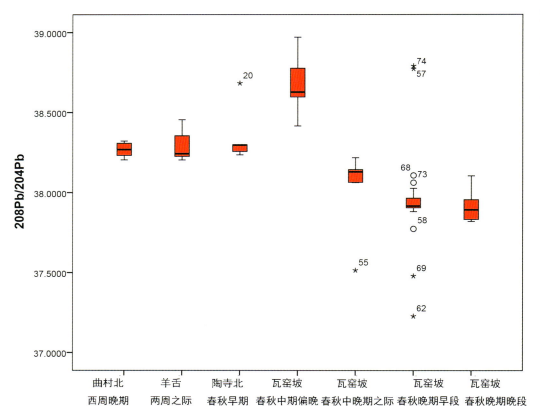

图 6-33
曲村北墓地、羊舌墓地、陶寺北墓地及瓦窑坡墓地青铜器 ^{208}Pb/^{204}Pb 数值箱式图

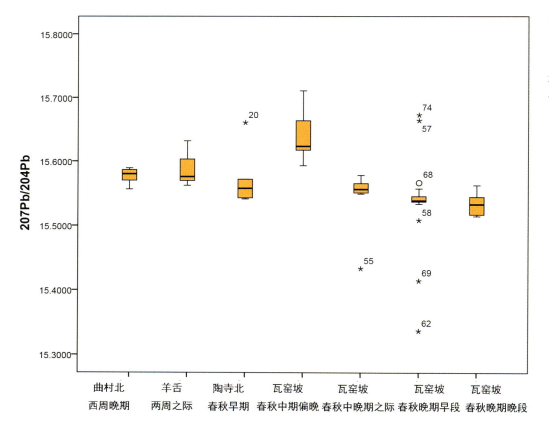

图 6-34
曲村北墓地、羊舌墓地、陶寺北墓地及瓦窑坡墓地青铜器 ^{207}Pb/^{204}Pb 数值箱式图

图 6-35

曲村北墓地、羊舌墓地、陶寺北墓地及瓦窑坡墓地青铜器 $^{206}Pb/^{204}Pb$ 数值箱式图

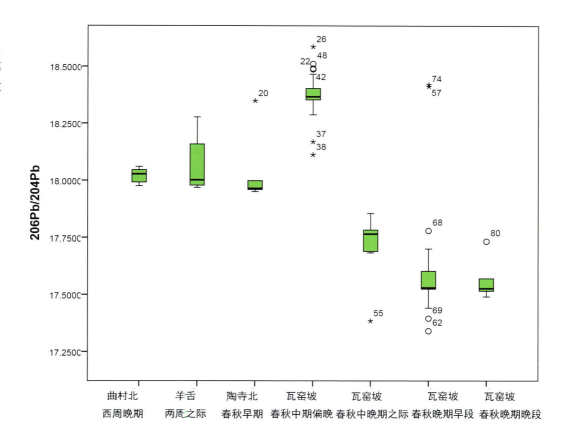

图 6-36

曲村北墓地、羊舌墓地、陶寺北墓地及瓦窑坡墓地青铜器 $^{208}Pb/^{206}Pb$ 数值箱式图

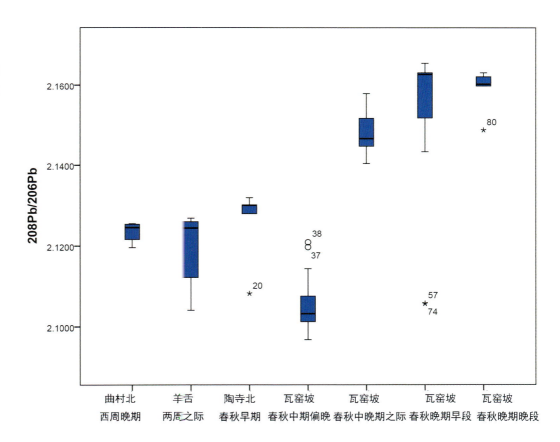

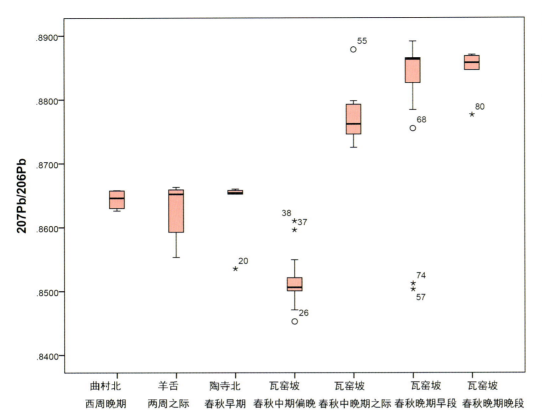

图 6-37
曲村北墓地、羊舌墓地、陶寺北墓地及瓦窑坡墓地青铜器 $^{207}Pb/^{206}Pb$ 数值箱式图

M29 及 M30）出土青铜器的铅同位素比值数据与其他时期青铜器的差异较大，其 $^{208}Pb/^{204}Pb$、$^{207}Pb/^{204}Pb$、$^{206}Pb/^{204}Pb$ 均较高，而 $^{208}Pb/^{206}Pb$、$^{207}Pb/^{206}Pb$ 相对较低。瓦窑坡墓地春秋中晚期之际阶段（M17、M21）和春秋晚期阶段铜器墓（M20、M22、M23、M25、M36）出土青铜器的铅同位素比值数据较为一致，$^{208}Pb/^{204}Pb$、$^{207}Pb/^{204}Pb$、$^{206}Pb/^{204}Pb$ 较低，而 $^{208}Pb/^{206}Pb$、$^{207}Pb/^{206}Pb$ 较高。曲沃曲村北墓地西周晚期青铜器、羊舌墓地两周之际青铜器及襄汾陶寺北墓地春秋早期青铜器的铅同位素比值数值较接近，其 $^{208}Pb/^{204}Pb$、$^{207}Pb/^{204}Pb$、$^{206}Pb/^{204}Pb$、$^{208}Pb/^{206}Pb$ 及 $^{207}Pb/^{206}Pb$ 均处于瓦窑坡墓地春秋中晚期青铜器铅同位素比值数值的中间位置。

从各时期铜器墓出土青铜器的铅同位素比值分布图（图 6-38）中可以看出，西周晚期、两周之际及春秋早期阶段青铜器多聚集分布于 A 区域，而春秋中期偏晚阶段青铜器（瓦窑坡墓地 M18、M26、M29 及 M30）多聚集于 B 区域，春秋中晚期之际和春秋晚期阶段青铜器则多聚集于 C 区域。前已述及，此次分析的青铜器材质均为铅锡青铜、铅锡合金或铅金属镶焊焊料，其铅同位素比值应代表青铜器的铅料来源信息。由此可知，晋国春秋时期青铜器生产所用的铅料在春秋中期偏晚阶段发生了较为明显的转变。

此外，春秋中期之前铜器墓出土的青铜器虽多聚集于 A 区域，但也有少量

图 6-38

曲村北墓地、羊舌墓地、陶寺墓地北及瓦窑坡墓地青铜器 ^{207}Pb/^{206}Pb 数值箱式图

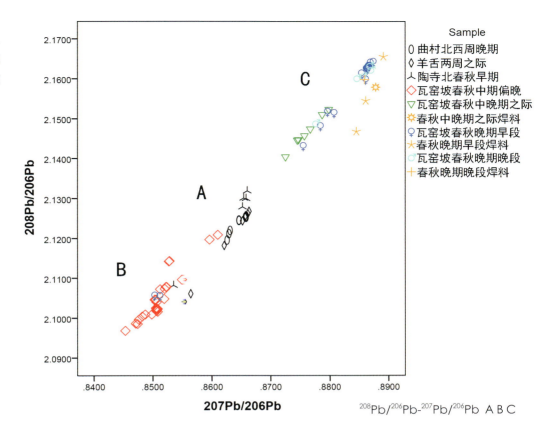

分布于 B 区域；春秋中期偏晚阶段（瓦窑坡墓地 M18、M26、M29 及 M30）铜器墓出土的青铜器虽多聚集于 B 区域，但也有少量青铜器分布于 A 区域；而春秋中晚期之际以后铜器墓出土的青铜器则多数聚集于 C 区域，仅少量青铜器分布于 B 区域。这表明，春秋中期之前，主要使用 A 区域指征的铅料，而 B 区域指征的铅料使用较少。至春秋中期，青铜器生产主要使用 B 区域指征的铅料，而 A 区域指征的铅料已较少使用。进入春秋晚期后，青铜器生产则主要是使用 C 区域指征的铅料，而较少使用 B 区域指征的铅料。由此可见，虽然春秋时期晋国青铜器生产所用的铅料来源发生了较为显著的转变，但各时期青铜器生产时的铅料供应也均对前期铅料有所承继和沿用。

（2）铅料来源的历时性变化

两周时期，晋国或三晋青铜器进行过铅同位素比值分析的主要有曲沃北赵晋侯墓地西周和两周之际时期青铜器[1]、天马—曲村遗址曲村北邦墓两周之际青铜器[2]

[1] 杨颖亮 . 晋侯墓地出土青铜器的合金成分、显微结构和铅同位素比值研究（硕士学位论文）[D]. 吴小红，指导 . 北京：北京大学，2005.

[2] 金正耀，W.T.Chase、平尾良光、等 . 天马—曲村遗址西周墓地青铜器的铅同位素比值研究 [M] // 北京大学考古学系商周组，山西省考古研究所 . 天马—曲村（1980-1989）. 北京：科学出版社，2000：1174 ~ 1175.

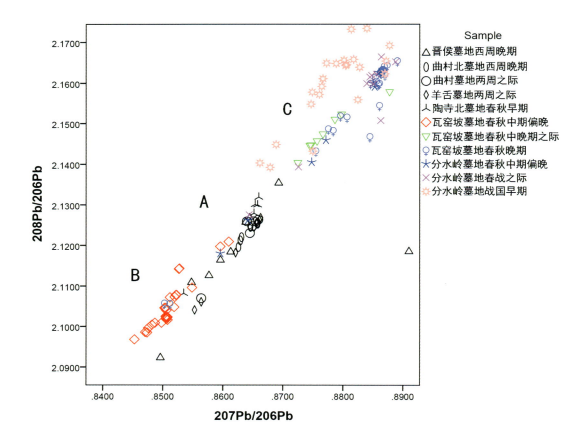

图 6-39

晋国西周晚期和东周青铜器铅同位素比值分布散点图（^{208}Pb/^{206}Pb-^{207}Pb/^{206}Pb）

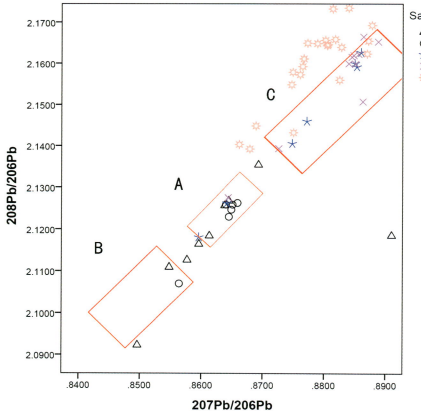

图 6-40

晋国西周晚期和东周青铜器铅同位素比值分布特征（^{208}Pb/^{206}Pb-^{207}Pb/^{206}Pb）

及长治分水岭东周墓地青铜器[1]。为深入探讨晋国东周时期青铜器所用铅料供应的承继和转变，将此三处墓地出土的西周晚期、两周之际、春秋中期及战国早期铅锡青铜或铅青铜材质青铜器的铅同位素比值数据与本次所分析的西周晚期和春秋时期青铜器的铅同位素比值数据进行了比较分析。

从铅同位素比值散点图（图 6-39～图 6-40）可以看出：北赵晋侯墓地西周晚期和两周之际青铜器多位于 A 区域之内，仅少量在 B 区域之内或其他区域。曲村北墓地西周晚期和羊舌墓地两周之际青铜器也多位于 A 区域，仅少量位于 B 区域；分水岭墓地春秋中期偏晚阶段青铜器多位于 C 区域，仅少量位于 A 区域，而该墓地春秋战国之际或战国早期青铜器则多位于 C 区域，仅少量位于 A 区域。结合瓦窑坡墓地春秋中晚期青铜器的铅同位素分析结果，不难看出，西周晚期至战国早期，晋国青铜器的铅同位素比值数据具有 3 处较为明显的特征分布区域，表明此阶段青铜器生产所用铅料具有 3 处不同的来源。其中，西周晚期至春秋早期，主要使用了 A 区域指征的铅料，并同时使用了少量 B 区域指征的铅料。春秋早期之后，转为主要使用 B 区域指征的铅料，并同时使用了少量 A 区域指征的铅料。进入春秋晚期后，开始大量使用 C 区域指征的铅料，并同时使用了少量 A 区域或 B 区域指征的铅料。另外，分水岭墓地春秋战国之际和战国早期青铜器的铅同位素比值也有一定的差异，其铜器生产所用铅料来源似有不同。

以上分析表明，晋国春秋时期青铜器生产所用铅料在春秋中期偏晚阶段发生了较为明显的转变，且各时期青铜器生产的铅料供应均对前期铅料供应体系有所承继和沿用。此外，也可能存在晚期青铜器生产时对部分早期青铜器残片回收重铸的情况，这也可能是少量晚期青铜器聚集于早期青铜器铅同位素比值特征区域的原因之一。

6.5 小结

综合以上分析，可以看出：

春秋中期阶段，晋国青铜器生产所用铜料和铅料的供应体系均发生了较为显著的变化，微量元素组合和铅同位素比值分析结果显示，春秋时期各阶段晋国青铜器生产中铜料和铅料的供应体系均存在一定程度的承继或沿用。

---

[1] 崔剑锋，韩炳华，金志斌，等．长治分水岭青铜器矿料的铅同位素比值分析 // 山西省考古研究所，山西博物院，长治市博物馆．长治分水岭东周墓地 [M]．北京：文物出版社，2010:386～391；南普恒，贾尧，高振华，等．分水岭墓地铜器材质、工艺及矿料特征的再认识 [J]．南方文物，2021（3）：191～199；张吉，韩炳华，崔剑锋，等．长治分水岭墓地出土战国器物研究三题 [J]．考古学研究，2022（2）：112～114.

第七章 风格转变与技术演进

随着侯马铸铜作坊的兴起及发展，晋国青铜文化和艺术风格也发生了转变，逐渐形成了极富地域特色的晋系青铜器，并以鲜明的地域特色成为当时中原地区青铜文化的典型代表。同时，此时期也是晋国青铜器生产的工艺转变和物料供应体系完善之时。简化的铸造工艺和稳定的金属物料供给为晋系青铜器的形成提供了重要的技术和资源保障，这也正与春秋时期晋国国力逐渐强盛，乃至争霸中原的历史进程相吻合。

7.1 春秋时期晋国青铜器的风格转变

春秋初期，晋国仍较弱小。晋文侯后，晋国经历了长达 67 年的"曲沃代翼"内乱。直至公元前 678 年，晋武公才完成"旁支代宗"，把长期分裂的晋国统一起来，使晋国开始进入一个新阶段。到晋献公时，开始扩军，灭耿、霍、魏、虢、虞等国，领土面积急剧扩大，将疆域拓展至黄河南岸和西岸，使晋国走向区域统一，逐渐强大起来 [1]。晋文公继位后 (公元前 636 年)，晋国逐渐强盛起来，城濮之战 (公元前 632 年) 大败楚国，践土之盟大会诸侯，成为雄踞黄河中游地区的头号强国，晋国霸业也自此肇始。此后，襄公接霸，悼公复霸，晋国长期称霸中原，是北方地区国力最为强盛的诸侯国，延续霸主地位 150 余年，一直与楚国南北僵持，直至三家分晋。

从目前的考古材料可知，侯马晋国遗址是晋国晚期都城新田所在。公元前 585 年，晋景公迁都新田 (今山西省侯马市)，新田从此成为晋国乃至整个中国北方最重要的政治、经济及文化中心 [2]。侯马盟书、侯马铸铜遗址出土的陶范

---

[1] 翦伯赞. 中国史纲要 [M]. 北京：北京大学出版社，2017；36 ~ 42.
[2] 郭智勇. 从考古材料看晋国霸业的兴衰 [J]. 沧桑，2013 (5)：46 ~ 48.

1. 铜鉴

2. 铜镈钟

图 7-1
太原晋国赵卿墓部分青铜器[1]

及太原晋国赵卿墓出土的青铜器等都表明晋国是当时生产力最发达、经济实力最强的诸侯国。同时，在晋都新田时期，随着侯马铸铜作坊的兴起及发展，晋国青铜文化和艺术风格也在此时期发生转变，逐渐由周文化体系发展为既具自身特色，又具深厚传统色彩的地域青铜文化，并以其鲜明的地域特色成为当时中原地区青铜文化的典型代表，并一直延续至战国中晚期。人们习称此时期的晋国青铜器为"晋系青铜器"（也有称"晋式青铜器"），与长江流域楚系青铜器成为东周时期覆盖范围最广、文化成就最高的两支地域青铜文化。

晋系青铜器的器类、形制及纹饰风格以太原晋国赵卿墓青铜器（图 7-1）、侯马铸铜遗址陶范（春秋中期偏晚至战国早期，绝对年代约在公元前 585 年至公元前 403 年）（图 7-2）及长治分水岭 M126 青铜器等为典型代表，更以赵卿墓青铜器为春秋晚期青铜器生产的巅峰之作。而晋系青铜器最显著的特点则在于纹饰地域特征和艺术特色极为鲜明，其纹饰题材具有传统艺术复兴、写实艺术勃发及文化交流反映三个特点[2]，纹饰风格也具有线条逐渐细密化的特点，与晋国西周晚期和春秋早中期青铜器的纹饰差异较为明显。

春秋早期，晋国铜容器多饰重环纹、窃曲纹或环带纹等，纹饰构图均较简单、线条也较粗宽，多为单周水平方向展开。晋侯墓地 M93 和 M102 两周之际的铜鼎、壶等多饰波曲纹、夔龙纹等（图 7-3:1、2）。羊舌墓地两周之际铜容器多饰窃曲纹、重环纹、卷云纹、瓦棱纹等（图 7-3:3），仅少数饰有三角云纹、夔龙纹、波曲纹等纹饰[3]。陶寺北墓地春秋早期青铜器也多饰有重环纹、

[1] 太原市文物考古研究所．晋国赵卿墓[M]．北京：文物出版社，2003:23、34.
[2] 山西省考古研究所．侯马陶范艺术[M]．美国：普林斯顿大学出版社，1994：13～17.
[3] 山西省考古研究所、曲沃县文物局．山西曲沃羊舌晋侯墓地发掘简报[J]．文物，2009（1）：4～26.

---

[1] 山西省考古研究所.侯马陶范艺术[M].美国:普林斯顿大学出版社,1994:127、157.

1. 晋侯墓地 M93 铜鼎纹饰　　　　　　　　　　2. 晋侯墓地 M102 铜壶纹饰

3. 羊舌墓地铜壶纹饰（两周之际）　　　　　　4. 陶寺北墓地铜壶纹饰（春秋早期）

图 7-3
晋国春秋早期
青铜器纹饰

窃曲纹或环带纹[1]（图 7-3:4）。

　　瓦窑坡墓地 M29、M30 是三晋地区所见等级最高的春秋中期墓葬，其绝对年代在公元前 600 年左右，晚于春秋中期偏早的典型墓葬洛阳中州路墓地 M2415，早于春秋中期偏晚的长治分水岭墓地 M269、M270，年代下限明显早于侯马铸铜作坊的时代[2]。M18 青铜器的风格与 M29、M30 相同，年代也基本相近。其青铜器多饰较粗疏的蟠螭纹或蟠虺纹（图 7-4 ～图 7-5），与北赵晋侯墓地、羊舌墓地及陶寺北墓地西周晚期至春秋早期青铜器均饰粗疏、宽大的窃曲纹、重环纹、瓦棱纹等相比略显细密，与侯马铸铜作坊兴起之后逐渐形成的晋系青铜器纹饰风格也明显不同，且器类中既有春秋早期常见的铜鼎、簋及壶等，也有春秋早期不见的铜盆、敦及舟等，具有较为明显的过渡阶段特征。

　　瓦窑坡墓地 M17、M20、M22 、M23 及 M25 的相对年代约属春秋中晚期之

　　[1]　山西省考古研究所,临汾市旅游发展委员会,襄汾县文化局．山西襄汾陶寺北墓地 2014 年 I 区 M7 发掘简报[J].文物,2018（10）：4 ～ 21.

　　[2]　王晓毅,陈小三,狄跟飞,等．山西隰县瓦窑坡墓地的两座春秋中期墓葬[J].考古,2017（5）：25 ～ 46.

图 7-4 瓦窑坡墓地铜鉴 M29:2 器腹蟠螭纹

图 7-5 瓦窑坡墓地铜簠 M30:27 器腹蟠螭纹

图 7-6 瓦窑坡墓地钮钟 M23:11 舞部蟠虺纹

图 7-7 瓦窑坡墓地铜鼎 M23:13 盖腹蟠虺纹

图 7-8 瓦窑坡墓地铜鼎 M23:15 器盖蟠螭纹

图 7-9 瓦窑坡墓地铜鼎 M23:16 器盖蟠螭纹

图 7-10 侯马铸铜遗址的蟠虺纹和蟠螭纹陶模[1]

1.蟠虺纹陶模（上左） 2.蟠虺纹陶模（上右） 3.蟠螭纹陶模（下左） 4.陶模（下右）

图 7-11 瓦窑坡墓地铜镇 M22:9 盖腹蟠虺纹　　**图 7-12** 瓦窑坡墓地铜鼎 M20:9 器盖蟠虺纹

---

[1]　山西省考古研究所 . 侯马陶范艺术 [M]. 美国：普林斯顿大学出版社，1994：306、307.

图 7-13 侯马铸铜遗址的
蟠虺纹和蟠螭纹陶模 [1]

1. 蟠螭纹陶模（上）
2. 蟠虺纹陶模（下左）
3. 蟠虺纹陶模（下右）

际或春秋晚期，其青铜器纹饰多数为细密的蟠螭纹和蟠虺纹（图 7-6 ～图 7-9、图 7-11 ～图 7-12），与侯马铸铜遗址部分陶范的纹饰风格（图 7-10、图 7-13）完全相同，其年代也大体在侯马铸铜作坊的兴盛时期之内，应为侯马铸铜作坊所产。然而，此五座铜器墓青铜器中均未有类似太原晋国赵卿墓青铜器中宽带状的饕餮衔虺、饕餮衔凤等侯马铸铜作坊在春秋晚期繁盛之时的典型纹饰。从纹饰的

[1] 山西省考古研究所 . 侯马陶范艺术 [M]. 美国：普林斯顿大学出版社，1994：306、307.

发展演变角度来看，其年代应早于太原晋国赵卿墓。而学界早已公认太原晋国赵卿墓青铜器是侯马铸铜作坊在春秋晚期的巅峰之作，集中代表了晋系青铜器在春秋晚期的发展高峰。由此可见，瓦窑坡墓地 M18、M29 及 M30 等的年代恰好处于侯马铸铜作坊的兴起之前，而 M17、M20、M22、M23 及 M25 等及太原晋国赵卿墓青铜器也能够代表侯马铸铜作坊兴起之后在春秋晚期的青铜器生产。

因此，结合长治分水岭墓地 M269、M270 青铜器和侯马铸铜遗址陶范的相关研究，上述青铜器和陶范材料大体反映了晋系青铜器的形成及其在春秋晚期发展中青铜器纹饰逐渐向细密化的风格转变与制作技术特征。

7.2 风格转变中工艺变革与物料变化

按照风格差异，上述研究材料可大体分为以下两个阶段：

1. 风格转变之前的工艺与物料

（1）西周晚期至春秋早期

北赵晋侯墓地 M93 和 M102、羊舌墓地 M4、M5、M7 及陶寺北墓地 2014IM7 出土的青铜器显示，晋国青铜器此时期已不再流行西周早中期那种与器形相协调的大幅图案，而多装饰粗疏、宽大的窃曲纹、重环纹及瓦棱纹等几何形纹饰。纹饰构图也均较简单，多为水平方向带状分布，并以连续重复的排列进行一周纹带的装饰，纹饰单元也不再呈西周早中期以外范范线为中心左右展开呈轴对称的结构，但其纹饰单元划分仍适应于外范的划分，纹饰带中的范线既是纹饰单元的分割线，又是器物外范的划分线。由于外范基本等分，纹饰带中各纹饰单元也多数大体相同。因此，此时期青铜器的纹饰多为模作或范作而成。

此时期青铜器合金材质以铅锡青铜为主，锡青铜和铅青铜较少，且铸造而成的青铜器多采用铅锡青铜，热锻而成的青铜器则均采用锡青铜，合金材质和加工工艺的对应关系较为明显；其次，青铜器铸造以浑铸法为主，分铸法使用较少，且主要用于铜簋、壶等器耳与器身主体的连接，垫片数量也较少；虽然此阶段铜器墓出土青铜器的微量元素和铅同位素比值数据较离散，铜料来源和铅料来源较多，但其多数数据较为集中，范围也较为一致，表明铜料和铅料的供应体系应大体相同，且存在一定的承继和沿用。

（2）春秋中期

此时期，晋国青铜器的艺术风格开始发生转变，纹饰风格逐渐向细密化的方向发展，且出现了平盖铜鼎、盆、敦及舟等新的器类。M18、M29 及 M30 是瓦窑坡墓地年代最早的一组铜器墓，相对年代为春秋中期偏晚阶段，但早于同为春秋中期偏晚阶段的长治分水岭墓地 M269、M270，是侯马铸铜作坊兴起之前的一组高等级铜器墓。仅就目前已发表的材料而言，此组墓葬中的青铜器是侯马铸铜作坊兴起之前晋国春秋中期青铜器的典型代表之一，其技术特征代表了晋系青铜器形成前夕晋国的青铜器生产。

承继春秋早期的纹饰构图模式，此时期青铜器纹饰仍多数呈水平方向带状展开，纹饰单元的划分多适应于外范的划分，尺寸也多大体相同，但纹饰图案已转变为两方或四方连续的蟠螭纹。其线条虽仍显粗疏，但较之前期却略显细密。此外，部分青铜器纹饰带中已出现模印法所形成的错位范线，各纹饰单元多包含两周或两周以上纹带，仅极少数只包含一周纹带，各纹饰单元的规格也多不相同，纹饰带中各纹饰单元的规格仍较多（4 种以上规格占可统计总数的66.7%，且多为 5 种以上）。这说明，范作或模作的纹饰制作传统在此时期开始逐渐被打破，用模印法制作纹饰开始出现，但其技术仍不成熟、不完善。

此时期，青铜器材质仍以铅锡青铜为主，其材质选择、合金配置与器物性能匹配较好，已能够根据合金性能、器物用途及所用加工工艺对合金成分做出适宜的技术选择，综合性能和技术水准较高；然而，青铜器的铸造技术却发生了较大的技术转型，分铸法开始成为主流铸造方法，镶焊和嵌范浑铸连接工艺也开始出现，垫片数量逐渐增多，模印法开始出现，铸造技术初现简化趋向；此阶段青铜器微量元素和铅同位素比值数据特征多数与前期差异较大，仅少量青铜器数据与前期相近，表明铜料和铅料的供应体系发生变化，并仍使用了少量前期的铜料和铅料。

此外，此时期的青铜器生产开始具有了较为显著的多样化技术特征，尤以M30:20、21 刻纹铜斗最为典型，多种合金材质、多种制作方法、多种连接工艺及多种装饰技法同时被使用于一件青铜器的生产之中。这说明，古代匠师在青铜器的制作中已开始拥有了较大的自由度和较多的操作空间，可以自由借鉴和尝试多种新方法和新工艺，形成了许多独特的技术创新和巧妙的工艺设计，进而孕育和催生了诸多原创性的青铜器生产新技术。

2.风格转变之后的工艺与物料

春秋晚期，晋国青铜器在艺术风格上发生了一次较大的转变，而侯马铸铜作坊也大体在此时期逐渐兴起。晋国青铜器纹饰向细密化的趋势更加明显，纹饰题材更加多样，刻纹技术逐渐成熟，镶嵌、错金等青铜器生产的新技术陆续涌现，晋系青铜器的地域特征也随着侯马铸铜作坊青铜器生产的逐渐发展而愈加鲜明。

瓦窑坡墓地 M17、M21、M20、M22、M23、M25 及 M36 的相对年代为春秋中晚期之际或春秋晚期。此时期，铜簠、簋及平盖鼎已不多见，铜敦、隆盖鼎等开始多见。青铜器纹饰愈加细密，构图仍呈水平方向带状展开，图案也多为两方或四方连续的蟠螭纹。所有饰纹青铜器均采用模印法制作纹饰，青铜器纹饰带中发现较多扇形或长方形纹饰范拼接、裁剪所形成的错位范线，各纹饰单元均仅包含一周纹饰带，纹饰带中各纹饰单元多数较规整、规格较少（4 种以上规格占可统计总数的 28.0%，且多为 2 种～3 种以上），且部分青铜器中纹饰范拼接方式已初现多样化之态，反映了春秋时期晋国青铜器生产中的图案设计已达到极高水平，设计者具有巧妙的构思和娴熟的造型能力，此时期模印法纹饰技术业已极为娴熟。

青铜器材质仍多为铅锡青铜，合金配置与前期类似。分铸法仍为主流，镶焊和嵌范浑铸连接工艺使用数量逐渐增多，垫片使用数量仍然较大，模印法普遍使用，技术简化趋向更加明显；青铜器微量元素和铅同位素比值数据特征多数与前期差异较大，且仍有少量青铜器数据与前期相近，表明铜料和铅料的供应体系发生变化，但同时仍在使用了少量前期的铜料和铅料。此外，部分青铜器在连接工艺和铸型分范方式方面具有较为显著的多样化技术特征。

太原晋国赵卿墓，年代在公元前 475 年～公元前 450 年之间[1]，晚于瓦窑坡墓地 M17、M21、M20 及 M23 等铜器墓，其青铜器是侯马铸铜作坊在春秋晚期的巅峰之作，也是晋系青铜器在春秋晚期的典型代表。此时期，青铜器纹饰主要有夔龙、夔凤、蟠螭、蟠螭、饕餮等神话动物和虎、牛、鹰等写实动物，也有各类动物合成的龙、凤及动物互相搏击、撕咬、缠绕等形象，并多呈填满云雷纹的宽带状，地域特色极为鲜明。

赵卿墓青铜器均为铅锡青铜材质，锡含量多在 10%～17%，铅含量多在 7%～28%[2]，与瓦窑坡墓地春秋晚期铜器墓出土青铜器的材质相同，合金成分也类似。其铜容器多为分铸法铸造而成，浑铸法仅用于铜簋、豆等器物，镶

[1] 山西省考古研究所，太原市文物管理委员会．太原晋国赵卿墓[M]．北京：文物出版社，1996：237.
[2] 孙淑云．太原晋国赵卿墓青铜器的分析鉴定//山西省考古研究所，太原市文物管理委员会．太原晋国赵卿墓[M]．北京：文物出版社，1996：253～268.

焊和嵌范浑铸技术更为普遍，模印法也普遍使用，刻纹铜匜中已出现极具生活气息的礼乐场面和人物形象，且出现了镶嵌、错金及包金等诸多青铜器生产新技术[1]。

3. 工艺物料与晋系青铜器形成

不难看出，侯马铸铜作坊兴起前后，晋国青铜器的风格发生了较为显著的变化，其纹饰逐渐向细密化的趋向极为显著。同时，晋系青铜器也大体随着侯马铸铜作坊的兴起和兴盛而形成和逐渐发展，而制作工艺和金属物料也均在此时期发生了较为显著的变革和发展。

侯马铸铜作坊兴起之前，以瓦窑坡墓地 M18、M29 及 M30 为典型代表的青铜器纹饰和范铸工艺已与西周晚期至春秋早期的晋国青铜器具有较大差异，合金工艺已较为成熟，分铸法成为主流工艺，铸接垫片等已较多使用，镲焊和模印法也已出现，工艺的简化趋向业已初现；晋都新田之后，侯马铸铜作坊逐渐兴起和兴盛，晋系青铜器也逐渐形成和发展，其沿袭了前期的合金配置和铸造技术，并大量使用分铸法、镲焊和嵌范浑铸连接、垫片及模印法，其范铸工艺，尤其是纹饰制作方面，技术简化倾向已极为明显。分铸法、镲焊和嵌范浑铸连接、垫片及模印法，这四项技术的普遍使用使铸造技术逐渐简化，降低了青铜器生产的技术难度，从而使得更多的人员可以参与青铜器的生产之中，为晋系青铜器的形成和侯马铸铜作坊中批量化、规模化及规范化的青铜器生产提供了重要的技术保障。同时，模印法的出现也改变了以往纹饰范作或模作的技术传统，为青铜器纹饰的规范化提供了强有力的技术支撑，促使了纹饰逐渐向细密化的风格转变。

晋系青铜器形成之前，也就是侯马铸铜作坊兴起之前，晋国青铜器生产已经具有较为显著的工艺多样化特征，并一直延续到春秋中晚期侯马铸铜作坊的兴起和兴盛时期。这种工艺多样化，或者多种工艺综合运用表明，此时期古代匠师在青铜器的制作中已经拥有了较大的自由度和较多的操作空间，可以借鉴和尝试多种新方法和新工艺。而这种多种工艺综合运用又对春秋晚期和战国时期青铜器生产中新技术的普遍出现和使用，以及晋系青铜器造型、纹饰风格及

---

[1] 吴坤仪. 太原晋国赵卿墓青铜器制作技术 // 山西省考古研究所、太原市文物管理委员会. 太原晋国赵卿墓 [M]. 北京：文物出版社，1996：269 ~ 275；陶正刚. 太原晋国赵卿墓青铜器工艺与艺术特色 // 山西省考古研究所、太原市文物管理委员会. 太原晋国赵卿墓 [M]. 北京：文物出版社，1996：295 ~ 302.

制作技术区域特征的出现和形成具有深远的影响。此外，工艺的多样化也体现出此时期青铜器生产的多样化转变，传统的青铜器管理规范和生产模式在春秋中期已经开始逐渐发生变化。

综上可知，侯马铸铜作坊兴起前后，晋国青铜器生产的铜料、铅料供应均发生了较为显著的变化，并持续和稳定地供应着春秋晚期晋国青铜器的生产。兴盛的青铜器生产必然需要持续稳定的金属物料来源，铜料和铅料资源的持续供给也为晋系青铜器的形成提供了重要的资源保障。

7.3 与周邻诸侯国青铜器的物料差异

1. 铜料

春秋时期，晋系青铜器和楚系青铜器是当时文化成就最高、地域特征也最鲜明的两支青铜文化，两者之间也多有交流和往来。晋姜鼎和戎生编钟铭文均记载，春秋初年晋楚之间存在盐铜贸易[1]，即春秋初年存在楚国铜料向晋国流通的史实。选择皖南沿江地区春秋青铜器[2]、河南申县彭氏家族墓春秋晚期青铜器[3]及湖北郧县乔家院墓地春秋中晚期青铜器[4]等进行微量元素分析的楚文化青铜器进行对比分析，以根据不同区域青铜器的微量元素特征来探讨春秋初年前后晋楚之间铜料的流通和利用情况。另外，相对于铜矿石，各矿冶遗址出土的古铜锭或冶炼渣中的铜块、铜颗粒等更能明确地指征其所输出铜料的微量元素特征，为进一步探讨晋楚之间的铜料流通和利用情况，将晋国春秋时期青铜器的微量元素数据也与湖北铜绿山[5]、湖北大冶[6]、安徽南陵和安徽铜陵[7]等长江中下游铜矿带先秦矿冶遗址出土的铜锭、铜块或炼渣中较大铜颗粒的ICP-AES微量元素分析数据进行了多元统计分析，以对比其相关性。

由于河南申县彭氏家族墓和湖北郧县乔家院墓地春秋青铜器未检测 Sb 和 Au 微量元素含量，部分古铜锭或铜颗粒也未检测 Au 微量元素含量，因此选择 As、Ag、Ni、Co、Se、Te 六种微量元素作为多元统计分析的基本变量，使用

[1] 吴毅强．晋姜鼎补论[J]．文物，2009(6)：79～83；李学勤．戎生编钟论释[J]．文物，1999(9)：75～82；张卉，吴毅强．戎生编钟铭文补论[J]．考古与文物，2011（3）：104～107．
[2] 魏国锋、秦颍、王昌燧，等．若干地区出土部分商周青铜器的矿料来源研究[J]．地质学报，2011（3）：445～458．
[3] 牛沛．楚国申县彭氏家族墓地出土青铜器矿料来源的初步研究[J]．东方博物，2013（4）：80～83．
[4] 罗武干．古麇地出土青铜器初步研究（博士学位论文）[D]．王昌燧，指导．合肥：中国科学技术大学，2008：37～38．
[5] 魏国锋、秦颍、杨立新，等．若干古铜矿及其冶炼产物输出方向判别标志的初步研究[J]．考古，2009（1）：85～95．
[6] 罗武干．古麇地出土青铜器初步研究（博士学位论文）[D]．王昌燧，指导．合肥：中国科学技术大学，2008．
[7] 秦颍、王昌燧、张国茂，等．皖南古铜矿冶炼产物的输出路线[J]．文物，2002（5）：78～82．

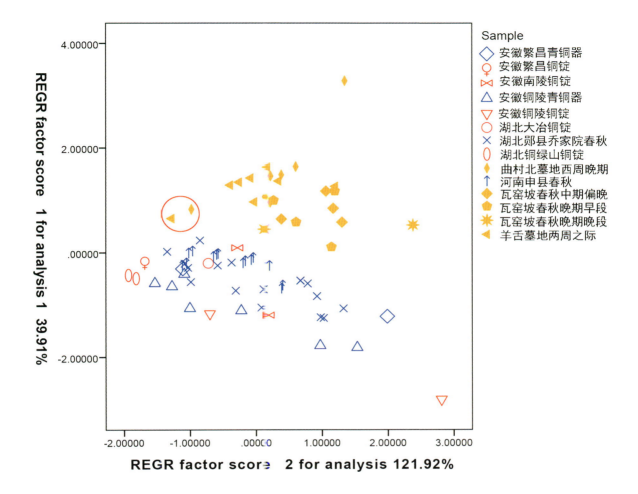

图 7-14

春秋对期青铜器与古铜锭
微量元素因子分析散点图

SPSS 软件对其进行了多元统计分析（图 7-14）。

从因子分析散点图中可以看出，曲村北墓地、羊舌墓地及瓦窑坡墓地出土的多数西周晚期、两周之际和春秋中晚期青铜器与春秋中晚期楚墓青铜器和长江中下游铜矿带出土古铜锭等分别集中于不同区域，其微量元素特征差异较为显著，表明铜料来源各不相同。值得注意的是，曲村北墓地和羊舌墓地部分青铜器远离晋国西周晚期和春秋时期青铜器的聚集区域，而与春秋中晚期楚墓青铜器和长江中下游铜矿带古铜锭的聚集区域较为接近，其微量元素特征也相近，表明其铜料来源可能相同。可以看出，晋国西周晚期和春秋时期多数青铜器与安徽铜陵、湖北铜绿山等矿冶遗址出土白铜锭或铜颗粒相关性较低，说明其铜料来源当不在长江中下游铜矿带，应有其他来源，而曲村北墓地和羊舌墓地部分青铜器所用铜料应与长江中下游铜矿带有关，这说明两周之际或稍晚时期晋楚之间已存在铜料流通。

需要指出的是，中条山胡家峪铜块的 Ag、As、Sb、Bi、Co、Ni 等含量多数低于其他矿冶遗址的铜锭或铜颗粒样品，而其 Zn 含量则明显高于其他样品，与铜绿山等矿冶遗址铜锭样品差异显著[1]。长治分水岭东周墓地战国青铜器的锌含量范围为 1600ug/g ～ 4000ug/g[2]，具有典型的高锌特征，与中条山胡家峪铜渣中铜块的高锌特征较为吻合，其铜料来源应与中条山铜矿具有密切的联系。由于目前各矿冶遗址古铜锭或铜颗粒样品的微量元素数据较少，且多数属长江中下游铜矿带，而中条山铜矿带的铜块样品却仅有一例，尚不能准确判断其输出铜料的微量元素特征。但从地理位置来看，中条山铜矿带是距离晋国最近的铜矿资源，目前仍然很难排除春秋中晚期晋国青铜器使用中条山铜矿的可能性。

此外，同一时期不同地域青铜器的微量元素特征能够反映出该时期不同地域青铜器所用铜料的异同和流通情况。目前，晋国东周时期青铜器的矿料来源研究极为有限，仅有侯马上马墓地、新绛柳泉墓地[3]及长治分水岭墓地[4]部分青铜器进行了微量元素分析。柳泉墓地位于侯马晋都新田遗址西南约 15 公里的新绛县柳泉一带，是晋都新田晚期的晋公陵墓区，其铜器多属春秋晚期至战国早期，多为侯马铸铜作坊所产[5]；上马墓地位于侯马晋都新田遗址牛村古城西南约 3 公里的上马村东，是晋国都城的重要组成部分，于晋都新田遗址晚期被废弃。其铜器墓年代为春秋早期至春战之交，且大部分铜器的纹饰与侯马铸铜遗址出土的陶范纹饰相同，也多为侯马铸铜作坊所产[6]；长治分水岭墓地位于长治市北城墙外，其铜器墓年代为春秋中期至战国中期，也属典型的晋文化系统[7]。可以看出，上马墓地、柳泉墓地及分水岭墓地出土的青铜器均与晋国东周时期的铜器生产具有密切联系，因此将其也纳入晋国春秋时期铜料物供应的讨论范围。利用微量元素分组的方法，选择皖南沿江地区春秋青铜器[8]、河南南阳地区夏响铺、八一路及徐家岭墓地春秋青铜器[9]、河南淅川下寺墓地等春秋青铜器[10]及湖北郧县乔家院墓地春秋青铜器[11]等已进行微量元素分析的楚

[1] 魏国锋. 古代青铜器矿料来源与产地研究的新进展 [D]. 王昌燧，指导. 中国科学技术大学，2007：47 ～ 49；魏国锋、秦颖、杨立新，等. 若干古铜矿及其冶炼产物输出方向判别标志的初步研究 [J]. 考古，2009（1）：85 ～ 95.
[2] 韩炳华，崔剑锋. 山西长治分水岭东周墓地出土青铜器的科学分析 [J]. 考古，2009（7）：80 ～ 88.
[3] 魏国锋，秦颖，王昌燧，等. 若干地区出土部分商周青铜器的矿料来源研究 [J]. 地质学报，2011（3）：445 ～ 458.
[4] 韩炳华，崔剑锋. 山西长治分水岭东周墓地出土青铜器的科学分析 [J]. 考古，2009（7）：80 ～ 88.
[5] 黄景略，杨富斗. 晋都新田 [M]. 太原：山西人民出版社，1996：145 ～ 193.
[6] 山西省考古研究所. 上马墓地 [M]. 北京：文物出版社，1994：4 ～ 9，301.
[7] 山西省考古研究所，山西博物院，长治市博物馆. 长治分水岭东周墓地 [M]. 北京：文物出版社，2010：352 ～ 378.
[8] 魏国锋，秦颖，王昌燧，等. 若干地区出土部分商周青铜器的矿料来源研究 [J]. 地质学报，2011，85（3）：445 ～ 458.
[9] 牟迪. 南阳东周青铜器科技考古研究——以夏响铺、八一路、徐家岭青铜器为例（博士学位论文）[D]. 宋国定，指导. 北京：中国科学院大学，2016：74 ～ 75.
[10] 刘铮峰. 东周楚系青铜器的冶金考古研究（博士学位论文）[D]. 胡耀武，指导. 北京：中国科学院大学，2017：112 ～ 113.
[11] 罗武干. 古麇地出土青铜器初步研究（博士学位论文）[D]. 王昌燧，指导. 合肥：中国科学技术大学，2008.

文化青铜器与甘肃礼县和陕西陇县、凤翔及宝鸡等秦国春秋青铜器[1]进行了对比分析（表7-1），以探讨晋楚、晋秦之间铜料的流通和利用。虽然，各时期青铜器微量元素的数据量均不多，但时期较为齐全，仍可大致反映出各时期青铜器微量元素的分组特征及其变化趋势。

春秋时期秦国青铜器的微量元素分组较为一致，各时期均多集中于第九组和第十二组，仅春秋中期第二组具有一定比重，其微量元素特征与晋国青铜器的微量元素特征接近，但晋国青铜器的微量元素分组以第十二组为主，而秦国青铜器则以第九组为主，两者之间同中有异，同为主，异为次，联系较为密切；相对而言，楚国春秋时期青铜器的微量元素分组相对复杂和多样，其主要为第一组、第二组、第三组、第六组及第七组，第九组和第十二组所占比重相对较小，与晋国和秦国青铜器均差异显著，两者之间异中有同，异为主，同为次。同时，这也表明春秋中晚期，晋国、秦国及楚国在青铜器生产中的铜料的供应体系有所不同。

表7-1 西周晚期和春秋时期晋国、秦国及楚国青铜器微量元素分组统计（10%以上）

诸侯国	类别	年代	微量元素组合								数据量
			一组	二组	三组	四组	六组	七组	九组	十二组	
晋国	晋侯墓地 M8 组	西周晚期	31%	13%	19%		31%				16
	晋侯墓地 M64 组	西周晚期	18%		16%		18%	12%		14%	44
	曲村北墓地	西周晚期			14%		14%			71%	7
	羊舌墓地	西周之际				13%	50%	13%		25%	8
	晋侯墓地 M93 组	春秋初年						17%		62%	29
	陶寺北墓地	春秋早期				50%			33%	17%	6
	瓦窑坡墓地 一组	春秋中期 偏晚	35%						38%	19%	26

[1] 贾腊江. 秦早期青铜器科技考古学研究（博士学位论文）[D]. 赵丛苍，指导. 西安：西北大学，2005:106～107.

续表

诸侯国	类别	年代	微量元素组合								数据量
			一组	二组	三组	四组	六组	七组	九组	十二组	
	瓦窑坡墓地二组	春秋中晚期之际							43%	57%	7
	瓦窑坡墓地三组	春秋晚期早段							17%	78%	18
	瓦窑坡墓地四组	春秋晚期晚段								100%	5
	侯马上马墓地	春秋时期							50%	50%	2
	新绛柳泉墓地	东周时期								100%	2
秦国	陇县	春秋早期							82%	12%	17
	礼县、陇县、凤翔墓地	春秋中期		27%					47%	27%	15
	陇县墓地	春秋晚期							89%	11%	9
楚国	南阳夏响铺墓地	春秋早期	14%		71%			14%			7
	南阳徐家岭等墓地	春秋中晚期			18%			39%		18%	28
	湖北乔家院墓地	春秋中晚期			15%	11%		11%	41%	11%	27
	安徽铜陵墓地	春秋时期	33%	56%			11%				9

注：所占比例在 10% 以下的微量元素分组未列入统计。

值得关注的是，晋国西周晚期或春秋初年阶段青铜器中第二组、第三组、第七组和秦国青铜器中第二组均较多地出现于楚国青铜器中，这反映了晋国和秦国部分青铜器生产利用了长江中下游铜矿带的铜料，即长江中下游铜矿带所产铜料在晋、秦、楚之间存在一定程度的流通。

2. 铅料

同一地域不同时期青铜器的铅同位素比值特征反映了这一地域一定时期青铜器生产所用铅料供应的变化，而同时期内不同地域青铜器的铅同位素比值特征则能够反映出这一时期不同地域青铜器生产所用铅料或产品的流通。

目前，晋国周邻的楚国和秦国春秋时期青铜器中，已进行过铅同位素比值分析的主要有安徽六安地区楚国青铜器[1]，甘肃礼县和陕西陇县、凤翔及宝鸡等秦国青铜器[2]，河南南阳地区夏响铺、八一路和徐家岭墓地楚国青铜器[3] 及湖北郧县乔家院墓地楚国青铜器[4] 等。为进一步探讨春秋时期晋国青铜器生产所用铅料与周邻秦国和楚国的异同和联系，我们将所分析和辑录的晋国西周晚期和春秋时期青铜器的铅同位素比值数据与秦国、楚国已刊布的春秋时期青铜器铅同位素比值数据进行了比较分析。

铅同位素比值分布特征图（图 7-15 ～ 图 7-17）显示：陕西陇县和宝鸡地区秦国春秋早期青铜器的铅同位素比值数据多数集中于晋国西周晚期、两周之际及春秋早期青铜器铅同位素比值数据的聚集区域 A 区，少量分布于晋国春秋中期偏晚阶段青铜器（瓦窑坡墓地 M18、M26、M29 及 M30）铅同位素比值数据的聚集区域 B 区。河南南阳夏响铺墓地楚国春秋早期青铜器的铅同位素比值数据也主要分布于 A 区。而安徽寿县和皖西地区楚国春秋青铜器则多分布于 B 区，仅有少量接近于 A 区；河南南阳淅川楚国春秋中期青铜器的铅同位素比值数据多数集中于 B 区，少量分布于 A 区。秦国春秋中期青铜器的铅同位素数据较为复杂，宝鸡青铜器集中于 A 区，凤翔青铜器分散分布于 A、B、C 区，陇县青铜器集中于 B 区，礼县青铜器分散分布于 A 区和 B 区；湖北郧县乔家院墓地楚国春秋晚期青铜器的铅同位素比值数据多数集中于 B 区，仅少量分布于晋国春秋中晚期之际和春秋晚期阶段青铜器铅同位素比值数据的聚集区域 A 区或接近 C 区。河南南阳八一路墓地楚国春秋晚期青铜器中，较高级别墓葬的青铜器多集中于 B 区，少量分布或接近于 A 区，而低级别墓葬的青铜器虽多集中于 B 区，但也有部分分布于 A 区或接近 C 区，其铅料来源极为多样，而南阳徐家岭、上蔡及淅川墓地青铜器则分散分布于 A、B、C 区。陕西陇县秦国春秋晚期青铜器的铅同位素比值数据则均集中分布于 A 区，较为集中。

依据现有的铅同位素比值数据，春秋时期晋国、秦国及楚国青铜器主要集中分布于 A、B、C 三处，且在不同阶段各有侧重，表明春秋时期晋国、秦国及

[1] 文娟，凌雪，赵丛苍，等．安徽六安地区东周楚国青铜器铅同位素特征的初步研究 [J]．西北大学学报（自然科学版），2013（6）：1016 ～ 1020．

[2] 贾腊江，姚远，赵丛苍，等．秦早期青铜器中铅料矿源分析 [J]．自然科学史研究，2015，34（1）：97 ～ 104．

[3] Di Mu, et al,. Provenance study on Chinese bronze artefacts of E in the Zhou dynasty by lead isotope analysis, Journal of Archaeologica Science.2014（52）：515 ～ 523. 牟迪．南阳东周青铜器科技考古研究——以夏响铺、八一路、徐家岭青铜器为例（博士学位论文）[D]．宋国定，指导．北京：中国科学院大学，2016：74 ～ 75．

[4] 刘铮峰．东周楚系青铜器的冶金考古研究（博士学位论文）[D]．胡耀武，指导．北京：中国科学院大学，2017：88 ～ 89．

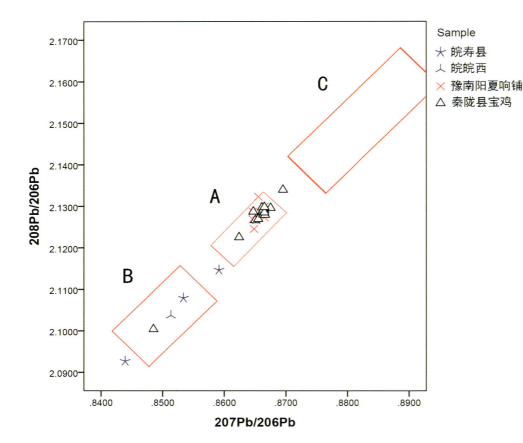

图 7-15

晋国西周晚期和一东周青铜器与秦、楚春秋早期青铜器铅同位素比值分布特征

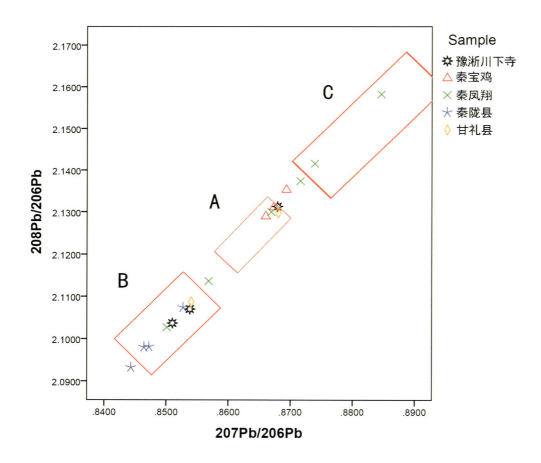

图 7-16

晋国西周晚期一东周青铜器与秦、楚春秋中期青铜器铅同位素比值分布特征

图 7-17

晋国西周晚期—东周青
铜器与秦、楚春秋晚期
青铜器铅同位素比值分
布特征

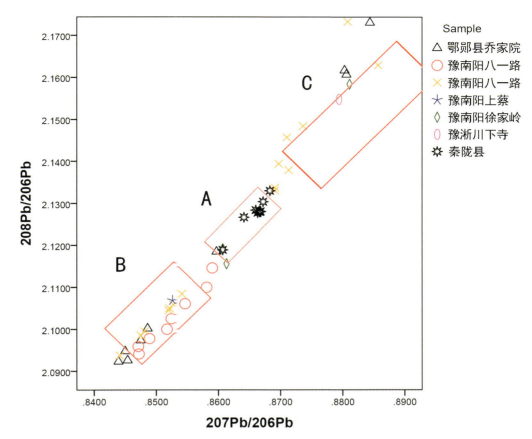

楚国可能均使用了三处具有不同铅同位素比值特征的铅源。结合铅同位素比值
特征分布区域统计表（表 7-2），可以看出，春秋早期时，晋国、秦国及楚国青
铜器均同时使用着 A 处特征的铅源，且又同时使用着少量 B 处特征的铅源。春
秋中期时，晋国青铜器转变为主要使用 B 处和 C 处特征的铅源，而秦国和楚国
青铜器也转变为主要使用 B 处特征的铅源，但其同时使用了少量 A 处或 C 处特
征的铅源。春秋晚期时，晋国主要使用 C 处特征的铅源，A 处和 B 处特征的铅
源已较少使用，秦国青铜器则主要使用 A 处特征的铅源，楚国青铜器则多使用
B 处和 C 处特征的铅源，并较少使用 A 处特征的铅源。而关于春秋时期晋国、
秦国及楚国青铜器铅同位素比值随时代变化的现象，张吉、陈建立也有注意，
虽未发表相关铅同位素比值数据，但从所发表的东周青铜器铅同位素比值 4 个
主要区间中仍可看出，其所划分的春秋时期青铜器的三个区域，大体也在本研
究所划分的 A、B 及 C 区域范围之内，仅数据范围略有差异。

表 7-2　春秋时期晋、秦及楚国青铜器铅同位素比值数据特征分布区域统计表

年代	晋	秦	楚（豫）	楚（鄂）	楚（皖）
西周晚期或两周之际	多 A，少 B				
春秋早期	多 A，少 B	多 A，少 B	多 A		多 B，少 A
春秋中期	B、C，少 A	多 B，少 A、C	多 B，少 A		
春秋晚期	多 C，少 A、B	A	多 B、C，少 A	多 B，少 C	

　　由此可见，晋国、秦国及楚国青铜器的铅同位素比值特征或使用的铅源在春秋中晚期均发生了较为明显的转变，铅源使用比例具有较为明显的消长，并具有了各自的显著特征。此时期，晋国、秦国及楚国青铜器的地域风格逐渐形成，铅料来源的变化应与地域风格的形成和各自青铜器生产体系的形成、兴盛密切相关。

　　此外，虽然部分晚期青铜器铅同位素比值数据分布于早期青铜器铅同位素比值数据聚集区域的原因可能也与对早期青铜器残片的重熔铸造有关，但从各时期青铜器铅同位素比值数据集中分布于 A、B、C 三处的特征来看，春秋时期应主要有三处不同的铅源持续供应着至少晋、楚、秦三国的青铜器生产，其具体来源仍有待进一步探索。而一定时期内，具有相同或相近铅同位素比值特征的铅源同时供应多国青铜器生产的现象也说明了春秋时期存在着单一矿源地点同时供应多处铸铜作坊进行青铜器生产的资源流通模式。

7.4　小结

　　综合以上分析，可以看出：

　　（1）侯马铸铜作坊兴起之时，既是晋国青铜器风格转变之时，又是工艺转变和物料供应体系变化之时。简化的工艺和稳定、持续的物料供给为晋系青铜器的形成提供了重要的技术保障和资源保障，而工艺多样化、物料变化及稳定持续的物料供给又表明了春秋中晚期晋国在侯马铸铜作坊重新组织了青铜器的生产，并一改以往周文化体系下的青铜器生产规范和技术方法，继承传统，创新发展，逐渐开启了北方地区青铜器生产的新模式。

　　（2）两周之际前后，晋国青铜器生产所用铜料部分来源于长江中下游铜矿带，应与春秋初年的晋楚盐铜贸易有关，并可能一直延续至春秋中期。晋国、秦国及楚国青铜器的铅同位素比值特征或使用的铅料来源在春秋中晚期阶段均发生了较为明显的转变，应与其各自地域风格和青铜器生产体系的形成、兴盛密切相关。

第八章 结语

8.1 结论

综合以上分析，可得到以下认识：

1. 春秋时期，晋国青铜器多为铅锡青铜铸造而成，合金工艺在材质、锻制铜容器及镰焊焊料方面有所发展，范铸工艺发生变革，技术简化趋向显著，为春秋晚期侯马铸铜作坊批量化、规模化及规范化的铜器生产模式奠定了技术基础。孕育和形成于春秋口期的模印法也改变了以往纹饰范作或模作的技术传统，为青铜器纹饰的规范化提供了强有力的技术支撑，促使了青铜器纹饰逐渐向细密化的风格转变。

2. 春秋中晚期，晋国青铜器生产具有较为显著的工艺多样化特征，表明传统周文化体系下的青铜器生产规范和生产模式已开始发生转变，也体现了宗法制度本身的逐步衰微和周文化礼制对社会生活约束力的逐渐减弱。此外，多种工艺的综合运用也促使了春秋中晚期和战国时期青铜器生产中各种新技术的普遍出现和使用，对晋系青铜器地域特征的形成具有深远的影响。

3. 春秋中晚期，晋国青铜器所用铜料和铅料的来源均发生了较为显著的变化。晋国、秦国及楚国青铜器的铅同位素比值特征或使用的铅金属物料供应在春秋中晚期发生了较为明显的转变，而此时期也正是青铜器地域风格的形成时期，这种特征的出现当与其各自独立的青铜器生产密切相关。

4. 侯马铸铜作坊兴起之时，既是晋国青铜器风格转变之时，又是工艺转变和物料供应体系变化之时。而侯马铸铜作坊兴起前后的工艺多样化、物料变化及稳定持续的物料供给则表明春秋中晚期晋国在侯马铸铜作坊重新组织了铜器生产，这也正与其逐渐虽盛，乃至争霸中原的历史进程相吻合。

5. 晋系青铜器形成中，生产技术的承继变革和金属物料的稳定供给提供了重要的技术支撑和资源保障，并随着晋国国力的逐渐强盛，通过各种复杂的互动影响与社会变革、文化交流等诸多因素共同促使晋系青铜器成为东周时期中原青铜文化的典型代表。另外，从目前已发表的材料来看，春秋时期晋国青铜器合金工艺的发展、范铸工艺的转变、金属物料的变化，暗示了晋系青铜器的形成是在晋国自身青铜器生产体系中逐渐发展和演变而来的。

8.2 展望

本研究以瓦窑坡墓地春秋中晚期青铜器为中心，结合前人相关研究，对春秋时期晋国青铜器的合金工艺、铸造工艺、模印纹饰、工艺多样化、微量元素及铅同位素比值等进行了较为全面的科学分析研究，并就铜料和铅料来源与周邻的秦、楚等诸侯国青铜器进行了比较分析，但由于材料所限，数据量仍然较少，关于此时期晋国青铜器生产的诸多认识仍有待进一步深化。

后期研究中，应着力于以下几个方面：一是要充实春秋时期各时段青铜器，尤其是春秋早期和春秋晚期高等级铜器墓出土青铜器的科学分析研究，以期能够更加细致地观察相关技术特征随时代变化的规律；二是要深入开展侯马铸铜遗址陶范和春秋中晚期晋国青铜器范铸工艺的比较研究，以期能够更加细致地呈现晋国青铜器生产各环节的技术面貌；三是要加强矿冶和铸造遗址的调查、发掘及冶铸遗物与青铜器的比较分析，以期能够更加明确所用金属物料的具体来源和铜、铅等金属物料的流通模式。

此外，春秋时期晋国的青铜器生产相关研究应纳入整个东周时期青铜器生产的研究体系和背景之内，但目前已发表的秦、楚、齐、燕等诸侯国青铜器系统的科学分析，尤其是范铸工艺研究仍然较少，各项研究也多有缺环，极大地限制了相关问题的深入探讨，相关研究亟待开展。

表 A-1 瓦窑坡墓地 M18、M26、M29 及 M30 青铜器铸造工艺考察结果

序号	器物名称	器物编号	器耳	纹饰	模印纹饰	铸型分范（盖）	铸型分范（身）	铸造技术	底范	曲尺形钮	环形钮	耳	足	鉴	其他
1	铜鼎	M18:1	附耳	盖、腹、耳均饰蟠螭纹	盖腹	不详	三分外范	分铸	圆形	铸接 3	铸接 1	铸接 2	铸接 3		铸接 3
2	铜鼎	M18:2	附耳	盖、腹均饰蟠螭纹，耳光素	盖腹	不详	三分外范	分铸	圆形	铸接 3	铸接 1	铸接 2	铸接 3		铸接 3
3	铜鼎	M18:3	附耳	盖、腹均饰蟠螭纹，耳光素	腹	不详	三分外范	分铸	圆形	铸接 3	铸接 1	铸接 2	铸接 3		铸接 3
4	铜匜	M18:4		兽首，余光素			两分外范	分铸					铸接 2、浑铸 1	浑铸 1	
5	铜盘	M18:5	附耳	光素			三分外范	分铸				铜焊 2	铸接 3		
6	铜舟	M18:6		光素			两分外范	分铸				铸接 2			
7	铜罍	M18:7	附耳	耳、腹均饰蟠螭纹			四分外范	分铸	圆形			销接 2			
8	铜盆	M18:13	附耳	光素		小详	四分外范	分铸	凹形			铸接 1、铆接 1			
9	铜鉴	M26:1	附耳	耳、腹			三分外范	分铸	圆形		铸接 1	铸接 2	铸接 3		
10	铜鉴	M29:1	附耳	耳、腹			八分外范	分铸				销接 4			流铸铸接 1
11	铜鉴	M29:2	附耳	耳、腹			八分外范	分铸				销接 4			流铸铸接 1
12	铜鼎	M29:3	附耳	光素		不详	三分外范	分铸	圆形	铸接 3	铸接 1	铸接 2	铸接 3		
13	铜鼎	M29:4	附耳	光素		不详	三分外范	分铸	圆形	铸接 3	铸接 1	铸接 2	铸接 3		
14	铜鼎	M29:5	附耳	光素		不详	三分外范	分铸	圆形	铸接 3	铸接 1	铸接 2	铸接 3		
15	铜鼎	M29:48	附耳	光素		不详	三分外范	分铸	圆形	铸接 3	铸接 1	铸接 2	铸接 3		
16	铜鼎	M29:8	附耳	光素		不详	三分外范	分铸	圆形	铸接 3		销接 2	铸接 3		
17	铜鼎	M29:6	附耳	盖曲尺形钮、耳，腹，足素	盖，腹，足光	不详	三分外范	分铸	圆形	铸接 3	铸接 1	铸接 2	铸接 3		
18	镈钟	M29:15		舞、篆带、鼓，钮					浑铸						
19	镈钟	M29:16		舞、篆带、鼓，钮					浑铸						
20	镈钟	M29:17		舞、篆带、鼓，钮					浑铸						
21	镈钟	M29:18		舞、篆带、鼓，钮	舞				浑铸						
22	镈钟	M29:19		舞、篆带、鼓，钮					浑铸						
23	编钟	M29:20		舞、篆带、鼓，钮光素					浑铸						
24	编钟	M29:21		舞、篆带、鼓，钮光素					浑铸						

续表

序号	器物名称	器物编号	器耳	纹饰	模印纹饰	铸型分范		铸造技术	底范	主附件连接方法					
						盖	身			曲尺形钮	环形钮	耳	足	鉴	其他
25	编钟	M29:22		舞、篆带、鼓，钮光素				浑铸							
26	编钟	M29:23		舞、篆带、鼓，钮光素				浑铸							
27	编钟	M29:24		舞、篆带、鼓，钮光素				浑铸							
28	编钟	M29:25		舞、篆带、鼓，钮光素				浑铸							
29	编钟	M29:26		舞、篆带、鼓，钮光素				浑铸							
30	编钟	M29:27		舞、篆带、鼓，钮光素	鼓			浑铸							
31	编钟	M29:46		舞、篆带、鼓，钮光素				浑铸							
32	铜盆	M29:7	附耳	光素		不详	四分外范	分铸				铸接2			
33	铜敦	N29:9	附耳	光素		不详	不详	分铸			铸接3	铸接2			
34	铜缶	M29:10		光素		不详	两分外范	分铸			铸接5	铸接2			
35	铜匜	M29:11		流、兽首、尾鋬，腹足光素			两分外范	分铸					铸接3		铸接1
36	铜盘	M29:12	附耳	镂空附耳，腹足光素			三分外范	分铸				铸接2	铸接3		
37	铜甗	M29:13、14		光素			三分外范	浑铸	三角形			浑铸2	浑铸3		
38	编钟	M30:1		舞、篆带、鼓，钮光素				浑铸							
39	编钟	M30:2		舞、篆带、鼓，钮光素				浑铸							
40	编钟	M30:3		舞、篆带、鼓，钮光素				浑铸							
41	编钟	M30:4		舞、篆带、鼓，钮光素				浑铸							
42	编钟	M30:5		舞、篆带、鼓，钮光素				浑铸							
43	编钟	M30:6		舞、篆带、鼓，钮光素				浑铸							
44	编钟	M30:7		舞、篆带、鼓，钮光素				浑铸							
45	编钟	M30:8		舞、篆带、鼓，钮光素				浑铸							
46	编钟	M30:9		舞、篆带、鼓，钮光素				浑铸							
47	铜鼎	M30:16	附耳	盖、曲尺形钮，耳、腹，足光素	盖腹		三分外范	分铸	圆形	嵌范浑铸3	铸接1	铸接2	铸接3		
48	铜鼎	M30:17	附耳	盖、曲尺形钮，耳、腹，足光素	盖腹		三分外范	分铸	圆形	圆形	铸接3	铸接1	铸接2		铸接3
49	铜鼎	M30:18	附耳	盖、曲尺形钮，耳、腹，足光素	盖腹		三分外范	分铸	圆形	圆形	铸接3	铸接1	铸接2		铸接3
50	铜鼎	M30:31	附耳	盖、曲尺形钮，耳、腹，足	盖腹		三分外范	分铸	圆形	圆形	铸接3	铸接1	铸接2		铸接3
	铜鼎	M30:34	附耳	盖、曲尺形钮，耳、腹，足	盖腹		三分外范	分铸	圆形	圆形	铸接3	铸接1	铸接2		铸接3

续表

序号	器物名称	器物编号	器耳	纹饰	模印纹饰	铸型分范 盖	铸型分范 身	铸造技术	底范	曲尺形钮	环形钮	耳	足	錾	其他
51	铜壶	M30:14	附耳	盖、颈、腹、圈足			四分外范	分铸	圆形				销铸2		
52	铜壶	M30:15	附耳	盖、颈、腹、圈足			四分外范	分铸	圆形				销铸2		
53	铜簋	M30:29	附耳	盖、腹、耳	盖侧		四分外范	分铸	方形						铸接4
54	铜簋	M30:30	附耳	盖、腹、耳	盖侧		四分外范	分铸	方形						铸接4
55	铜簋	M30:27	附耳	盖、腹			三分外范	分铸					铜焊2		
56	铜簋	M30:33	附耳	盖、腹			三分外范	分铸					铸接2/后		
57	铜甗	M30:22	沿耳	光素			三分外范	浑铸	三角形	三角形				浑铸3	
58	铜甗	M30:23	沿耳	光素			三分外范	浑铸	三角形	三角形			铸接2	浑铸3	
59	铜甗	M30:24	沿耳	光素			三分外范	浑铸	三角形	三角形				浑铸3	
60	铜匜	M30:19		流、盖、尾鋬、腹足光素			两分外范	分铸							浑铸1
61	铜盆	M30:28	附耳	光素			四分外范	分铸	圆形				铆接2		
62	铜盆	M30:35	附耳	光素			四分外范	分铸	圆形				铸接2		
63	铜斗	M30:20		盖、腹、柄、底光素			三分外范	分铸							
64	铜豆	M30:25		光素			三分外范	浑铸							
65	铜舟	M30:26		光素			两分外范	分铸					铸接2		
66	铜盘	M30:32	附耳	耳、腹光素			三分外范	分铸					铸接2	铸接3	

表 A-2 瓦窑坡墓地 M17、M21 青铜器铸造工艺考察结果

序号	器物名称	器物编号	器耳	纹饰	模印纹饰	铸型分范		铸造技术	底范	曲尺形钮	主附件连接方法				
						盖	身				环形钮	耳	足	鉴	其他
1	铜鼎	M17:2	附耳	盖、腹、耳、足光素	盖、腹	不详	三分外范	分铸	圆形		分铸 3	分铸 2	分铸 3		
2	铜鼎	M17:5	附耳	盖、腹、耳、足光素	盖、腹	不详	三分外范	分铸	圆形		分铸 1、镶焊 1	分铸 2	分铸 3		
3	铜鼎	M17:8	附耳	盖、腹、耳、足光素	盖、腹	不详	三分外范	分铸	圆形		分铸 3	分铸 2	分铸 3		
4	铜敦	M17:3	附耳	盖、腹、耳、足光素	盖、腹	不详	两分外范	分铸 + 浑铸	圆形		分铸 3	嵌范浑铸 2	分铸		
5	铜盘	M17:7	沿耳	光素			不详	浑铸				浑铸 2			
6	铜匜	M17:9		光素			两分外范	浑铸							
7	铜匜	M17:10		光素			两分外范	分铸					镶焊 3	镶焊 1	
8	铜鼎	M21:5	附耳	光素		不详	三分外范	分铸	圆形		分铸 3	分铸 2	镶焊 3		
9	铜鼎	M21:7	附耳	光素		不详	三分外范	分铸	圆形		分铸 3	分铸 2	镶焊 3		
10	铜鼎	M21:9	附耳	光素		不详	三分外范	分铸	圆形		分铸 3	分铸 2	镶焊 3		
11	铜敦	M21:8	附耳	光素		不详	三分外范	分铸	圆形		分铸 3	分铸 2	镶焊 3		
12	铜敦	M21:10	附耳	光素		不详	三分外范	分铸	圆形		分铸 3	分铸 2	分铸 3		
13	铜盘	M21:1	附耳	耳、腹光素			三分外范	分铸				分铸 2	分铸 3		
14	铜舟	M21:2		光素			二分外范	分铸				铆接 2			
15	铜匜	M21:3		光素			二分外范	分铸				镶焊 3	浑铸 1		

表 A-3 瓦窑坡墓地 M20、M22 及 M23 青铜器铸造工艺考察结果

序号	器物名称	器物编号	器耳	纹饰	模印纹饰	铸型分范 盖	铸型分范 身	铸造技术	底范	曲尺形形钮	环形钮	耳	耳	足	鉴	其他
1	铜鼎	M20:9	附耳	盖、耳、腹、足光素	盖、腹	不详	三分外范	分铸	圆形				分铸2	分铸3		
2	铜鼎	M20:12	附耳	盖、耳、腹、足光素	盖、腹	不详	三分外范	分铸	圆形				分铸2	分铸3		
3	铜鼎	M20:13	附耳	盖、耳、腹、足光素	盖、腹	不详	三分外范	分铸	圆形				分铸2	分铸3		
4	铜敦	M20:2	附耳	盖、腹、足光素	盖、腹	不详	两分外范	浑铸+分铸	圆形		嵌范浑铸3		嵌范浑铸2	镶焊3		
5	铜敦	M20:7	附耳	盖、腹、足光素	盖、腹	不详	两分外范	浑铸+分铸	圆形		嵌范浑铸3		嵌范浑铸2	镶焊3		
6	铜甗	M20:8	附耳	腹	腹		两分外范	浑铸	椭圆				嵌范浑铸2			
7	铜盘	M20:10	沿耳	光素			两分外范	浑铸+分铸	圆形				浑铸2	镶焊3		
8	铜匜	M20:11	附耳	光素			两分外范	浑铸+分铸	圆形				嵌范浑铸2	镶焊3	浑铸1	
9	铜敦	M22:2	附耳	盖、腹、足光素	盖、腹	不详	两分外范	分铸+浑铸	圆形		分铸3		嵌范浑铸2	分铸3		
10	铜敦	M22:3	附耳	盖、腹、足光素	盖、腹	不详	两分外范	分铸+浑铸	圆形		分铸3		嵌范浑铸2	分铸3		
11	铜盘	M22:4	附耳	光素			三分外范	分铸	圆形				铜焊2	分铸3		
12	铜匜	M22:5	附耳	光素			两分外范	分铸+浑铸	椭圆						浑铸1	
13	铜甗	M22:6	附耳	光素	腹		两分外范	分铸	椭圆		分铸3		分铸2			
14	铜鍑	M22:9	附耳	盖、耳、腹光素	盖、腹	不详	两分外范	分铸+浑铸	圆形		分铸3		嵌范浑铸2			
15	铜鼎	M23:1	附耳	盖、耳、腹、足光素	盖、腹	不详	三分外范	分铸	圆形				铸接2	铸接3		
16	铜鼎	M23:13	附耳	盖、耳、腹、足光素	盖、腹	不详	两分外范	分铸	圆形				铸接2	铸接3		
17	铜鼎	M23:15	附耳	盖、耳、腹、足光素	盖、腹	不详	三分外范	分铸	圆形				铸接2	铸接3		
18	铜鼎	M23:16	附耳	盖、耳、腹、足光素	盖、腹	不详	三分外范	分铸	圆形				铸接2	铸接3		
19	铜鼎	M23:22	附耳	盖、耳、腹、足光素	腹		三分外范	分铸	圆形				铸接2	铸接3		
20	铜敦	M23:14	附耳	盖、腹、耳、足光素	盖、腹	不详	两分外范	分铸	圆形		铸接3		嵌范浑铸2	铸接3		
21	铜敦	M23:19	附耳	盖、腹、耳、足光素	盖、腹	不详	两分外范	分铸	圆形		铸接3		嵌范浑铸2	镶焊3		
22	铜盘	M23:18	附耳	虎形足、腹光素			三分外范	分铸	圆形				铸接2	铸接3		
23	铜匜	M23:23		兽首、腹、足光素			两分外范	浑铸					浑铸2	浑铸3	浑铸1	
24	编钟	M23:11		舞、钲、钮、鼓光素	舞篆带			浑铸								
25	编钟	M23:29		舞、钲、钮、鼓光素	舞篆带			浑铸								

续表

序号	器物名称	器物编号	器耳	纹饰	模印纹饰	铸型分范 盖	铸型分范 身	铸造技术	底范	曲尺形钮	环形钮	主附件连接方法 耳	主附件连接方法 足	鉴	其他
26	编钟	M23:30		舞、钲、钮、鼓光素	舞篆带			浑铸							
27	编钟	M23:31		舞、钲、钮、鼓光素	舞篆带			浑铸							
28	编钟	M23:32		舞、钲、钮、鼓光素	舞篆带			浑铸							
29	编钟	M23:33		舞、钲、钮、鼓光素	舞篆带			浑铸							
30	编钟	M23:34		舞、钲、钮、鼓光素	舞篆带			浑铸							
31	编钟	M23:35		舞、钲、钮、鼓光素	舞篆带			浑铸							
32	编钟	M23:36		舞、钲、钮、鼓光素	舞篆带			浑铸							

表 A-4 瓦窑坡墓地 M25、M36 青铜器铸造工艺考察结果

序号	器物名称	器物编号	器耳	纹饰	模印纹饰	铸型分范 盖	铸型分范 身	铸造技术	底范	曲尺形钮	环形钮	主附件连接方法 耳	主附件连接方法 足	鉴	其他
1	铜甗	M25:5	附耳	耳、腹光素			三分外范	分铸	三角			分铸 2	浑铸 3		
2	铜鼎	M36:6	附耳	盖、腹、耳、足光素		不详	两分外范	浑铸	圆形		嵌范浑铸 3	分铸 2	分铸 3		
3	铜豆	M36:2		光素		四分外范	两分外范	分铸	圆形			嵌范浑铸 2			腹柄分铸 1
4	铜壶	M36:5	附耳	光素			两分外范	分铸	圆形			镶焊 2			
5	铜舟	M36:9		光素			两分外范	分铸	圆形			嵌范浑铸 2			

附录 2：瓦窑坡墓地铜容器器垫片、泥芯撑统计表

表 B 瓦窑坡墓地铜器垫片、泥芯撑考察结果

序号	名称	编号	泥芯撑（枚）	数量（枚）	位置及数量（枚）
1	铜鼎	M18:1	足局部、耳6	4	上腹纹饰带下 1，下腹接近器底 1，器盖 2，多位于光素处
2	铜鼎	M18:2	足局部	27	器盖 9，多位于光素处；器底 5；下腹光素处 12，多接近腹范合范处；上腹纹饰带中 1
3	铜鼎	M18:3	足局部	32	器盖 6，多位于光素处；下腹光素处 16，多接近腹范合范处和下腹内收处；口沿 5；上腹纹饰带 1
4	铜匜	M18:4		3	器底 3
5	铜盘	M18:5		18	器底 18
6	铜罍	M18:7		4	器底 4
7	铜盉	M18:13		17	器底 5，器盖 12
8	铜鼎	M26:1		24	器盖 14；器底 1；器腹 9
9	铜鉴	M29:1		4	器底 4
10	铜鼎	M29:3	足1~2	15	器盖 5，器腹 10
11	铜鼎	M29:4	足2~5	14	器盖 8，上腹 5，下腹 1 枚，且局部聚集
12	铜鼎	M29:5	足2~5	22	器盖 6，器腹 16
13	铜鼎	M29:48	足2~4	28	器盖 11；上腹 5，下腹 7，且多靠近腹范合范处。器底 5，且中心 1，其余均布
14	铜鼎	M29:8		2	器底 2，接近中心
15	铜鼎	M29:6	耳14，足5~8	27	器盖 21，多位于光素处；器底 6，局部聚集
16	铜盆	M29:7		18	器盖 9，局部聚集；器底 4；下腹 5
17	铜舟	M29:10		2	器腹 2
18	铜盘	M29:12		9	器腹 9
19	铜瓿	M29:13-14		6	上腹 4，下腹 2
20	铜鼎	M30:16	耳20、足12	26	器盖 21，多位于光素处。器底 1；下腹 1；上腹 3

续表

序号	名称	编号	泥芯撑（枚）	数量（枚）	位置及数量（枚）
21	铜鼎	M30:17	足 4	9	器盖 7，多位于光素处。下腹 2
22	铜鼎	M30:18	足 4～6	40	器盖 18，多位于光素处；下腹 14，多位于腹合范处；器底 6；上腹光素处 2
23	铜鼎	M30:31	耳 18、足 1～3	27	器盖 12，多位于光素处；上腹 4，多位于纹饰带边缘；器底 3；下腹 8，且多接近腹范合范处
24	铜鼎	M30:34	耳 18、足 1～3	20	器盖 10，均位于间隔纹饰的光素条带。器底 7，下腹 3
25	铜壶	M30:14	盖 8、耳 3	17	器底 5，器腹 12
26	铜壶	M30:15	盖 8	19	器底 7，器腹 12
27	铜簋	M30:29		22	器盖 18，多避开纹饰位于光素之处。器底 4
28	铜簋	M30:30		23	器盖 18，器底 5，多避开纹饰位于光素之处
29	铜簋	M30:27	圈足 8	8	器盖 3，器底 5
30	铜簋	M30:33	圈足 8	23	器盖 7，多位于光素处；器底 10；上腹纹饰带边缘 5
31	铜鬲	M30:22		2	下腹 2
32	铜鬲	M30:23		1	下腹 1
33	铜鬲	M30:24		1	下腹 1
34	铜匜	M30:19		9	器腹 4，器底 5
35	铜盆	M30:28		11	器盖 5，器底中心 1；腹底转折处 3；上腹 2
36	铜盆	M30:35		11	器盖 4，器底 4；腹底转折处 3
37	铜豆	M30:25	圈足 12	1	盘下 1
38	铜盘	M30:32		24	器底 24
39	铜鼎	M17:2	足 2～5	33	器盖 16，多位于光素处；器底 5，下腹 12，多靠近腹范合范处
40	铜鼎	M17:5	足 2～4	13	器盖 8，多位于光素处；器底 3；器腹 2，靠近腹范合范处
41	铜鼎	M17:8	足 5～7	14	器盖 10，多位于光素处；器底 3；器腹纹饰带 1
42	铜敦	M17:3		4	器盖 4，多位于光素处
43	铜盘	M17:7		40	器底 40

续表

序号	名称	编号	泥芯撑（枚）	数量(枚)	位置及数量（枚）
44	铜舟	M17:9		2	器腹 2
45	铜匜	M17:10		7	器底 4；器腹 3，多位于腹、底转折之处
46	铜鼎	M21:5	足 2～3	13	下腹 2；器盖 11
47	铜鼎	M21:7	足 2～4	13	器盖 13
48	铜鼎	M21:9	足 2～3	25	器盖 15；器底均布 3；下腹 7
49	铜敦	M21:8		9	器腹 3；器盖 6
50	铜敦	M21:10～12		9	器底 1；下腹 4 枚；器盖 4
51	铜盘	M21:1		3	器底 3
52	铜舟	M21:2		4	器底 1，下腹与器底接近处 3
53	铜匜	M21:3		6	器底 1，下腹与器底接近处 5
54	铜鼎	M20:9	足局部	10	器盖 8；上腹纹饰带 2
55	铜鼎	M20:12	足局部	10	器盖 4，多位于光素处；下腹 1；器底 5
56	铜鼎	M20:13	足 3～5	37	器盖 18，多位于光素处；器底 5；上腹纹饰带 5；下腹外范合范处和腹底转折处 9
57	铜敦	M20:2		27	器盖 9，多位于光素处；上腹 8；下腹无纹饰处 8；器底 2
58	铜敦	M20:7		32	器盖 11；器底 6；下腹无纹饰处 9，多靠近腹范合范处或腹底转折处
59	铜舟	M20:8		7	上腹纹饰带 2；下腹光素处 5
60	铜盘	M20:10		65	器底 1，器腹 64
61	铜匜	M20:11		5	器底 1，器腹 4
62	铜敦	M22:2		29	器盖 10，多位于光素处；器底 5；下腹光素处 12；口沿 1，上腹纹饰带 1
63	铜敦	M22:3		23	器盖 14，多位于光素处；器底 3；下腹光素处 6
64	铜盘	M22:4		54	器底、腹 54
65	铜匜	M22:5		2	器腹 2
66	铜舟	M22:6		1	器腹 1

续表

序号	名称	编号	泥芯撑（枚）	数量（枚）	位置及数量（枚）
67	铜鍳	M22:9		10	器盖 6，多位于纹饰带中，局部聚集；上腹纹饰带 1，下腹光素处 3
68	铜鼎	M23:13	铸修足 4	6	器盖 5。上腹纹饰带 1
69	铜鼎	M23:15	足 1～3	16	器底 3，下腹光素处 6；上腹纹饰带 7
70	铜鼎	M23:16	每足 2～5	15	器盖 13，多位于纹饰带中，且局部聚集现象。器底 1，器腹 1
71	铜鼎	M23:22	每足 1～3	18	器盖 3；上腹纹饰带 13，且避开纹饰；器底 2
72	铜鼎	M23:1	每足 2～5	14	器盖 3；器底 5；下腹光素处 4。上腹纹饰带 2
73	铜敦	M23:14		25	器盖 12，多位于光素处；器底 3；下腹 9；上腹纹饰带 1
74	铜敦	M23:19		39	器盖 10；器底 3；下腹 23；上腹纹饰带 3
75	铜盘	M23:18		3	器底 1，下腹 2
76	铜匜	M23:23		3	器底 1，器腹 2
77	铜鼎	M36:6		13	器盖 13，多位于光素处
78	铜豆	M36:2		21	器盖 7，器腹 14
79	铜壶	M36:5		14	器底 1，器腹 13
80	铜舟	M36:9		2	器底 2
81	铜甗	M25:5		8	器腹 8

附录 3：瓦窑坡墓地铜镈钟、编钟垫片和泥芯撑统计表

表 C 瓦窑坡墓地铜镈钟和编钟垫片、泥芯撑考察结果

序号	名称	编号	泥芯撑（枚）	数量（枚）	位置及数量（枚）
1	镈钟	M29:15	舞 4、钲 1		
2	镈钟	M29:16	舞 4、钲 5		
3	镈钟	M29:17	舞 4、钲 1		
4	镈钟	M29:18	舞 4、钲 1		
5	镈钟	M29:19	舞 4、钲 1		
6	编钟	M29:20	舞 1、钲 3		
7	编钟	M29:21	舞 1、钲 3		
8	编钟	M29:22	舞 1、钲 4		
9	编钟	M29:23	舞 1、钲 4	1	钲部 1
10	编钟	M29:24	舞 1、钲 3		
11	编钟	M29:25	钲 3		
12	编钟	M29:26	舞 1、钲 4	1	钲部 1
13	编钟	M29:27	钲 3		
14	编钟	M29:46	钲 5		
15	编钟	M30:1	舞 1、钲 8		
16	编钟	M30:2	舞 1、钲 8		
17	编钟	M30:3	舞 1、钲 6		
18	编钟	M30:4	舞 1、钲 3		
19	编钟	M30:5	舞 7		
20	编钟	M30:6	舞 1、钲 12		

续表

序号	名称	编号	泥芯撑（枚）	数量（枚）	位置及数量（枚）
21	编钟	M30:7	征 9		
22	编钟	M30:8	舞 3、征 11		
23	编钟	M30:9	舞 1、征 8		
24	编钟	M23:11	钮 2、舞 6	9	舞 5；征部、篆带等 4
25	编钟	M23:29	钮 4、舞 6	4	舞 3；征 1
26	编钟	M23:30	钮 6、舞 6	4	舞 2；征 1；鼓 1
27	编钟	M23:31	钮 2	6	舞 4；征 2
28	编钟	M23:32	钮 6、舞 6	7	舞 3；征部、篆带 4
29	编钟	M23:33	钮 3、舞 6	3	舞 2；征部 1
30	编钟	M23:34	钮 4、舞 4	7	舞 3；征部、篆带 4
31	编钟	M23:35	钮 4、舞 6	6	舞 5，征部、篆带 1
32	编钟	M23:36	钮 3、舞 6	5	舞 4，征部、篆带 1

附录 4：瓦窑坡墓地铜容器垫片合金成分分析结果统计表

表 D 瓦窑坡墓地铜容器垫片 *p*-XRF 合金成分分析结果

序号	编号	名称	位置	类别	合金成分				合金材质
					Cu	Sn	Pb	Fe	
1				垫片	47.6	20.1	31.8	0.1	铅锡青铜
2	M18:3	鼎	腹	垫片	41.3	19.9	37.9	0.4	铅锡青铜
3				基体	57.6	23.7	17.4	0.6	铅锡青铜
4			盖	垫片	49.2	8.7	41.0	0.2	铅锡青铜
5			盖	基体	51.6	9.8	37.2	0.5	铅锡青铜
6				垫片	70.1	17.6	11.4	0.3	铅锡青铜
7	M10.13	盉		垫片	69.2	20.2	9.6	0.3	铅锡青铜
8			底	垫片	58.1	15.7	25.3	0.1	铅锡青铜
9				基体	67.9	18.9	12.3	0.3	铅锡青铜
10	M26:1	鼎	盖	垫片	50.5	17.3	30.4	0.4	铅锡青铜
11	M17:7	盘	底	基体	47.7	20.3	30.6	0.2	铅锡青铜
12				垫片	25.0	5.7	67.1	0.7	铅锡青铜
13			盖	垫片	45.4	4.0	49.4	0.7	铅锡青铜
14	M21:9	鼎		基体	9.2	5.0	83.9	0.2	铅锡青铜
15			腹	垫片	34.6	9.5	51.9	2.9	铅锡青铜
16				基体	56.1	8.9	33.9	0.3	铅锡青铜
17				垫片	35.7	16.1	47.0	0.3	铅锡青铜
18				垫片	47.9	20.6	29.0	0.2	铅锡青铜
19			底	垫片	48.5	19.9	30.4	0.2	铅锡青铜
20	M20:10	盘		垫片	47.6	17.8	33.7	0.1	铅锡青铜
21				垫片	49.0	20.5	28.9	0.4	铅锡青铜
22				基体	48.2	21.5	29.0	0.1	铅锡青铜

续表

序号	编号	名称	位置	类别	合金成分				合金材质
					Cu	Sn	Pb	Fe	
23			盖	垫片	49.7	18.7	30.6	0.1	铅锡青铜
24	M18:3	鼎	盖	垫片	42.2	16.7	39.5	0.5	铅锡青铜
25			盖	基体	71.4	13.9	14.0	0.1	铅锡青铜
26			盖	垫片	55.6	15.7	27.7	0.1	铅锡青铜
27				基体	44.6	17.0	36.6	0.9	铅锡青铜
28	M20:7	敦		垫片	70.7	14.8	13.6	0.2	铅锡青铜
29			腹	垫片	68.0	12.8	18.6	0.1	铅锡青铜
30				垫片	61.5	14.7	22.6	0.1	铅锡青铜
31				基体	73.2	17.1	8.6	0.2	铅锡青铜
32				垫片	49.7	14.7	34.7	0.1	铅锡青铜
33	M22:2	敦	腹	垫片	49.2	10.1	39.9	0.1	铅锡青铜
34				基体	47.8	20.3	30.7	0.1	铅锡青铜
35	M23:19	敦	底	垫片	54.3	6.0	38.7	0.0	铅锡青铜
36	M23:14	敦	底	垫片	31.0	23.6	39.5	0.1	铅锡青铜
37				基体	62.6	18.5	17.2	0.7	铅锡青铜
38				垫片	48.1	21.6	29.1	0.0	铅锡青铜
39	M23:19	敦	底	垫片	37.0	15.4	46.8	0.1	铅锡青铜
40				垫片	66.6	5.2	27.5	0.0	铅锡青铜
41				基体	51.3	25.0	22.6	0.0	铅锡青铜
42	M23:22	鼎	底	垫片	37.6	17.2	43.1	0.4	铅锡青铜
43				垫片	41.9	17.5	38.9	0.7	铅锡青铜
44				基体	48.3	18.6	30.7	0.3	铅锡青铜
45	M36:6	鼎	盖	垫片	9.2	3.5	85.5	0.3	铅锡青铜
46				基体	47.8	10.8	39.9	0.5	铅锡青铜

后　记

　　《山右吉金：隰县瓦窑坡东周墓地青铜器制作技术研究》是国家文物局"隰县瓦窑坡墓地出土青铜器保护修复项目""隰县文物旅游局馆藏青铜器、锡器保护修复项目"及国家社科基金项目"隰县瓦窑坡墓地田野考古发掘报告（14BKG011）"等项目的系列研究成果之一。同时，也是以我在北京科技大学科技史与文化遗产研究院完成的博士学位论文为基础修改完善而成的。

　　2013年9月，我有幸师从潜伟教授、李延祥教授研习铜冶金考古。两位先生无论在论文选题、结构体例、实验分析及论文撰写，还是在学习、生活及工作中，均给予了我诸多悉心教诲和无私帮助，其广博的学识、敏锐的思维、严谨的学风都使我立心励志，受益终身，在此致以崇高的敬意和衷心的感谢。书稿修改完善之后，潜伟师又欣然应允作序，厚爱之情自当永远铭记于心。同时，博士论文的完成还得益于学院韩汝玢、孙淑云、梅建军、李晓岑、李秀辉、陈坤龙、魏书亚、何积铨、刘思然等诸多先生的指导和帮助，他们开阔了我的视野，增长了我的学识，使我在认识和思想上都受益良多。

　　感谢宋建忠、张庆捷、海金乐、马昇、谢尧亭、王万辉、王晓毅、范文谦、郑媛、刘岩等院领导，在工作、学习及生活方面都对我极为照顾，并为我提供了大量学习、培训及交流的机会，使我的能力得到极大的提高，更为我读书之事提供了诸多便利和帮助，提携末学之情当永铭心田；同时　作为直属领导，王晓毅先生更如兄长般，既严格要求，又爱护有加，更极力促成我读博之事，并不断鞭策前行。其对考古之执着、对全局之掌控、对属下之关怀，值得我永远敬重、学习及追随。没有他们的支持、信任与鼓励，也不会有我赴京求学的事情，更不会有博士学位论文和本书的完成，在此致以深深的感激。

感谢陈坤龙、罗武干、崔剑峰及陈小三等诸多师友，他们在论文设计、科学分析及文稿撰写等方面给予了我极大的帮助，论文中部分想法和认识也源于他们的指点，使我受益颇多。攻读博士期间，还曾得到同班学友李辰元、刘函、王颖竹、雷丽芳、王颖琛、贺超海、焦丽君及张登毅、席光兰、先怡衡、刘杰、谭宇辰、邹桂森、李志敏、王金等诸多师兄、师弟或师妹的热情帮助，相互问学之景仍历历在目。同时，也得到了高振华、田进明、王洋、贾尧、孙先徒、程虎伟、陈鑫、梁孝等诸多朋友和同事的热情帮助。山西博物院厉晋春先生更是不辞辛苦，为所研究的青铜器拍摄了大量精美的照片。与诸君相互砥砺奋进之谊如高山流水，一点一滴都在丰富着我的阅历，在此致以诚挚的感谢。

特别感谢我相濡以沫的妻子和儿子的理解和支持。求学期间，与其聚少离多，几未承担为夫为父之责任。妻子无怨无悔，独自承担众多家庭之责任，使我潜心于学业，令我深感愧疚。愿执子之手，与子偕老，以报此生之缘分。

感谢山西人民出版社编辑刘小玲女士对书稿的精心审校，感谢山右吉金郭顺、赵雁贤先生对书稿的装帧设计和编辑排版。

付梓在即，谨向所有为瓦窑坡墓地田野发掘、资料整理、文物修复、科学分析、报告编写及编排出版等提供支持和付出辛劳的专家、同事及朋友表示衷心的感谢和诚挚的敬意。

限于学识能力，书中疏漏、不足、错谬之处在所难免，敬请学界同仁谅解、批评、指正。

2025 年 3 月 16 日

图书在版编目（CIP）数据

山右吉金：隰县瓦窑坡东周墓地青铜器制作技术研究／
山西省考古研究院，临汾市博物馆，隰县文化和旅游局编；
南普恒著 . --太原：山西人民出版社，2025.4.
ISBN 978-7-203-13917-1

Ⅰ . K876.41

中国国家版本馆 CIP 数据核字第 20259J4R90 号

山右吉金：隰县瓦窑坡东周墓地青铜器制作技术研究

编者：山西省考古研究院 临汾市博物馆 隰县文化和旅游局
著者：南普恒

责任编辑：刘小玲
复审：吕绘元
终审：梁晋华
装帧设计：山右吉金

出版发行：山西出版传媒集团 山西人民出版社
地址：太原市建设南路 21 号 邮编：030012
发行营销：0351—4922220 4955996 4956039 4922127（传真）
天猫官网：https://sxrmcbs.tmall.com 电话：0351—4922159
E—mail：sxskcb@163.com 发行部 sxskcb@126.com 总编室
网址：www.sxskcb.com

经销者：山西出版传媒集团·山西人民出版社
承印厂：北京雅昌艺术印刷有限公司
开本：889 毫米 ×1194 毫米 1/16
印张：16
字数：260 千字
版次：2025 年 4 月 第 1 版
印次：2025 年 4 月 第 1 次印刷
印数：1—2000 册
书号：ISBN 978-7-203-13917-1
定价：380.00 元